U0894662

国家哲学社会科学规划项目阶段性成果
（项目编号：10BSK018）

2013年度青岛市社会科学规划项目结项成果
（项目编号：QDSKL130133）

青岛科技大学学术著作出版基金资助出版

中国特色社会主义道路的时代特征研究

曹　胜◆著

ZHONGGUOTESE SHEHUIZHUYI DAOLU DE SHIDAITEZHENG YANJIU

中国社会科学出版社

图书在版编目(CIP)数据

中国特色社会主义道路的时代特征研究/曹胜著.—北京：中国社会科学出版社，2015.3

ISBN 978-7-5161-5682-7

Ⅰ.①中… Ⅱ.①曹… Ⅲ.①中国特色社会主义—社会主义建设模式—研究 Ⅳ.①D616

中国版本图书馆CIP数据核字(2015)第044237号

出 版 人 赵剑英
责任编辑 田 文
特约编辑 冯 伟
责任校对 郭 爽
责任印制 王 超

出 版 中国社会科学出版社
社 址 北京鼓楼西大街甲158号(邮编100720)
网 址 http://www.csspw.com.cn
中文域名:中国社科网 010-64070619
发 行 部 010-84083685
门 市 部 010-84029450
经 销 新华书店及其他书店

印刷装订 三河市君旺印务有限公司
版 次 2015年3月第1版
印 次 2015年3月第1次印刷

开 本 710×1000 1/16
印 张 17.5
插 页 2
字 数 278千字
定 价 55.00元

目　录

导　论

一　选题的缘由和意义

（一）选题的缘由

我们党的历史证明，走什么道路的问题，历来是关系革命、建设、改革事业兴衰成败的根本问题。毛泽东早在新民主主义革命时期就指出："革命党是群众的向导，在革命中未有革命党领错了路而革命不失败的。"① 他又说："我们不但要提出任务，而且要解决完成任务的方法问题。我们的任务是过河，但是没有桥或船，过河就是一句空话。"② 我们要实现富强民主文明和谐的社会主义现代化建设目标，实现伟大的"中国梦"，就必须把"中国特色社会主义道路"作为过河的桥或船，舍此无他选择。

中国共产党人多次论述了坚持中国特色社会主义道路的重要性。1991 年 9 月 24 日，江泽民谈道："我们建设有中国特色的社会主义，就是开辟一条前人没有走过的新路。经过十多年来的实践，中国共产党和中国人民坚信，这条路是正确的。不管有多少艰难险阻，我们都要坚定不移地走下去。"③ 胡锦涛于 2007 年 12 月 17 日发表讲话进一步强调了道路问题的重要性，认为道路在中国共产党的伟大事业中处于第一位，并指出寻找一个正确的道路不容易，必须结合我国实际和时代条件，坚定不移地走下去。他说："道路问题是关系党的事业兴衰成败第

---

① 《毛泽东选集》第 1 卷，人民出版社 1991 年版，第 3 页。
② 同上书，第 139 页。
③ 《江泽民文选》第 1 卷，人民出版社 2006 年版，第 174 页。

一位的问题，道路就是党的生命，道路就是党的事业的命脉。我们党领导的革命、建设、改革事业都经历了寻找正确道路的艰难过程。"① "要敢于和善于把马克思主义基本原理同新的实际和时代条件结合起来，坚决走充满生机活力的新路，决不走实践证明是封闭僵化的老路，也决不走那种改旗易帜、放弃共产党领导、放弃社会主义的邪路。"② 2012 年 11 月 8 日，胡锦涛在中共十八大报告中指出："道路关乎党的命脉，关乎国家前途、民族命运、人民幸福。" "在改革开放三十多年一以贯之的接力探索中，我们坚定不移高举中国特色社会主义伟大旗帜，既不走封闭僵化的老路，也不走改旗易帜的邪路。"③ 习近平于 2012 年 11 月 29 日在参观《复兴之路》大型图片展时进一步重申了上述观点，他说："道路决定命运，找到一条正确的道路多么不容易，我们必须坚定不移走下去。"④ 我们必须始终不渝地坚持中国特色社会主义道路，坚持和拓展道路就是真正坚持和发展中国社会主义。2013 年 1 月 5 日，他又提出："道路问题是关系党的事业兴衰成败的第一位的问题，道路就是党的生命。"⑤

从以上国家领导人对道路重要性的论述来看，学术界必须对"道路"本身进行研究，这样才能更好地坚持和拓展中国特色社会主义道路，坚定道路自信。20 世纪 70 年代末以来，时代特征发生了显著的变化：时代主题由"战争与革命"转变为"和平与发展"、经济全球化势不可当、新科技革命蓬勃发展、当代资本主义出现新变化。时代发展变化对中国共产党人开辟和拓展中国特色社会主义道路提供了机遇和挑战。中国共产党人顺应了时代发展要求，回答了时代课题，结合我国实际，以改革创新的精神探索中国特色社会主义道路，改写了中国历史，促进了世界共同发展与维护了世界和平，创造了人类发展史上的伟大奇迹。对中国色社会主义道路的时代特征进行研究，具有重要意义。

---

① 《十七大以来重要文献选编》（上），中央文献出版社 2009 年版，第 93 页。

② 同上书，第 98 页。

③ 胡锦涛：《坚定不移沿着中国特色社会主义道路前进 为全面建成小康社会而奋斗——在中国共产党第十八次全国代表大会上的报告》，人民出版社 2012 年版，第 12 页。

④ 《习近平总书记系列重要讲话读本》，学习出版社、人民出版社 2014 年版，第 26 页。

⑤ 《习近平谈治国理政》，外文出版社 2014 年版，第 21 页。

（二）选题的意义

1. 有利于深刻把握中国特色社会主义道路的科学内涵

本文的研究有助于深刻把握中国特色社会主义道路的科学内涵。只有把握了道路的科学内涵，才能坚定中国特色社会主义信念，不断把坚持和发展中国特色社会主义推向深入。

随着时代的发展和实践的不断深入，中国共产党对中国特色社会主义道路的科学内涵认识逐步深入。以毛泽东为核心的第一代中央领导集体在完成社会主义革命、建立社会主义制度以后，艰辛地探索了社会主义建设规律，为中国特色社会主义道路奠定了根本政治前提和制度基础，提供了宝贵经验、理论准备、物质基础。以邓小平、江泽民、胡锦涛、习近平为代表的中国共产党人，顺应国内外形势发展的变化，以科学社会主义基本原则为指导，结合我国实际和时代特征，开辟和拓展了中国特色社会主义道路，不断丰富其科学内涵。

从党的文献来看，我们对中国特色社会主义道路的科学内涵的认识是逐渐清晰的，对中国特色社会主义道路所蕴含的时代特征的认识是逐步深入的。1981 年 6 月，中共十一届六中全会系统地总结了新中国成立以来的社会主义建设历史经验，并对十一届三中全会以后的路线、方针、政策做了初步概括，指出："三中全会以来，我们党已经逐步确立了一条适合我国情况的社会主义现代化建设的正确道路。这条道路还将在实践中不断充实和发展。"① 这一提法虽没有明确说明我们的道路是中国特色社会主义道路，但已经认识到我们的道路是正确的，符合我国实际，在开放发展中不断地充实、完善。这个"实践"虽没有明确其时代特征，但内含着时代发展的要求。

邓小平在中共十二大开幕词中明确了"有中国特色的社会主义"的概念，在世界共产主义运动史上，首次把中国特色社会主义作为一个独立的社会形态提了出来，从此，"中国特色社会主义"成为我国社会主义建设区别于其他社会主义国家的具有中国特色和时代特征的标志性概念，对改革开放所走的道路有了明确的理论提升和实践总结，对于不

---

① 《三中全会以来重要文献选编》（下），人民出版社 1982 年版，第 839 页。

断丰富和完善中国特色社会主义道路的科学内涵奠定了理论基础。他说："我们的现代化建设，必须从中国的实际出发。无论是革命还是建设，都要注意学习和借鉴外国经验。但是，照抄照搬别国经验、别国模式，从来不能得到成功。这方面我们有过不少教训。把马克思主义的普遍真理同我国的具体实际结合起来，走自己的道路，建设有中国特色的社会主义，这就是我们总结长期历史经验得出的基本结论。"① 邓小平从我国国情出发，打破过去那种二元对立的思维，用宽广的世界眼光观察世界，总结社会主义建设经验教训，以开放性的态度注意学习和借鉴外国的先进经验；同时，设定了一个基本原则就是：绝不照抄照搬包括资本主义国家和社会主义国家尤其是苏联的经验、模式，坚持实事求是，结合中国实际，建设中国特色社会主义。"有中国特色的社会主义"的提出，使我们历经艰辛所探索的道路有了一个非常切题的称谓。从此"中国特色社会主义"成为指引中国人民前进的伟大旗帜，在历次中国共产党的代表大会文件中，"中国特色社会主义"都作为报告的标题、主题、主线，体现了对中国特色社会主义的自信。同时对中国特色社会主义道路的科学内涵中所蕴含的时代特征的认识逐渐清晰，为本书研究更加深入把握该问题提供了历史和实践的基础。

1987 年 10 月 25 日，中共十三大报告《沿着有中国特色的社会主义道路前进》中明确指出："在总结建国三十多年来正反两方面经验的基础上，在研究国际经验和世界形势的基础上，开始找到一条有中国特色社会主义的道路。"②这就明确地阐明了：中国特色社会主义道路是在总结了我国社会主义实践的经验教训、用世界眼光去借鉴国际经验、深刻把握世界形势发展的基础上开辟出来的。中国特色社会主义道路具有开放性发展的特征，同时也是符合时代发展要求的。报告还对我国处于社会主义初级阶段进行了界定，阐明了中国特色社会主义道路的现实基础，具有中国特色和时代特征，同时又呈现出中国社会主义发展阶段的特殊性。与此同时，报告对中国特色社会主义的基本路线做了比较完整的概括和阐发："领导和团结全国各族人民，以经济建设为中心，坚持

① 《邓小平文选》第 3 卷，人民出版社 1993 年版，第 2—3 页。

② 《十三大以来重要文献选编》（上），人民出版社 1991 年版，第 56 页。

四项基本原则，坚持改革开放，自力更生，艰苦创业，为把我国建设成为富强、民主、文明的社会主义现代化国家而奋斗。"① 实际上阐述了中国特色社会主义道路的内涵。以后历代党代会所阐述的内涵，都是在"一个中心，两个基本点"的基础上进行拓展和延伸的。报告开始注意到了时代发展对世界社会主义运动的作用，在谈到"当代世界社会主义的改革实践"时，提出这是"科学社会主义理论同各国实践和时代发展的结合"。②实际上论述了中国特色社会主义道路是顺应时代发展的要求的，当然就应该具有时代特征，并随着时代的发展不断推进社会主义理论和实践的创新发展，内含着马克思主义理论具有"与时俱进"的理论品质。

1992 年 10 月 12 日，江泽民所作的中共十四大报告的题目是"加快改革开放和现代化建设步伐 夺取有中国特色社会主义事业的更大胜利"。江泽民在报告中提出："建设有中国特色社会主义的理论，是在和平与发展成为时代主题的历史条件下，在我国改革开放和社会主义现代化建设的实践过程中，在总结我国社会主义胜利和挫折的历史经验并借鉴其他国家社会主义兴衰成败历史经验的基础上，逐步形成和发展起来的。它是马克思列宁主义基本原理与当代中国实际和时代特征相结合的产物。"③ 这比中共十三大的论述更进一步，第一次明确把"时代特征"与中国特色社会主义结合起来。从以上论述我们可以得出如下结论：中国特色社会主义符合"和平与发展"的时代要求，汲取了世界社会主义运动的历史经验教训，体现了时代特征。江泽民于 1997 年 9 月 12 日作中共十五大报告，题目是"高举邓小平理论伟大旗帜　把建设有中国特色社会主义事业全面推向二十一世纪"。报告提出："在当代中国，只有把马克思主义同当代中国实践和时代特征结合起来的邓小平理论，而没有别的理论能够解决社会主义的前途和命运问题。"④ 开始把"有中国特色社会主义的理论"界定为邓小平理论，符合中国实际，体现了时代特征，也说明了以邓小平理论为指导的中国特色社会主

---

① 《十三大以来重要文献选编》（上），人民出版社 1991 年版，第 15 页。

② 同上书，第 55 页。

③ 《江泽民文选》第 1 卷，人民出版社 2006 年版，第 221 页。

④ 同上书，第 9 页。

义道路本身所具有的时代特征。2002 年 11 月 8 日，江泽民所作的中共十六大报告题目是“全面建设小康社会 开创中国特色社会主义事业新局面”，报告在论述“三个代表”思想时提出：“坚持用时代发展的要求审视自己，以改革的精神加强和完善自己，这是我们党始终保持马克思主义政党本色、永不脱离群众和具有蓬勃活力的根本保证。”① 开始阐述了执政党要用时代发展的要求审视本身的建设和执政方略的制定，体现了中国共产党用时代发展的要求去审视在党的领导下所开辟的中国特色社会主义道路。

2007 年 10 月 15 日，胡锦涛所作中共十七大报告的题目是“高举中国特色社会主义伟大旗帜 为夺取全面建设小康社会新胜利而奋斗”。报告把“改革开放以来我们取得一切成绩和进步的根本原因”，归因于“开辟了中国特色社会主义道路，形成了中国特色社会主义理论体系。高举中国特色社会主义伟大旗帜，最根本的就是要坚持这条道路和这个理论体系”。② 报告在党的历史上首次明确界定了中国特色社会主义道路的科学内涵：“在中国共产党领导下，立足基本国情，以经济建设为中心，坚持四项基本原则，坚持改革开放，解放和发展社会生产力，巩固和完善社会主义制度，建设社会主义市场经济、社会主义民主政治、社会主义先进文化、社会主义和谐社会，建设富强民主文明和谐的社会主义现代化国家。”③ 在“一个中心，两个基本点”的基本路线基础上，进一步丰富了中国特色社会主义道路的科学内涵。阐明了领导核心是中国共产党，历史方位是社会主义初级阶段，根本任务是解放和发展生产力、巩固和完善社会主义制度，总体布局是“四位一体”，奋斗目标是建设富强民主文明和谐的社会主义现代化国家。对中国特色社会主义道路的根本问题的回答，表明我们对道路的清醒认识和准确把握。同时，提出了中国特色社会主义道路本身具有时代特征、鲜明中国特色。报告提出：“中国特色社会主义道路之所以完全正确、之所以能够引领中国发展进步，关键在于我们既坚持了科学社会主义的基本原则，又根据我

---

① 《江泽民文选》第 3 卷，人民出版社 2006 年版，第 541 页。

② 《十七大以来重要文献选编》（上），中央文献出版社 2009 年版，第 8—9 页。

③ 同上书，第 9 页。

国实际和时代特征赋予其鲜明的中国特色。”① 这一论述揭示了中国特色社会主义道路的实质，体现了科学社会主义的基本原则、实践特色和时代特征三者的有机统一。2012 年 11 月 8 日，胡锦涛所作中共十八大报告的题目是“坚定不移沿着中国特色社会主义道路前进 为全面建成小康社会而奋斗”。报告中阐述了作为指导思想的科学发展观本身具备时代特征，“科学发展观是马克思主义同当代中国实际和时代特征相结合的产物”②，同时明确提出中国特色社会主义所具有的四大特色，其中之一就是“时代特色”。“我们一定要毫不动摇坚持、与时俱进发展中国特色社会主义，不断丰富中国特色社会主义的实践特色、理论特色、民族特色、时代特色”。③ 时代特色与时代特征，从中国特色社会主义道路所体现的特征来看，是同义语。本书中延续了使用“时代特征”。至此，中国特色社会主义道路具有鲜明的时代特征，已达成共识。

中共十八大报告对中国特色社会主义道路的科学内涵做出了新的阐释：中国特色社会主义道路“就是在中国共产党领导下，立足基本国情，以经济建设为中心，坚持四项基本原则，坚持改革开放，解放和发展社会生产力，建设社会主义市场经济、社会主义民主政治、社会主义先进文化、社会主义和谐社会、社会主义生态文明，促进人的全面发展，逐步实现全体人民共同富裕，建设富强民主文明和谐的社会主义现代化国家”。④中共十七大报告中在“解放和发展生产力”之后有一个“巩固和完善社会主义制度”的表述，但在十八报告中没有提及。当然，取消的原因不是因为它不重要，而是因为胡锦涛在建党九十周年讲话中把“中国特色社会主义制度”进行了单独的论述，中共十八大报告又进一步把“中国特色社会主义制度”作为同道路、体系一起构成中国特色社会主义“三位一体”的科学内涵。中共十八大把建设“社会主义生态文明”提到了战略布局的高度，比十七大报告更进一步。

---

① 《十七大以来重要文献选编》（上），中央文献出版社 2009 年版第 9 页。

② 胡锦涛：《坚定不移沿着中国特色社会主义道路前进 为全面建成小康社会而奋斗——在中国共产党第十八次全国代表大会上的报告》，人民出版社 2012 年版，第 7 页。

③ 同上书，第 13 页。

④ 同上书，第 12 页。

中国特色社会主义的总体布局由“四位一体”变为“五位一体”，目标更清晰，布局更合理，更能体现生态文明建设是时代发展的要求，站在人类文明发展史的时代前沿，指引了时代发展的方向。再有一个新增加的内容是“促进人的全面发展，逐步实现全体人民共同富裕”，首次表明了道路的价值取向，是对“人的全面发展”是社会主义本质属性的重申，体现了科学发展观中“以人为本”的核心，是对邓小平提出的社会主义本质之一“共同富裕”的旨归。

从以上党的文献可以看出，中国特色社会主义道路的科学内涵是随着时代发展和我国实践提出的新要求而不断丰富和发展的。其内在的逻辑结构是：中国共产党是道路的开辟者、组织者、领航者，她的领导是道路的根本政治保证；社会主义初级阶段是基本国情，是客观依据，是道路的立足点；“以经济建设为中心”是兴国之要；“坚持四项基本原则”是立国之本；“改革开放”是强国之路；“解放和发展社会生产力”是根本任务；“五位一体”是总体布局；“人的全面发展和共同富裕”是道路的本质属性；“富强民主文明和谐的社会主义现代化国家”是道路的目标；这些内容相互联系、相互依存、相互贯通，共同构成中国特色社会主义道路的有机体。

中国特色社会主义道路既坚持“科学社会主义的基本原则”不动摇，结合“我国的实际”不放松，体现“时代特征”更鲜明。中国共产党人在开拓中国特色社会主义道路的征程中，用宽广的世界眼光观察世界，站在时代前列、顺应时代潮流、解决时代问题、引领时代发展，具有鲜明的时代特征。研究中国特色社会主义道路的时代特征，从时代发展的要求来认识中国特色社会主义道路的科学内涵，有助于我们深刻把握、坚定信念、实践自觉。

2. 有利于深入理解中国特色社会主义道路符合时代发展的要求

本书研究有利于深入理解中国特色社会主义道路是符合时代发展要求的道路。面对世界形势的发展，时代潮流的涌动，赶上时代一直是中国人所追求的目标。孙中山提出：“世界潮流，浩浩荡荡，顺之则昌，逆之则亡”，顺应时代潮流是中国繁荣昌盛的必然选择。中国是在经济文化落后的基本国情下进行社会主义现代化建设的，顺应时代潮流，赶上时代发展，赶上世界发达国家是目标。毛泽东深感如果不抓紧社会主义建设，就可能被开除球籍，他说："你有那么多人，你有那么一块大地方，资源那么丰富，又听说搞了社会主义，据说是有优越性，结果你搞了五六十年还不能超过美国，你像个什么样子呢？那就要从地球上开除你的球籍！"① 毛泽东从被开除球籍的挑战中，提出要发挥社会主义优越性的任务，提出赶超美国等世界发达国家的目标。

邓小平明确提出赶上时代是改革的目的。他说："现在世界突飞猛进地发展，科技领域更是如此，中国有句老话叫'日新月异'，真是这种情况。我们要赶上时代，这是改革要达到的目的。"② 邓小平用世界眼光观察世界，深刻把握了"日新月异"的新科技革命的时代发展潮流，确立的改革的目的就是要"赶上时代"。江泽民要求"我们党必须坚定地站在时代潮流的前头，团结和带领全国各族人民，实现推进现代化建设、完成祖国统一、维护世界和平与促进共同发展这三大历史任务，在中国特色社会主义道路上实现中华民族的伟大复兴"。③ 他强调："马克思主义具有与时俱进的理论品质。如果不顾历史条件和现实情况的变化，拘泥于马克思主义经典作家在特定历史条件下、针对具体情况做出的某些个别论断和具体行动纲领，我们就会因为思想脱离实际而不能顺利前进，甚至发生失误。"④ 江泽民认为中国共产党要站在时代潮流的前头，赶上时代进步的步伐，完成新时期三大历史任务，实现中华民族伟大复兴。要达到这样的目的，不能拘泥于马克思主义经典作家在特定时代做出的特定结论，要根据时代发生的新变化、现实提出的新要求，实现马克思主义理论的与时俱进，探索符合时代发展的新道路，不断实现党的实践创新、理论创新、制度创新。胡锦涛进一步提出："正确判断时代特征，准确把握发展趋势，科学制定目标任务，是关系到马克思主义政党前途命运的重大问题，也是衡量马克思主义政党先进性的重要根据。"⑤ 中共十七大以后，胡锦涛指出："改革开放的实践充分表明，通过这场伟大革命的洗礼，中华民族大踏步赶上了时代前进潮流，

① 《毛泽东文集》第7卷，人民出版社1999年版，第89页。

② 《邓小平文选》第3卷，人民出版社1993年版，第242页。

③ 《江泽民文选》第3卷，人民出版社2006年版，第528—529页。

④ 同上书，第282—283页。

⑤ 《十六大以来重要文献选编》（下），中央文献出版社2008年版，第521页。

社会主义中国巍然屹立在世界东方，我们党昂首阔步走在了时代前列。”① 习近平认为“认识世界发展大势，跟上时代潮流，是一个极为重要并且常做常新的课题。中国要发展，必须顺应世界发展潮流。要树立世界眼光，把握时代脉搏。”② 这就更加明确地提出，中国共产党只有正确判断时代特征，准确把握时代发展新趋势，制定符合时代要求的新目标和任务，才能始终站在时代发展的前列，赶上时代前进潮流，引领时代发展，促进中国经济社会又好又快地发展，维护世界和平、促进世界发展。

从纵的方面来说，中国特色社会主义道路是结合中国的历史和实际，强调的是从中国实际出发建设社会主义，改变贫穷落后的局面，赶上时代发展，完成三大历史任务，实现中华民族伟大复兴，力争为人类做出更大的贡献。从横的方面来看，强调的是同世界形势相联系，用世界眼光观察世界，统筹国内国际两个大局，顺应时代要求，体现时代特征。改革开放以来，中国共产党人坚持科学社会主义原则，结合中国实际和时代特征，科学制定和实施了符合中国实际和时代潮流的方针、政策、路线，走出了一条具有世界历史意义的中国特色社会主义道路。中国特色社会主义道路符合时代潮流，解决时代课题，引领时代发展，具有鲜明的时代特征。研究中国特色社会主义道路的时代特征具有深刻的理论意义和现实意义。对中国特色社会主义道路的深刻把握，需要从多学科、多层面、多方位理解。从其时代特征上去把握，是中国特色社会主义道路研究的题中应有之义。

二 国内外研究现状

（一）国内研究现状

国内学者对中国特色社会主义道路的研究可以分为两个阶段，从邓

① 《十七大以来重要文献选编》(上)，中央文献出版社2009年版，第100页。

② 《中央外事工作会议在京举行　习近平发表重要讲话》，《人民日报》2014年11月30日第1版。

小平提出“有中国特色的社会主义”命题后，至中共十七大报告首次界定中国特色社会主义道路的科学内涵之前，研究偏重于邓小平理论、“三个代表”重要思想、科学发展观等重大理论创新进行分别研究，把“道路”放在中国特色社会主义理论内进行研究。中共十七大报告首次明确界定了“中国特色社会主义道路”的科学内涵后，对中国特色社会主义道路的研究如雨后春笋般兴起，涌现出了大量的学术成果。就查到的文献，这些研究大都集中在中国特色社会主义道路的历史进程、科学内涵、发展道路、基本经验等方面。郑德荣、李君如、辛向阳、袁秉达、姜淑兰等撰写了以“中国特色社会主义道路”为题的专著。“中国特色社会主义道路的时代特征研究”，还没有以之为题的专著、学位论文。但是，与此相关问题，多有探讨，如“全球化与中国特色社会主义”、“开放性特征”、“和平发展道路”、“马克思主义时代化”、“时代精神”、“中国模式”、与其他主义的比较等，并且学术界均已取得了一定的研究成果。

1. 立项课题

据查，2008—2012 年国家哲学社会科学办公室所提出的申报指南及“十二五”规划中都有“中国特色社会主义道路研究”。这说明道路问题研究，从国家层面来说，需要继续研究，并且随着时代的发展、我国社会主义的深入实践，还有进一步研究的必要。从学术界研究来看，这说明目前对“道路”研究得还不够，尚有进一步研究的空间。

就已公布的国家哲学社会科学基金立项项目来看，以此为题或与之相关的课题有：中央党校赵曜主持的“中国特色社会主义史论研究”，山东大学赵明义主持的“‘主义’辨析：中国特色社会主义与相关‘主义’比较研究”，东北师范大学郑德荣主持的“中国特色社会主义道路基本问题研究”，山东师范大学高继文主持的“中国特色社会主义理论体系的开放性特征研究”、浙江工商大学陈荣富主持的“中国特色社会主义道路和发展模式的创新性及其国际意义分析”，四川省社会科学院政治学研究所涂秋生主持的“中国特色社会主义理论体系的时代特征研究”，贵州师范大学李红军主持的“中国特色社会主义与当今人类文明发展道路研究”，华东师范大学曹景文主持的“国外中国发展道路和发展模式研究综述”，中央党校曹鹏飞主持的“中国特色社会主义与人类文明发展道路研究”，天津师范大学余金成主持的“中国特色社会主义与人类发展模式创新研究”；教育部社会规划项目中有：山东师范大学高继文主持的“中国特色社会主义道路的创新价值研究”。此外，还有高继文主持的山东省高校人文社会科学研究计划项目“中国特色社会主义道路的历史地位研究”。这些课题已经初步发表了论文，出版了相关著作，提供了可资借鉴的成果，为本文的研究打下了良好的基础。

2. 研究论文

从“中国特色社会主义道路的时代特征”的研究分析来看，与之相关的研究有：中国特色社会主义理论体系的时代特征研究、时代与中国特色社会主义研究等，内含着对道路的时代特征研究。已有成果主要研究“道路”的内涵、内容、原则、特征、世界意义等方面，对中国特色社会主义道路的时代特征、时代价值和世界意义等方面的研究尚显薄弱。

（1）中国特色社会主义理论体系的时代特征研究

李保忠、罗燕冰、陈国芳、柯健、吴宏放、田旭明、高继文、贾松青、陈金龙等论述了中国特色社会主义理论体系、马克思主义中国化的时代特征。其主要的观点有：中国特色社会主义理论体系时代特征的主要表现是：“科学性、创新性、人民性、开放性和包容性五个方面。”① “与时俱进的理论品格、以人为本的根本价值、和谐社会的建设目标、对当今世界和中国发展战略的准确判断以及经济落后国家建设社会主义等内容。”② “与时俱进、改革创新不断发展的时代特征。”③ “源于经济建设的实践又服务于经济发展的实践，并在指导实践中不断发展创新。”④ “解放思想、充满活力；科学发展、走向富强；改革开放、不断

---

① 李保忠：《中国特色社会主义理论体系时代特征论析》，《中国井冈山干部学院》2009年第5期。

② 罗燕冰：《中国特色社会主义理论体系的时代特征》，《成都大学学报》（社会科学版）2009年第4期。

③ 陈国芳：《中国特色社会主义理论体系的时代特征》，《中共贵州省委党校学报》2008年第1期。

④ 柯健：《中国特色社会主义经济理论体系的特征与时代意义》，《黑龙江社会科学》2010年第2期。

创新；民主法治、公平正义；社会和谐、文明进步；成果共享、人民幸福等。”① “改革开放和社会主义市场经济是当今时代中国社会比较典型的两个发展主题”②，“时代精神、现代价值、世界眼光和开放气度。”③ “全球性多元化与我国本土化发展结合中”④。以上观点，论述有特色，但界定略显宽泛、不鲜明。

对该问题论述比较深刻、完备的是高继文撰写的3篇论文：一是《论中国特色社会主义理论体系的开放性》，阐述了中国特色社会主义理论体系“具有鲜明的时代特征和世界眼光。顺应时代要求，把握世界大势……对内改革，对外开放”。“具有解放思想、充满活力；科学发展、走向富强；改革开放、不断创新；民主法治、公平正义；社会和谐、文明进步；成果共享、人民幸福等鲜明的时代特征。”⑤ 二是《论中国特色社会主义理论体系的鲜明时代特征》，文中提出：中国特色社会主义理论体系的鲜明时代特征“是当今时代发展和我国对外开放的现实要求，是马克思主义与时俱进、开放性发展的重要表现。其思想内涵主要是具有鲜明的时代精神和宽广的眼界，汲取了世界发展经验和人类文明成果”。⑥ 三是《论中国特色社会主义的开放性特征》，文章提出：“中国特色社会主义理论体系是开放的理论，具有时代特征、宽广眼界和与时俱进的品格。中国特色社会主义开放性发展的实质，是利用当今人类文明成果，加快实现中国现代化和中华民族伟大复兴。”⑦ 这三篇论文对中国特色社会主义理论体系的时代特征进行了深入探讨，主

---

① 吴宏放：《论中国特色社会主义鲜明的时代特征》，《中共四川省委省级机关党校学报》2008年第4期。

② 田旭明、沈其新：《论中国特色社会主义理论体系的民族性与时代性特征》，《武汉理工大学学报》（社会科学版）2010年第1期。

③ 贾松青、涂秋生：《试论中国特色社会主义理论体系的时代特征》，《社会科学研究》2008年第6期。

④ 徐艳玲、龚培河：《在全球化视阈中解读“中国特色社会主义”》，《科学社会主义》2008年第5期。

⑤ 高继文、张锡恩：《论中国特色社会主义理论体系的开放性》，《河南师范大学学报》（哲学社会科学版）2009年第1期。

⑥ 高继文：《论中国特色社会主义理论体系的鲜明时代特征》，《学习论坛》2012年第9期。

⑦ 高继文：《论中国特色社会主义的开放性特征》，《当代世界与社会主义》2011年第4期。

要表达的观点是中国特色社会主义理论体系顺应时代要求，具有宽广眼界和与时俱进的品格，利用当今人类文明成果，实现开放性发展，在思想路线、科学发展道路、改革创新、民主法治、社会和谐、人民幸福等方面具有鲜明的时代特征。论文已比较全面地涉及了中国特色社会主义的时代特征。

中国特色社会主义道路是在中国特色社会主义理论体系指导下进行的，一个是实践，一个是理论，理论从实践中来，同时又指导实践，两者不能截然分开。以上论文对中国特色社会主义理论体系、中国特色社会主义的时代特征、开放性特征方面的研究，为研究道路的时代特征奠定了很好的基础。

（2）时代与马克思主义中国化、中国特色社会主义研究

关于时代发展与马克思主义中国化、中国特色社会主义之间关系的论文，其中重要的有两篇。陈金龙撰写的《时代特征与马克思主义中国化》认为："在马克思主义中国化过程中，必须准确分析时代特征，结合时代特征对马克思主义进行当代解读，并适时回答时代提出的课题，为马克思主义注入时代性内容，主体条件对于实现马克思主义与时代特征的结合也至关重要。"① 高继文撰写的《时代发展与中国特色社会主义创新》论述了中国特色社会主义体现了鲜明的时代特征，主要表现在："中国特色社会主义开辟了中国现代化建设的崭新道路，实现了社会主义理论和体制模式的重大创新，遵循社会发展规律，具有世界性影响和借鉴意义。"②

这两篇文章是时代与马克思主义中国化、中国特色社会主义领域研究的早期代表作。前者揭示了研究马克思主义中国化必须与时代特征结合起来进行解读的规律，作为对马克思主义中国化的成果——中国特色社会主义道路的研究，也必须结合时代特征进行解读。后者主要阐述了时代发展与中国特色社会主义创新的内在关联性，阐明了中国特色社会主义是一条相对于苏联模式的新路，是社会主义的创新，具有时代价值。

---

① 陈金龙：《时代特征与马克思主义中国化》，《马克思主义研究》2008 年第 9 期。

② 高继文：《时代发展与中国特色社会主义创新》，《山东师范大学学报》（人文社会科学版）2012 年第 4 期。

限于篇幅，随后对某一个问题没有详尽地展开，但是基本面均有涉及。

（3）中国特色社会主义道路的内涵和特征

赵曜、肖贵清、秦宣、李君如、汪青松、辛向阳、庄聪生、郑德荣、王伟光、高继文等阐发了“中国特色社会主义道路”的含义和特征，从某个侧面论述了中国特色社会主义道路的时代特征，但尚不全面，需进一步研究。

赵曜认为，胡锦涛在中共十七大报告中对“道路”有完整的经典式的表述，把“道路”分解为“政党领导”、“制度依托”、“发展内涵”、“路径选择”、“目标指引”五个层面去把握。其中，发展的路径“最根本的是改革开放”；在发展动力方面，坚持“科学发展”、“改革发展”、“开放发展”，在发展条件方面，坚持“稳定发展”、“和谐发展”、“和平发展”。[①]

肖贵清、刘爱武提出：“全面发展、和谐发展、协调发展、和平发展、以人为本是中国特色社会主义道路的主要特征。”[②] 秦宣认为：“中国特色社会主义道路是在共产党领导下开辟的社会主义道路，是立足中国基本国情、切合中国实际的科学发展道路，是以经济建设为中心、坚持四项基本原则、坚持改革开放的发展道路，是以解放和发展生产力、巩固和完善社会主义制度为根本任务的发展道路，是以促进社会全面发展、建设富强民主文明和谐的社会主义国家为发展目标的发展道路，是以中国特色社会主义理论体系为指导的发展道路，是一条和平发展的道路。”[③]

李君如认为中国特色社会主义道路应坚持“以历史唯物主义为基石”、“置于现实基础上”、“能促进社会化大生产发展”、“实行公有制和按劳分配”、“社会主义本质，是解放生产力，发展生产力，消灭剥削，消除两极分化，最终达到共同富裕，而不是贫穷、平均主义或两极分化”等八项科学社会主义原则，应在“解放思想，实事求是”、“坚持以经济建设为中心”、“坚持以人为本”、“坚持改革开放”等十个方

① 赵曜：《坚定不移地走中国特色社会主义道路》，《科学社会主义》2007 年第 6 期。

② 肖贵清、刘爱武：《中国特色社会主义道路的内涵及其特征》，《中国特色社会主义研究》2008 年第 2 期。

③ 秦宣：《中国特色社会主义道路的科学内涵》，《思想理论教育导刊》2007 年第12 期。

面体现中国特色。要“把握时代主题及其提供的机遇，大胆借鉴和利用人类文明有益成果”、“坚持和平、发展、合作的时代潮流，坚持独立自主的和平外交政策，走和平发展道路，推动和谐世界建设”。[①]

汪青松对中国特色社会主义道路的科学内涵从路向、路标、路径三个方面进行了分析。对“什么是社会主义、怎样建设社会主义”的回答，阐明的是中国特色社会主义道路的“路向”问题；对“建设什么样的党、怎样建设党”的回答，阐明的是中国特色社会主义道路的“路标”问题；对“实现什么样的发展、怎样发展”的回答，阐明的是中国特色社会主义道路的“路径”问题。[②]

辛向阳认为：中国特色社会主义道路是“马克思主义中国化的道路，是全球化的道路，是探索经济社会发展规律的道路，是科学发展的道路”[③]，是“引领中国全面发展的、遵循中国社会发展规律和代表人类文明进步方向的社会主义道路”。[④]

郑德荣认为，中国特色社会主义道路的基本特征包括八个方面：“坚持四项基本原则的改革开放”、“与社会主义基本制度相结合的市场经济”、“一部分人先富起来，先富带动后富的共同致富”、“共产党领导、人民当家做主和依法治国有机统一的社会主义民主政治”、“马克思主义指导思想一元化和社会思想多样性相统一的社会主义先进文化”、“以改善民生为重点的和谐社会建设”、“‘一国两制’的国家制度”、“‘一个中心，两个基本点’和科学发展是初级阶段和中国特色社会主义道路的永恒主题和核心内容，是中国特色社会主义道路的总体特征”。[⑤] 王伟光认为中国发展道路呈现“科学发展、和谐发展与和平发展”三个基本特征。[⑥] 高继文认为：中国特色社会主义道路“坚持和发

---

① 李君如：《伟大旗帜：中国特色社会主义》，《法学杂志》2007 年第 6 期。

② 汪青松：《马克思主义中国化与中国特色社会主义道路》，《当代世界与社会主义》2007 年第 6 期。

③ 辛向阳：《中国特色社会主义道路的内涵解析》，《当代世界与社会主义》2008 年第 3 期。

④ 辛向阳：《社会主义道路的中国内涵解析》，《中共中央党校学报》2010 年第 1 期。

⑤ 郑德荣：《中国特色社会主义道路的社会形态和基本特征》，《东北师范大学学报》（哲学社会科学版）2009 年第 6 期。

⑥ 王伟光：《中国改革开放和中国发展道路》，《马克思主义研究》2008 年第 5 期。

展了马克思、恩格斯的社会主义构想，实现了马克思主义当代化；坚持和发展了列宁的新经济政策思路，超越了苏联社会主义模式；坚持和发展了党的第一代领导集体探索社会主义道路的正确成果，创造了社会主义的新形态和新道路”，并指出“中国特色社会主义道路不仅有历史的根据，还有新的创造；不仅吸取了我国的历史和现实经验，还借鉴了当代世界社会主义国家乃至世界各国的历史和现实经验。它反映了当今世界和中国的发展变化对社会主义的新要求，有新的马克思主义观和社会主义观为指导”。①

以上论文从某一个侧面谈及了中国特色社会主义道路的时代特征，但论述尚不全面，分析有待于进一步展开。

（4）中国特色社会主义道路的世界意义

赵存生、蒲国良、秦刚、常宗耀、侯远长、徐崇温、贺钦、汤光鸿、胡海波等在论文中指出，要在当代中国和世界发展、社会主义发展的历史进程中认识中国特色社会主义道路的“国际意义”、“世界价值”，包括对发展中国家、世界社会主义运动和人类社会都具有的重要意义。关于“中国特色社会主义道路”的世界意义的研究已有良好开端，需要进一步深化。

赵存生认为：中国特色社会主义道路的世界意义是“不但证明了社会主义的制度优势，证明了这个制度的科学性、自洽性和优越性，而且给世界上发展中国家实现发展提供了可以借鉴的宝贵经验。同时，由于中国特色社会主义道路是一条和平发展之路、自强育人之路，是一条促进共同发展、建设和谐世界之路，因此它的成功不但造福国人而且惠及世界”。②

蒲国良认为：“中国特色社会主义是对包括传统科学社会主义、民主社会主义以及其他各种主义之科学成果的吸收、借鉴与扬弃，是世界社会主义运动的新发展，是社会主义建设的新道路，是社会主义实践的新探索，是社会主义理论的新阐发，凸显了当代社会主义的新形态，正

---

① 高继文：《中国特色社会主义道路的历史地位》，《山东师范大学学报》（人文社会科学版）2009年第6期。

② 赵存生：《社会主义的历史进程与中国特色社会主义道路的开辟》，《思想理论教育导刊》2008第7期。

在形成社会主义的新模式。”①

秦刚认为“道路”的国际意义体现在两个方面：“对于发展中国家来说，中国特色社会主义道路顺应时代潮流，全面参与经济全球化和世界市场的平等互利竞争，充分利用全球化提供的机遇实现自身发展的成功经验具有重要意义。”“对于整个世界来说，中国特色社会主义道路带来的经济繁荣，尤其是形成的尊重多样、包容异己、维护世界和平、促进共同发展的理念具有重要意义。”②

常宗耀认为：“中国特色社会主义道路向世人表明，任何一个国家要发展就必须独立自主地探索具有本国特色的发展道路和发展模式；勇于创新，大胆实践，是中国特色社会主义道路为人类社会发展道路提供的一条宝贵经验；中国特色社会主义的成功实践告诉人们，世界是多样化的世界，要尊重发展模式的多样性。”③ 徐崇温认为：中国特色社会主义是和平发展道路，“是人类追求文明进步的一条新路，中国特色社会主义道路在发展经济、摆脱贫困上，给第三世界指出了奋斗方向，中国特色社会主义道路将向人类表明：社会主义是必由之路、社会主义优于资本主义”。④ 贺钦从“坚持社会主义基本制度与具体发展体制的统一”和“坚持中国共产党强有力的领导”两个层面，简要分析了“道路”对发展中国家有启示意义。⑤

辛向阳提出：“中国特色社会主义道路不仅以其独创性为人类文明的发展做出了自己的贡献，而且这一道路代表了人类文明的发展趋势和前进方向，是具有光明未来的道路。”⑥ 汤光鸿、有英认为：中国特色社会主义道路“不仅激发出社会主义的生机与活力，创造了社会发展

---

① 蒲国良：《世界社会主义运动视阈下的中国特色社会主义》，《教学与研究》2008 年第 8 期。

② 秦刚：《中国特色社会主义道路的创新性及其国际意义》，《当代世界与社会主义》2008 年第 4 期。

③ 常宗耀：《关于中国特色社会主义道路的世界意义》，《理论探索》2008 第 4 期。

④ 徐崇温：《中国特色社会主义道路的世界意义》，《红旗文稿》2009 年第 15 期。

⑤ 贺钦：《中国特色社会主义道路对发展中国家的启示》，《马克思主义研究》2008 年第 2 期。

⑥ 辛向阳：《中国特色社会主义道路与世界文明发展》，《北京社会科学》2009 年第 5 期。

道路的新模式，而且为发展中国家尤其是共产党执政国家走本国特色发展道路提供了榜样”。[①] 胡海波认为：“中国特色社会主义道路和模式为世界上后发展中国家的社会进步提供了可资借鉴的宝贵经验”，“不仅关涉本国的繁荣富强，也关涉世界的进步与稳定”。[②] 娄伟认为：“从现实看，中国模式为发展中国家的发展提供了一个不同的模式选择；从理论上看，中国模式为我们架起了一个同西方对话的平台；长远观之，中国模式的发展与成熟，是构建世界新秩序的重要组成部分。”[③]

3. 出版的著作

相关著作都程度不同地涉及了中国特色社会主义的时代特征，阐明了中国特色社会主义道路是走向世界、开放发展道路，顺应了新科技革命、经济全球化、时代主题的转变等时代发展的要求，在资本主义新变化和世界各种发展模式的挑战下，充分吸收包括资本主义发达国家在内的人类一切文明成果基础上，进行社会主义建设。对中国特色社会主义道路的时代特征研究取得了重要的成果，但尚不系统，有待于进一步深入研究。典型的著作有以下 17 部。

李爱华、韩玉贵等著的《走向世界——我国对外开放中的重大关系研究》，是国家社科基金结项著作，撷取我国对外开放中出现的诸多重大关系进行探讨，拓展和深化了中国特色社会主义道路中对外开放这一时代课题的研究。[④] 许庆朴、李爱华主编的《有中国特色社会主义理论探源》也是国家社科基金结项著作，认为中国特色社会主义理论的来源是开放的、多源的，其中包括当代资本主义的文明成果、世界社会主义发展的新态势、知识经济发展的新理念等。[⑤]

孙新彭所著的《时代性质的判断与社会主义实践的选择——马克思主义时代思想研究》是在其同名的博士论文的基础上出版的一部著

---

① 汤光鸿、有英：《中国特色社会主义道路的世界意义》，《扬州大学学报》（人文社会科学版）2008 年第 1 期。

② 胡海波：《世界历史视阈下的中国特色社会主义模式的世界意义》，《理论探讨》2010 年第 3 期。

③ 娄伟：《中国模式的分析框架与世界意义》，《学术交流》2009 年第 11 期。

④ 李爱华、韩玉贵等：《走向世界——我国对外开放中的重大关系研究》，中国人民公安大学出版社 1999 年版。

⑤ 许庆朴、李爱华：《有中国特色社会主义理论探源》，人民出版社 2002 年版。

作。该书考察了时代性质与社会主义运动的内在关联性，其中时代视域中的社会主义市场经济对本课题研究具有重要的借鉴价值。① 张爱武所著的《世界历史性社会主义研究》，从马克思、恩格斯世界历史理论角度认识其社会主义观，重点论述了邓小平、江泽民用宽广的世界眼光分析时代特征，从和平与发展的时代主题、科技革命、全球化等角度探讨了世界历史理论与邓小平、江泽民社会主义观的历史关联性。② 方世南所著的《时代与文明——和平与发展的时代主题与各国文明的多样性》认为：和平与发展的时代主题与各国文明的多样性是有着内在关联的一个问题的两个方面；科学地认识时代和把握时代的主题，在当今复杂的国际舞台上展开跨文明的对话与交流更有极其重大的理论意义和实践价值。③

辛向阳所著的《中国特色社会主义道路研究》从中国特色社会主义道路的形成、科学内涵、经济发展道路、政治发展道路、文化建设道路、社会建设道路、生态文明建设道路、和平发展道路、党的建设道路以及中国特色社会主义道路的国际比较方面进行论述。④ 姜淑兰所著《世界视阈中的中国特色社会主义道路研究》把中国特色社会主义道路置于世界发展的大格局中，阐述了中国特色社会主义道路是中国近现代国内外因素共同的历史必然，是世界格局变迁和时代发展的必然选择，突出了中国特色社会主义道路与世界社会主义国家发展模式、与当代资本主义发展模式、与民主社会主义发展模式的比较研究，分析了国外学者对中国特色社会主义道路的认识，总结了历史经验，阐发了世界意义。⑤

郑德荣等所著的《中国特色社会主义道路基本问题研究》系 2008 年国家社会科学基金项目最终成果。全书从历史根源与现实依据、理论基础与指导思想、历史进程与发展轨迹、社会形态与基本特征、发展理念与发展战略、模式比较与相关参照、时代价值与历史经验、领导核心

---

① 孙新彭：《时代性质判断与社会主义实践选择——马克思主义时代思想研究》，人民出版社 2010 年版。

② 张爱武：《世界历史性社会主义研究》，社会科学出版社 2005 年版。

③ 方世南：《时代与文明——和平与发展的时代主题与各国文明的多样性》，人民出版社 2006 年版。

④ 辛向阳：《中国特色社会主义道路研究》，河北人民出版社 2010 年版。

⑤ 姜淑兰：《世界视阈中的中国特色社会主义道路研究》，光明日报出版社 2011 年版。

与根本保证八个方面，对中国特色社会主义道路的基本问题进行了深入分析。[①]

赵曜主持的国家社会科学基金重大项目课题的成果出版了三卷本的《中国特色社会主义史论研究》，包含历史实践卷、前沿问题卷、科学体系卷。三本书论述了中国特色社会主义形成发展的重大问题，阐述了改革、对外开放、市场经济、民主政治建设、文化建设、和谐社会、外交与国际战略、民族宗教、军队现代化和国防建设等方面的理论；分析了中国特色社会主义的历史地位和重大意义。[②]

黄宗良在《社会主义与资本主义的关系：理论、历史和评价》中提出："中国改革开放实质上就是重新调整了社会主义制度与资本主义制度之间的关系，调整了社会主义国家与资本主义国家之间的关系。从某种意义上说，这种调整是学习资本主义优秀文明成果的过程，是追赶资本主义的过程，也是发展社会主义的过程"，并在"中国为两制关系重新定位"进行了简略的论述。[③] 黄宗良在《社会主义与资本主义两制关系史论》中认为："正确对待两种制度的斗争、坚持四项基本原则与坚持改革开放这两者之间不是互相排斥，而是互相促进、互为条件的关系"，"既要认识两种制度之间的对立和斗争，又要看到它们之间具有互相吸取、借鉴和一定条件下合作的可能性"。[④] 黄宗良、林勋健主编的《经济全球化与中国特色社会主义》从全球化与中国政治发展，中国与世界经济接轨，经济全球化、社会运行机制创新与中国特色社会主义良性发展，全球化与中国文化的选择，全球化时代与建构中国特色的外交思维，信息时代我国的国家安全问题思考等方面进行了探讨。

严书翰在《经济全球化背景下社会主义与资本主义的关系》中用了八章的篇幅来分析经济全球化的三次浪潮与科学社会主义的诞生、与

---

① 郑德荣等：《中国特色社会主义道路基本问题研究》，人民出版社 2012 年版。

② 叶庆丰：《中国特色社会主义史论研究・历史实践卷》，中共中央党校出版社 2012 年版；严书翰：《中国特色社会主义史论研究・前沿问题卷》，中共中央党校出版社 2012 年版；胡振良：《中国特色社会主义史论研究・科学体系卷》，中共中央党校出版社 2012 年版。

③ 黄宗良：《社会主义与资本主义的关系：理论、历史和评价》，北京大学出版社 2002 年版，第 372 页。

④ 黄宗良：《社会主义与资本主义两制关系史论》，红旗出版社 1993 年版，第 514、524 页。

中国特色社会主义、与改革开放新阶段我国的经济建设、与各种思潮相互激荡中的我国文化建设之间的关系，阐述了经济全球化背景下社会主义与资本主义两制关系的新特点、新趋势，正确处理社会主义与资本主义两制国家关系的基本原则与我国新世纪外交政策的抉择。重点论述了经济全球化对中国特色社会主义带来的机遇和提出的挑战，抓住了问题的要害。但却没有论述中国特色社会主义道路所面临的其他时代要求，且对于世界所提供的时代经验涉猎不多。

宋士昌在《从邓小平到江泽民：建设有中国特色社会主义理论跟踪研究》中，提出："邓小平适应时代和实践的客观要求，借鉴国外发展战略上的经验教训，既尊重客观规律，又尊重广大人民的美好愿望，把马克思主义的战略策略理论与中国实际和时代特征相结合，创造性地制定了一整套系统、科学的发展战略。"① 在"全球化与中国特色社会主义"一章中，提出："全球化"与社会主义之间的关系，通过改革创新，中国融入世界现代化进程。中国面临的极富挑战性的重大课题是："如何适应全球化发展的特点，把建设有中国特色社会主义事业不断推向前进。"②

梅荣政所著的《中国特色社会主义基本问题研究》中涉及时代特征与中国特色社会主义问题的有两章：第四章论述了"经济全球化与中国特色社会主义"，从理论上阐明经济全球化与中国特色社会主义的关联。第五章"新科技革命与中国特色社会主义"，分析了新科技革命的挑战与中国特色社会主义的应对，提出要"充分认识我国科技领域面临的机遇和挑战"，"坚持以科学发展观为指导，加快推进我国科学技术事业的发展"。这两章能够抓住问题的关键，但在中国特色社会主义如何应对时代的要求方面尚需进行阐述。

袁秉达所著的《中国特色社会主义道路探究》从东方落后大国社会主义道路的历史性探索、全面建设小康社会、经济发展道路、民主政治发展道路、先进文化发展道路、和谐发展道路、生态文明道路、和平

① 宋士昌：《从邓小平到江泽民：建设有中国特色社会主义理论跟踪研究》，山东人民出版社2002年版，第156、157页。

② 同上书，第256页。

统一之路、国际战略与和平发展道路等方面阐述了中国特色社会主义道路的内涵，重点从历史和逻辑、理论与实践的角度进行阐述。其中，在第三章“中国特色社会主义经济发展道路”阐述了中国特色社会主义经济的科学发展道路；第十章“中国特色社会主义国际战略与和平发展道路”界定了“和平发展道路”的科学内涵。

张素芝所著的《中国特色社会主义道路的探索》，以党的历史发展为主线，客观地阐述了中国共产党执政以来，对中国特色社会主义道路的探索，并详细地论述了在探索有中国特色社会主义道路的过程中所发生的一些史实，以及所产生的一些问题及解决这些问题的方法和措施。该书没有对中国特色社会主义道路的内涵和时代特征进行阐述，只是扼要梳理了其发生的历史事实，对社会主义初级阶段、改革开放与社会主义市场经济建立及其逐步完善进行了历史叙事式的罗列，没有有力地论证。

徐崇温撰写的《中国的和平发展道路》分三编、二十三章论述了“中国特色社会主义实现和平发展的国际战略”、“中国特色社会主义实现科学发展、和谐发展的现代化战略”、“中国道路、中国经验、中国模式的国际讨论”等问题，是一部研究中国的和平发展道路的力著，为研究本课题提供了很好的研究基础，但有些问题尚需进一步展开。

以上这些著作从中国特色社会主义的多源开放性、两制关系、部分时代特征与中国特色社会主义等方面进行了深刻的阐述，思路开阔，论述精辟，为本课题研究提供了重要的基础和借鉴价值。但对中国特色社会主义道路的时代特征均未全面、系统地进行梳理、探究，仍需进一步挖掘、深化。

（二）国外研究现状

近年来，许多国外学者广泛研究“中国道路”、“中国模式”的经验和意义，主要是中国改革开放对世界社会主义的启示、对发展中国家的借鉴作用，以及中国经验与世界经验的互动、中国和平发展对世界的影响等问题。

宿景祥、齐琳主编的《国外著名学者政要论中国崛起》、马启民所著的《国外邓小平理论研究评析》、刘洪潮、蔡光荣主编的《外国要人名人看中国》、张首映、戴莉莉主编的《外国人眼中的新中国》、冷溶主编的《海外邓小平研究》、覃火扬主编的《海外人士谈中国社会主义》等著作评述了国外各界的有关研究状况。成龙所著的《海外马克思主义中国化理论研究》对海外马克思主义中国化理论进行了系统的研究，其中的四篇分别为："海外毛泽东思想研究"、"海外邓小平理论研究"、"海外'三个代表'重要思想研究"、"海外科学发展观研究"。后三篇涉及了中国特色社会主义道路的内容。

国外有许多著作把中国的现代化建设放在世界范围进行考量，研究中国的发展，探讨中国在发展进程中的种种问题，分析其世界影响。无论他们承认与否，其中均内含着对中国特色社会主义道路的分析。其中主要的著作有以下几部：

作为著名国际投资银行家和公司战略家，库恩长期关注中国的改革进程，与国内金融、文化、教育、传媒等有过密切的合作。他于2005年撰写了《他改变了中国：江泽民传》，从一个外国人的视角阐述了江泽民的人生历程，评价了江泽民担任国家主要领导人期间所建立的历史功绩，对与之相关的中国特色社会主义建设进行了评价。他于2008年撰写了《中国30年：人类社会的伟大变迁》，通过对中国20多个省份的40多个城市的调研，回顾了中国改革开放30年以来的历史进程，考察了改革的运作机制，描述了金融、科技、军事、文化、出版、电影、医疗、宗教等多个领域所取得的成绩，提出了需要进一步解决的问题，对中国改革开放的未来也做了鸟瞰式的展望。他在序言中提出："外国人通常认为，中国的改革开放完全集中在经济领域，其实大谬不然。中国在经济领域取得的巨变，无疑令人吃惊，但是，它还算不上中国最根本的变迁，而只能位列其次。如果你了解中国，你就会知道发生在这个国家的最大变化，是中国人的精神的转型，还有越来越广泛而深入的个人自由。"①

英国学者马丁·雅克撰写的《当中国统治世界：中国的崛起和西

---

① ［美］罗伯特·劳伦斯·库恩：《中国30年：人类社会的一次伟大变迁》，吕鹏译，上海人民出版社2008年版，第11页。

方世界的衰落》，被称为“中国统治论”的代表著作，他认为“当中国统治世界”指的是“中国将会成为世界上实力最强大的国家”。他的主要观点是：世界上实现现代性的方式绝非只有西方模式，在一个充满“现代性”竞争的新时代里，不论中国正在实现现代化，还是已经实现了现代化，她都会保持自己独有的特色。现代性是时代特色，中国的现代化是中国特色，中国的现代性既具有中国特色又具有时代特色。他认为：“西方的历史时刻正在悄悄退去，历史的接力棒正传向东方，尤其是中国”；“中国的崛起将意味着她的历史、文化、语言、价值、机制和企业将会逐渐影响全世界。如果说自 1978 年以来，世界带给中国的改变要大大多于中国带给世界的改变，那么这种进程将很快发生逆转，中国带给世界的改变将远远多于世界带给中国的改变”。这主要论述的是中国道路对世界的影响。他认为：“中国将不会实行西方国家多个世纪以来惯行的扩张主义军事政策。”① 实际上他为中国的和平发展提供了佐证。

在论文方面，国外学者更多关注中国模式、中国道路、中国对于世界社会主义运动、世界发展的意义，更多肯定中国的市场经济建设的意义，关注中国的发展所取得的巨大成就，从中探讨背后的原因，但是很多学者否定中国特色社会主义道路的社会主义性质，用西方的话语体系、先入为主的固有偏见，主观臆断地进行分析，但从其中，我们也可以得到许多启迪。

1. 关于中国特色社会主义道路的世界意义

(1) 对世界社会主义运动的意义

原社会主义国家、当今社会主义国家、世界共产党组织的学者或领袖充分肯定中国特色社会主义对世界社会主义运动的意义。他们认为中国特色社会主义建设取得了重大成就，积累了丰富的经验，证明了社会主义制度仍充满活力，体现了社会主义制度的优越性，为世界社会主义运动注入了活力。中国特色社会主义是世界社会主义运动的希望，值得社会主义国家学习。这方面的代表作者的主要观点如下：

---

① ［英］马丁·雅克：《当中国统治世界：中国的崛起和西方世界的衰落》，张莉、刘曲译，中信出版社 2010 年版。

前苏联部长会议主席、俄罗斯联邦委员会自然垄断委员会主席雷日科夫撰文《21 世纪中国可能成为全球二、三号大国》中，对“计划和市场的结合”、“中国改革的渐进性”方式、“中国社会主义的特点”、“如何借鉴中国经验?”① 等进行了阐述。

塞浦路斯劳动人民进步党总书记赫里斯托菲亚斯认为：“中国在坚持党的领导和社会主义方向的前提下，成功地进行了政治、经济和社会改革，不仅避免了苏联所出现的灾难，而且使经济得到了巨大的发展，改善了人民的生活。中国改革的成功证明了社会主义制度是有生命力的。劳进党认为，世界社会主义运动的领导责任已经历史地落到中国共产党的肩上了。”②

时任越南共产党总书记的阮文灵认为：“中国改革开放的经验值得学习。”“在当今国际形势出现复杂变化的情况下，一个强大的社会主义中国的存在具有重大意义。相信全世界人民和所有共产党人都把希望寄托在这几个社会主义国家身上，尤其是把希望寄托在中国身上。因为中国是个强大的国家，有着坚强的共产党的领导，如果中国和其他社会主义国家把社会主义建设好，就会给世界人民带来希望，增强他们的信心。”③

（2）对世界发展的意义

许多国外政要、学者赞赏中国所取得的成就，肯定中国改革开放具有划时代意义，认为中国的发展不仅对本国有重要意义，也对世界其他国家带来利益，值得其他国家学习。中国的发展促进了世界的发展，保障了世界的和平，是对世界的一大贡献，具有世界历史意义。

新加坡前内阁副总理吴庆瑞认为：“中国的发展不仅提高了中国人民的生活水平，而且还将为亚太地区，甚至世界其他国家带来利益。”“中国发展会给亚太地区带来很好的影响。从世界其他地区来看，中国的经济发展将是对世界的一大贡献。因为，中国在发展之时必将增加进

① 张首映、戴莉莉：《外国人眼中的新中国》，人民出版社 2009 年版，第 103—107 页。

② 同上书，第 129—130 页。

③ 刘洪潮：《外国要人名人看中国（1989—1992）》，中共中央党校出版社 1993 年版，第 46、47 页。

口。"[①] 新加坡学者林住君认为：邓小平复出后，出现了具有同样改革思想和决心的巩固的"现代化"领导层，"这个领导层的巩固，使改革可以在内部相对团结的情况下，而产生了巨大深远的影响；也使它可以用一种比较有理性的、既参考外国经验又符合本国情况的方式进行……使这场改革具有划时代的意义"，"这场改革的另一个特点是不以任何既定的、先入为主的意识形态或价值系统为指导方针，而是用一种实事求是的态度和最开放的心态来处理改革的问题。"[②]

英国前首相撒切尔夫人认为，伴随着中国国内的巨大变化，"我们西方国家的对话政策必须是继续同中国建立友好关系，并设法消除我们与中国之间的分歧……鉴于中国的外贸规模，中国应该成为世贸组织的一员……中国和西方相互怀疑的时代已经过去，我们必须捐弃前嫌，共同面对未来"。[③] 英国前首相希思认为："中国不要低估自己的影响，中国有丰富的经验供别人学习，随着经济的发展，中国通过经贸关系也可影响别人。"[④] 英国前首相布莱尔认为："如果没有中国的充分参与，21世纪的任何事情都无法良好运行。我们今天面临的挑战是全球性的。中国现在是一个全球大国。因此，无论是气候变暖问题、非洲问题、世界贸易，还是各种各样的安全问题，我们都需要中国发挥建设性的作用，我们需要中国利用其影响力与我们配合。"[⑤] 英国《金融时报》记者金奇认为中国加入世贸组织"给这个世界人口最多的国家带来的深远意义。加入这个国际贸易体系意味着：一个几个世纪以来一直拒绝外国进入其国内市场的国家现在成为一项条约的签约国，根据它的规定，这个'中央王国'将积极对外开放经济"。[⑥]

美国学者德里克认为"中国特色社会主义不但有地方性意义，更

---

① 牟卫民：《外国政要眼中的中国》，中国社会出版社2000年版，第209、300页。

② 覃火杨：《海外人士谈中国社会主义》，北京大学出版社1990年版，第51、52页。

③ 张首映、戴莉莉：《外国人眼中的新中国》，人民出版社2009年版，第117—118，121页。

④ 刘洪潮：《外国要人名人看中国（1989—1992）》，中共中央党校出版社1993年版，第188页。

⑤ 张首映、戴莉莉：《外国人眼中的新中国》，人民出版社2009年版，第281页。

⑥ 宿景祥、齐琳：《国外著名学者政要论中国崛起》，中共中央党校出版社2007年版，第56页。

具有世界历史意义”。[①] 美国进步研究所高级研究员尼娜·哈奇甘指出，中国伟大的建设成就表明：中国共产党已经找到了一条正确的发展道路。中国正在为世界和平与发展发挥着应有的作用。[②] 布热津斯基指出：“中国实施改革开放政策以来所取得成功经验，不仅值得其他发展中国家在实现经济社会转型方面借鉴，也值得发达国家在强化政府治理方面借鉴。”[③]

曾任第71—73届日本内阁总理大臣的中曾根康弘认为：“中国改革开放的成就显示了具有中国特色的社会主义的优越性。中国今后发展过程中有两个问题很重要：一是要保持长期稳定的局势，坚持改革开放；二是希望日本能为中国的发展提供帮助，双方进行全面的合作，这是对双方都有利的。”[④]

俄罗斯科学院远东研究所所长季塔连科认为：“中国的成就是划时代的、杰出的，但是改革的代价也是巨大的。当代中国已经达到了这样的水平和发展进程，即停止改革和现代化过程是不可能的，它已经具有了不可逆的特点。在坎坷不平的道路上，中国必将继续向前发展。”[⑤] 吉尔吉斯斯坦前总统阿卡耶夫认为：“中国是整个亚洲的稳定因素”，“学习中国经验是吉尔吉斯斯坦经济改革的方向”。摩洛哥拉巴特大学教授，摩中友协秘书长布斯库勒认为：中国发展的新经验在于“它继承、发展和丰富了中国的传统和智慧，同时又吸收了世界进步的东西，以自己独特的社会主义新面貌出现在世界上”。“世界需要中国，没有中国，世界和平就没有保障。”[⑥]

2. 社会主义市场经济体现了时代特征，具有普遍意义

国外许多学者认为中国的市场经济体现了时代特征，能够有效地把

① 李百玲：《德里克论全球现代性中的中国特色社会主义》，《中国特色社会主义研究》2008年第6期。

② 沈传亮、苑晓杰：《国外学者评析新中国六十年》，《中共党史研究》2010年第6期。

③ ［美］布热津斯基：中华人民共和国建国60年来成就举世瞩目（http：//news. xinhuanet. com/video/2009－07/20/content_ 11737965. htm）。

④ 刘洪潮：《外国要人名人看中国（1989—1992）》，中共中央党校出版社1993年版，第76页。

⑤ ［俄］M. Л. 季塔连科：《前进中的中国——纪念新中国成立60周年及展望21世纪中国发展前景》，《中国社会科学》2009年第5期。

⑥ 张首映、戴莉莉：《外国人眼中的新中国》，人民出版社2009年版，第165、166页。

计划经济和市场经济结合起来，是人类社会最为成功的市场经济模式，能够避免资本主义市场经济所带来的弊端，克服“休克疗法”带来的不利，对于面临同样任务的其他国家有历史意义，对世界经济发展具有重要作用。

俄罗斯哲学家阿·布坚科认为：“中国的经验说明，拒绝国家的资本主义化不等于拒绝经济改革，平稳地、相对无痛苦地从关注经济转向市场经济是完全可能的，市场经济完全可以保证使社会保障大多数人的利益。”“中国是创造性地、最少痛苦地从停滞的、非市场的管制经济转向‘有中国特色的社会主义’的稳步发展的市场经济的一个范例。它的经验对于面临类似任务的国家来说有着难以估量的历史意义。”①

诺贝尔经济学家约瑟夫·斯蒂格利茨认为：“在向市场经济进军之初，中国就清楚地表明，其目标是一种独特的市场经济：市场经济的形态不是单一的，而是有很多种……如果按照目前提到的内涵更丰富的经济成就度量标准，这是一种最为成功的市场经济模式，其在人类发展指数上的表现远远好于美国。”②

哈里·J. 沃特在《中国走向21世纪的经济发展战略》一书中指出：“1985年10月23日，邓向他的政府领导们指出社会主义和市场经济之间没有根本的矛盾。他认为这二者之间一个可接受的中间场地是可能的。把计划经济和市场经济结合起来将解放生产力并促进经济的发展。因而他提倡利用两种经济的内在特征。这种哲学使国家向很多西方国家开放并使它开始走上领导亚洲而最终领导世界经济的道路。”③

日本共产党的资深理论家不破哲三认为：“中国目前的‘社会主义初级阶段’和‘社会主义市场经济’的观念，是通过克服历史错误而确定的新的努力方向，而‘新经济政策’能为今天中国倡导的通过市场经济建立社会主义的尝试提供借鉴。”④ 通过市场经济建立社会主义的一般途径将会被世界上大多数国家所接受，因此，他所关注的是中国

---

① 张首映、戴莉莉：《外国人眼中的新中国》，人民出版社2009年版，第181页。

② ［美］约瑟夫·斯蒂格利茨：《中国已经趟过河流》，《财经》2006年第6期。

③ 成龙：《海外马克思主义中国化理论研究》，广东人民出版社2009年版，第313页。

④ 徐觉哉：《国外学者论中国特色社会主义》，《中国特色社会主义研究》2008年第2期。

如何既坚持社会主义方向又不被资本主义所取代，如何使社会主义核心经济部分在市场经济中发挥作用来与资本主义展开竞争。他认为中国面临的新挑战将具有全球意义。

3. 关于中国模式的研究

进入21世纪后，国际社会在关注中国改革开放以来取得的巨大成就的同时，也开始关注中国道路，并据此提出了“中国模式”。“中国模式”肇始于雷默提出的“北京共识”，他认为：中国通过艰苦努力、主动创新和大胆实践，已摸索出一个适合本国国情的发展模式。“北京共识”基础上的中国经验不仅适合中国，而且是一些发展中国家如何寻求经济、社会发展的可借鉴模式。“中国正在指引世界其他一些国家在有一个强大重心的世界上保护自己的生活方式和政治选择。这些国家不仅在设法弄清如何发展自己的国家，而且还想知道如何与国际秩序接轨，同时使他们能够真正实现独立。”① 之后，中国的发展所走过的道路，受到国内外舆论和学术界的空前关注，研究高潮迭起。“中国模式”的研究，具有以下3个特点。

第一，故意遮蔽了中国特色社会主义道路的社会主义性质。一些西方学者、政要拘囿于意识形态、文化等的差异原因，对中国特色社会主义道路的社会主义性质有偏见。在总结中国的成功经验，肯定中国的卓越成就的同时，故意淡化甚至遮蔽中国特色社会主义道路本身所具有的社会主义性质。

许多美国左翼学者，将中国社会主义市场经济等同于资本主义。②有学者对中国的改革进行了质疑，认为中国的未来将是俄罗斯或东欧的现在，“中国的改革在实效层面无疑是成功的，但中国很可能只不过把俄罗斯或东欧做过的某些事情推迟进行而已”。③“一些西方学者政要对我们党的理论与实践、对中国特色社会主义，有一种本能的排斥。他们

---

① ［美］乔舒亚·库珀·雷默等：《中国形象：外国学者眼中的中国》，沈晓雷等译，社会科学文献出版社2006年版，第288页。

② 徐觉哉：《国外学者论中国特色社会主义》，《中国特色社会主义研究》2008年第2期。

③ 周建军、何恒远：《中国转型的世界意义——从“华盛顿共识”到“北京共识”》，《世界经济政治论坛》2005年第1期。

不愿肯定‘中国特色社会主义’，故意淡化我国改革开放和现代化建设事业的‘社会主义’性质，而是提出‘中国模式’这一概念来概括我们取得的成绩和进步。”① 时任西德总理赫·施密特更是把中国特色社会主义看作资本主义，他指出：“‘中国式的社会主义’实际上将变成稍微用社会主义的术语加以修饰的资本主义。”②

国内有些学者也深陷他们提出的所谓新概念的误区，亦步亦趋，放弃了在中国特色社会主义道路的阐释、研究、宣传的话语权，甚至在打着与西方学术话语接轨的旗号下，走入理论阐释的误区。

第二，客观评价中国特色社会主义道路，认同社会主义性质。有些学者能够理性地对待中国特色社会主义道路，认同其社会主义性质，并给予很高的评价。

保加利亚科学院院士尼·波波夫认同中国选择社会主义市场经济是正确的道路。他说：“中国目前选择并实践的模式，是唯一可以挽救和建设社会主义的模式，是唯一正确的充满希望之路。”基于此，“我热望中国发展成为世界上最强大的经济力量，我并且相信在世纪初就可达到这一点”。③

托尼·安德烈阿尼明确指出：“中国的社会主义市场经济仍属社会主义性质，中国的社会主义具有中国的特点，因为它必须考虑本国的特殊国情；它在发展社会主义市场经济的同时，还促进精神文明的发展，而这种文明完全不同于西方文明。”④ “当前中国经济的特点是国家和集体所有制在经济中占主导地位，公有经济发挥着主导作用。”⑤

第三，超越替代性。有的学者认为中国特色社会主义能够超越资本主义，能够利用资本主义并克服其弊端，最终会作为一种独立的历史状态替代资本主义。持有这种观点的代表人物是西方左翼学者、历史学家

---

① 秦益成：《中国特色社会主义与“中国模式”》，《政治学研究》2010 年第 3 期。

② 刘洪潮：《外国要人名人看中国（1989—1992）》，中共中央党校出版社 1993 年版，第 171 页。

③ 同上书，第 154、157 页。

④ ［法］托尼·安德烈阿尼：《中国还是社会主义国家吗?》，《思想》（季刊）2005 年第 1 期。

⑤ ［法］托尼·安德烈阿尼：《变革发展中的社会主义》，《科学社会主义》2007 第 3 期。

和文化哲学家阿里夫·德里克。他就中国特色社会主义提出了“后社会主义”概念。他认为后社会主义“不是经典马克思主义意义上的、作为资本主义之后一个历史发展阶段的社会主义，而是指利用资本主义的经验而又力图克服资本主义发展中的种种弊端的一种社会主义”，是介于资本主义与社会主义之间的发展道路。作为一种历史状态，“后社会主义”为资本主义提供了替代方案，中国的“后社会主义”将是第三世界选择的典范。① 他坚持认为中国特色社会主义具有超越资本主义的可能性，且有别于任何传统或经典的社会主义模式，“寄希望于中国特色社会主义能够确立另一种现代性，与现下殖民现代性为内核的欧美中心现代性相抗衡以致成为一种替代方案”。②

归纳来说，国内外关于本课题研究的现状为：一是提出了一些有价值的、深刻的观点，为本课题研究打下了良好的基础，但尚未系统深入论证；二是从某个时代特征，如经济全球化、和平与发展、新科技革命等侧面研究问题，更多的是把时代特征作为研究中国特色社会主义道路的时代背景或者作为制定外交政策的依据，但对时代特征与中国特色社会主义道路的理论和实践的关联性分析不够；三是主要研究中国特色社会主义道路的国内意义，其世界意义的成果不多，需要进一步加深研究。

三　研究思路、框架结构

（一）研究思路

本书拟在国内外研究基础之上，结合中国特色社会主义道路的创新性开辟，进一步全面、深入研究其时代特征。这在理论上有助于从中总结和揭示中国特色社会主义道路是科学社会主义原则结合中国实际，尤其是与时代特征三者的有机统一。重点解释中国特色社会主义道路能回答时代的新课题、体现时代特征、引领时代发展。探索中国特色社会主

① ［美］阿里夫·德里克，庄俊举：《全球化境遇下的社会主义和马克思主义若干问题研究——专访著名左翼学者阿里夫·德里克教授》，《当代世界与社会主义》2007 第 5 期。

② 李百玲：《德里克论全球现代性中的中国特色社会主义》，《中国特色社会主义研究》2008 年第 6 期。

义道路的新经验和发展规律，有助于深刻理解中国特色社会主义道路体现时代特征的来龙去脉、创新经验和重大意义，更好地坚持这条道路，推进改革开放的新发展；还有助于发掘它对世界社会主义运动、发展中国家、促进世界和平和共同发展的世界意义。

（二）框架结构

本书共分导论和五章内容。

导论部分，说明选题的缘由和意义，分析国内外研究现状及其发展趋势，研究思路和框架结构，研究方法和创新之处。

第一章为中国特色社会主义道路的时代背景。该部分分析了中国特色社会主义道路形成的时代背景是和平与发展是时代的主题、经济全球化浪潮席卷全球、新科技革命蓬勃发展和当代资本主义的新变化。中国特色社会主义道路是顺应时代发展要求，解决时代课题而形成和发展的，体现了鲜明的时代特征。

第二章为中国特色社会主义道路是和平发展道路。该部分阐述了中国特色社会主义道路具有和平发展的时代特征，是和平发展道路。首先阐述了和平发展道路的成因是时代主题的客观需求、社会主义制度的本质要求、中国历史文化传统和国情的需要、回应“中国威胁论”的需要。“和平发展道路”有一个由学术界提出、国家领导人阐述、国家政策宣示并上升为国家意志的过程，其内涵是：既通过维护世界和平发展自己，又通过自身发展维护世界和平，实现了中国与世界和平发展的良性互动。

第三章为中国特色社会主义道路是开放发展道路。该部分论述了中国特色社会主义道路是开放发展道路，体现了开放发展的时代特征。走开放发展的道路是我国历史教训所得出的必然结论、社会主义制度完善的要求、经济全球化的时代要求、国际比较后的主动选择。在对外开放中必须坚持国家主权原则、坚持社会主义原则和坚持独立自主的原则。中国对外开放是全面的开放，其开放战略是实施“引进来”和“走出去”相结合；其基本形式是对外贸易、利用外资、引进技术、国际劳务合作，要积极融入世界经济体系，实现合作共赢发展。中国已经形成了对外开放的格局，需要完善开放型经济，不断提高开放水平。

第四章为中国特色社会主义道路是创新发展道路。中国特色社会主义道路顺应市场经济、民主政治、新科技革命的时代发展要求，具有鲜明创新发展的时代特征。在世界经济发展史上，第一次实现了社会主义制度与市场经济的结合，是对马克思主义理论的创新，是人类历史上的重大制度创新。中国共产党人深刻把握民主政治是时代的要求，建设社会主义政治文明是中国特色社会主义道路的重要目标，丰富了社会主义道路的总体布局，坚持中国共产党的领导、人民当家做主和依法治国方略。中国共产党人顺应新科技革命的时代潮流，提出“科技是第一生产力”的科学论断，确立了“科教兴国”战略和建设“创新型国家”的目标。

第五章为中国特色社会主义道路的时代价值。中国特色社会主义道路，时刻体现时代的精神风貌，对当代世界社会主义运动、发展中国家、人类发展具有重要的世界意义。中国特色社会主义道路为世界社会主义运动注入了活力，推动了世界社会主义运动的发展，为现有社会主义国家提供了有益的启示即指导思想上的借鉴、社会主义发展阶段的影响、建立本国特色的社会主义的启迪、经济体制和所有制改革的启示、对时代认识的借鉴、学习西方资本主义国家的文明成果。中国特色社会主义道路对发展中国家有有益的借鉴：从本国实际出发，走符合本国国情的发展道路、走独立自主的发展道路、正确处理改革、发展和稳定的关系。中国特色社会主义道路是离不开世界文明的发展大道，是一种开放的、引领时代的道路，是世界发展道路的直接继续，是世界文明的优秀成果以自身的发展以及促进世界文明的发展对人类文明做出的巨大贡献。中国特色社会主义道路是和平发展道路，为人类发展开辟了一新路，其崇高目标是构建“和谐世界”。中国特色社会主义道路有利于促进世界和谐。

四　研究方法和创新之处

（一）研究方法

科学的研究方法是保证科学研究成功的“船”，要做到对中国特色社会主义道路的时代特征进行系统的、深入的研究，就必须采取科学的研究方法。本文的研究以历史唯物主义和辩证唯物主义为指导，以便从更加全面和客观的角度进行研究，尽可能地得出符合实际的结论。为此，本文具体应用了以下6种方法。

第一，文献研究法。本文研究的主要方法是文献研究法。马克思认为："研究必须充分地占有材料，分析它的各种发展形式，探寻这些形式的内在联系。只有这项工作完成以后，现实的运动才能适当地叙述出来。"① 恩格斯针对青年们忽视原著而仅根据二手材料来认识问题的错误倾向，明确提出："根据原著来研究这个理论，而不要根据第二手的材料来进行研究。"② 根据这一思想，在研究本文时广泛阅读党和国家领导人的讲话和三中全会以来的重要文献，力求通过阅读经典文献，全面掌握中国共产党人的实践历程，同时，把握学术前沿，提炼新的观点，充分地论证中国特色社会主义道路的时代特征。

第二，逻辑与历史相统一的方法。逻辑与历史相统一是辩证思维的重要方法论原则，是用来揭示人类社会历史现象本质的重要理论工具。恩格斯精辟地提出这一方法，他说："历史从哪里开始，思想进程也应当从哪里开始，而思想进程的进一步发展不过是历史过程在抽象的理论上前后一贯的形式上的反映；这种反映是经过修正的，然而是按照现实的历史过程本身的规律修正的，这时，每一个要素可以在它完全成熟而具有典型性的发展点加以考察。"③ 他还强调："采用这个方法时，逻辑的发展完全不必限于纯抽象的领域。相反，它需要历史的例证，需要不断接触现实。"④ 恩格斯强调了逻辑与历史的辩证统一，归根到底，是历史对逻辑起决定性作用。毛泽东也要求："规律自身不能说明自身。规律存在于历史发展的过程中，应当从历史发展过程的分析中来发现和证明规律。不从历史发展过程的分析下手，规律是说不清楚的。" "研究问题应该从历史的分析开始。"⑤ 本文遵循逻辑与历史相统一的原则，防止逻辑脱离历史，防止纯粹地从概念到概念的思辨推理，同时，也要避免仅仅摆出事实，没有理论总结的倾向，力争做到论从史出，史论

---

① 《马克思恩格斯文集》第5卷，人民出版社2009年版，第21页。

② 《马克思恩格斯选集》第4卷，人民出版社1995年版，第697页。

③ 《马克思恩格斯选集》第2卷，人民出版社1995年版，第43页。

④ 同上书，第45页。

⑤ 《毛泽东文集》第8卷，人民出版社1999年版，第106、139页。

结合。

第三，理论联系实际的方法。这是最基本、最重要的方法。坚持理论联系实际的研究方法，是由中国特色社会主义道路本身的性质决定的。中国特色社会主义道路既坚持了科学社会主义的基本原则，又结合中国的实际和时代特征，是在社会主义伟大实践基础上，适应时代发展要求产生的，也是用来指导实践的。这一方法的运用有助于课题研究不脱离实际，避免了从文献到文献的简单理论论证，用翔实的、具有说服力的、从实践基础上形成的客观数据来支撑整个研究。

第四，比较分析的方法。研究中国特色社会主义道路必须立足中国，放眼世界。要联系世界社会主义运动的实际，联系时代发展的要求和世界各种发展模式的优劣进行研究，采取比较分析的方法，才能认识我国社会主义的历史和现实。

第五，多学科分析法。中国特色社会主义道路的时代特征研究是一个综合性课题，研究中涉及经济、政治、文化、社会、生态等领域，研究中必须运用历史学、政治学、经济学、国际关系学、社会学等相关的学科的研究方法，从不同的角度进行多层次、全方位的综合性研究。

第六，系统方法。现代系统方法是辩证思维方式在当代的最新发展，其主要原则是整体性原则、结构性原则、层次性原则，其主要方法是系统分析、综合、优化的方法。中国特色社会主义道路是前无古人的伟大事业，是一项决定中国命运的系统工程，所以，用系统的方法来研究中国特色社会主义道路的时代特征尤为重要。在研究过程中竭力做到全面理解、系统分析，不能断章取义，抓起一点不及其余。

（二）创新之处

1．角度新颖

从选题角度来看，有一定创新性。就目前所掌握的资料，没有以之为题的专著、博士论文。研究中国特色社会主义道路的时代特征，拓展和深化了对中国特色社会主义道路的研究，有利于坚定中国特色社会主义的信念。

2．思路清晰

紧扣“时代特征”这个主旨，始终贯穿“科学社会主义基本原则与当代中国实际和时代特征相结合”的思想路线；以我国社会主义建设跟上时代潮流、解决时代课题、引领时代发展为依据，在当代世界社会主义和人类历史发展中做历时性和共时性考察，研究在中国特色社会主义道路的形成和发展过程中，如何实现科学社会主义原则、当代中国实际与时代特征三者统一，从而揭示其时代特征。

3．观点创新

本书立足当代中国实际，以时代特征对中国特色社会主义的要求为出发点，研究中国特色社会主义道路是和平发展道路、开放发展道路、创新发展道路，体现了时代特征、回答了时代课题、引领了时代发展，对世界社会主义运动、发展中国家发展、促进世界和平与共同发展具有鲜明的时代价值和世界意义。研究内容充实，学术观点新颖，具有重要的学术价值和现实意义。

第一章　中国特色社会主义道路的时代背景

马克思主义认为：一切划时代体系的真正的内容都是由于产生这些体系的那个时期的需要而形成起来的。“每一个时代的理论思维，包括我们这个时代的理论思维，都是一种历史的产物，它在不同的时代具有完全不同的形式，同时具有完全不同的内容。”① “从历史的观点来看……我们只能在我们时代的条件下去认识，而且这些条件达到什么程度，我们就认识到什么程度。”这样，“永恒的自然规律也越来越变成历史的自然规律。”② 中国特色社会主义道路的开辟和拓展是历史的产物，只有在特定时代条件下去认识其时代特征，才能认识其规律。要深刻把握中国特色社会主义道路的时代特征，就必须首先探讨其形成的时代背景，才能明晰中国顺应时代发展要求，解决时代课题，做出积极的应对。中国特色社会主义道路的时代背景是：和平与发展是时代的主题、经济全球化势不可当、新科技革命蓬勃发展和当代资本主义的新变化。

一　和平与发展是时代主题

20 世纪 70 年代末 80 年代初，世界形势发生了重大变化，总体上形成了维护世界和平、促进世界发展的趋势。维护和平的力量不断增强，世界大战可以避免。发展成为时代潮流，世界各类国家都面临着和平与发展的任务。时代主题由“战争与革命”转变为“和平与发展”。

---

① 《马克思恩格斯文集》第 9 卷，人民出版社 2009 年版，第 436 页。

② 同上书，第 494、495 页。

（一）时代主题的转换

1. 和平与发展是世界人民的共同愿望

和平成为世界人民的愿望。战争给人类带来了太多灾难，深受战争之害的世界人民，对和平尤为珍惜。人类在20世纪经历了两次历史性战争灾难：第一次世界大战和第二次世界大战。第一次世界大战从1914年至1918年历时四年，把整个欧洲及西亚、非洲和远东抛进了战争的硝烟和死亡的阴影，大战使世界各国人民遭受空前的灾难。据统计，战争期间，“各交战国动员了7350万人参战，其中阵亡人数超过了1000万，相当于过去1000年间欧洲发生的所有战争中死亡的总人数……大战的直接和间接的战费高达3311亿美元，比1793—1907年欧洲历次战争开支总和还多10倍”。[①] 受战祸波及的人口在13亿以上，约占当时世界总人口的75%，战争造成的经济损失达2700亿美元。第二次世界大战，参战的国家和地区多达61个，人口超过20亿，交战双方动员的兵力为1.1亿人，历时达6年之久，战火遍及欧洲、亚洲、非洲三大洲，以及太平洋、印度洋、大西洋、北冰洋四大洋。军队和平民的伤亡约在9000万人以上。军费消耗约为11170亿美元，经济损失估计超过4万亿美元。[②] 基于对战争灾难的记忆，和平成为世界人民的共同愿望和追求。自1840年鸦片战争开始至1949年，中国经历了太多的战争，中国人民处于水深火热之中。新中国成立以后，也经历了几次局部战争。中国人民饱受战争之苦，深知战争之害，渴望和平稳定并且为之而不懈地努力。正如习近平所说：“中国人民对战争带来的苦难有着刻骨铭心的记忆，对和平有着孜孜不倦的追求，十分珍惜和平安定的生活。中国人民怕的就是动荡，求的就是稳定，盼的就是天下太平。”[③]

时代主题由“战争与革命”转变为“和平与发展”，在于维护和平的力量增强。邓小平以宽阔的世界眼光和高超的战略思维，最早察觉并指出了这一重大变化，指出了维护世界和平的力量在增加，制约战争的

---

① 唐贤兴：《近现代国际关系史》，复旦大学出版社2002年版，第201页。

② 黄玉章等：《第二次世界大战》，世界知识出版社1984年版，第517页。

③ 《习近平谈治国理政》，外文出版社2014年版，第27—28页。

力量有发展，日本、欧洲、发展中国家都不希望发生战争。他说："总体来说，世界和平的力量在发展，战争的危险还存在。核武器谈判，外层空间武器谈判，看不出有什么进展。所以，我们多年来一直强调战争的危险。后来我们的观点有点变化。我们感到，虽然战争的危险还存在，但是制约战争的力量有了可喜的发展。日本人民不希望有战争。欧洲人民也不希望有战争。第三世界，包括中国，希望自己发展起来，而战争对他们毫无好处。"①

欧洲是决定和平与战争的关键地区。欧洲经历了两次世界大战，饱受战争之苦，深受战争之害，深知和平之弥足珍贵。长期以来，欧洲对"二战"后形成的雅尔塔体系和美苏主宰世界的两极格局不满，它们希望建立多种力量并存而相互牵制的局面，以利于自己发展。早在 20 世纪 50 年代，法国总统戴高乐就提出了"欧洲人的欧洲"的口号，欲摆脱美国通过北约控制欧洲的局面；东欧国家长期受到苏联通过华约对其的控制，也开始独立自主探索本国的道路。邓小平在 20 世纪 80 年代提出"欧洲是决定和平与战争的关键地区"的论断，他说："为什么说欧洲是和平力量呢？因为欧洲经历了两次世界大战的灾难。要打第三次世界大战，任何一个国家都没有能力，只有两个超级大国才有资格发动。而战争一旦打起来，首先受害的将是欧洲。我们希望有一个联合、强大、发展的欧洲。只要欧洲，包括东欧和西欧，不绑在别人的战车上，战争就打不起来。"②

发展是时代潮流。1986 年，联合国通过的《发展权利宣言》强调指出："发展是经济、社会、文化和政治的全面进程，其目的是在全体人民和所有个人积极、自由和有意义地参与发展及其带来的利益的公平分配的基础上，不断改善全体人民和所有个人的福利。"③ 世界上各类国家都面临着发展的问题。随着经济全球化的深入发展，任何一个国家都不可能完全脱离世界经济而孤立发展。邓小平从全人类共同责任的高度来认识发展问题，明确提出发展是世界各国的共同责任。他指出：

---

① 《邓小平文选》第 3 卷，人民出版社 1993 年版，第 105 页。

② 同上书，第 233 页。

③ 联合国：《发展权利宣言》（http：//www. un. org/zh/events/right to development/declaration. shtml）。

"应当把发展问题提到全人类的高度来认识，要从这个高度去观察问题和解决问题。只有这样，才会明了发展问题既是发展中国家自己的责任，也是发达国家的责任。"①

南北问题的解决需要发展。邓小平在南方谈话中提出和平与发展，一个问题都没有解决，所讲的发展问题没有解决，主要是指的南北问题没有解决，而南北问题的最终解决主要还是靠发展。邓小平指出南北问题"在目前十分突出。发达国家越来越富，相对的是发展中国家越来越穷。南北问题不解决，就会对世界经济的发展带来障碍"，"发达国家应该清楚地看到，第三世界国家经济不发展，发达国家的经济也不可能得到较大的发展"。②"南北问题不解决，就会对世界经济的发展带来障碍。"③ 第二次世界大战以来，南北国家的贫富差距拉大了，发展问题更为突出了。发展中国家在发展过程中，出现了许多新的矛盾，"南北差距进一步拉大，许多国家人民的基本生存甚至生命安全得不到保障，国际恐怖势力、民族分裂势力、极端宗教势力在一些地区还相当活跃，环境污染、毒品走私、跨国犯罪、严重传染性疾病等跨国性问题日益突出"。④

发展也是资本主义发达国家面临的问题，其主要问题是发展的速度和再发展问题。邓小平深刻地指出："南方要改变贫困和落后，北方也需要南方发展，南方不发展，北方还有什么市场？资本主义发达国家遇到的最大问题是发展速度问题、再发展问题"⑤；"欧美国家和日本是发达国家，继续发展下去，面临的是什么问题？你们的资本要找出路，贸易要找出路，市场要找出路，不解决这个问题，你们的发展总是要受到限制的"；"总之，南方得不到适当的发展，北方的资本和商品出路就有限得很，如果南方继续贫困下去，北方就可能没有出路。"⑥ 邓小平的一系列谈话指出了要解决发展问题需要世界共同努力，世界的发展问

① 《邓小平文选》第 3 卷，人民出版社 1993 年版，第 282 页。

② 同上书，第 56 页。

③ 同上。

④ 《十六大以来重要文献选编》（中），中央文献出版社 2006 年版，第 995 页。

⑤ 《邓小平文选》第 3 卷，人民出版社 1993 年版，第 96 页。

⑥ 同上书，第 105—106 页。

题密切联系在一起，你中有我，我中有你，无论是发达国家还是发展中国家都需要加强发展，合作共赢。江泽民也谈道：“发展问题已成为世界各国关注的中心问题，是国际竞争的主要焦点之一。”世界各国发展的主要矛盾还是“南北发展差距和贫富悬殊越来越大”。[①] 习近平从“人类命运共同体”的角度提出：“共同发展是持续发展的重要基础，符合各国人民长远利益和根本利益”，“应该牢固树立命运共同体意识，顺应时代潮流……推动亚洲和世界发展不断迈上新台阶”。[②]

2. 联合国是世界和平与发展的维护者

美国学者约翰·纽豪斯曾在一篇文章中写道：“民族国家对于处理日常生活来说是太大了，而对于处理国际事务来说又是太小了。”[③] 瑞典的卡尔松认为，国际组织则为处理国际事务提供了一种新的机会、利益和权利，[④] 已经在“处理日常生活”方面发挥着不可或缺的作用。当今最大的国际组织是联合国，它是处理国际事务的重要组织，是世界和平与发展的维护者。

1945 年 6 月 26 日，来自 50 个国家的代表在美国旧金山签署了《联合国宪章》，于同年 10 月 24 日起生效，联合国正式成立。其成立的宗旨是：“维持国际和平及安全；并为此目的，采取有效集体办法，以防止且消除对于和平之威胁，制止侵略行为或其他和平之破坏；并以和平方法且依正义及国际法之原则，调整或解决足以破坏和平之国际争端或情势。”[⑤] 联合国是最具广泛性的国际组织，到 2012 年为止，联合国共有 193 个成员国。其中亚洲 47 个，非洲 54 个，东欧及独联体国家 28 个，西欧 23 个，拉丁美洲 33 个，北美、大洋洲 16 个。另外，有 2 个常驻联合国观察员国：梵蒂冈和巴勒斯坦。联合国在成立之初曾一度成为“表决机器”和美苏两个超级大国的“冷战场所”，如美国利用联合国，纠集 16 国军队干涉朝鲜战争；阻止作为联合国创始国的中国在

---

① 《江泽民文选》第 1 卷，人民出版社 2006 年版，第 311 页。

② 《习近平谈治国理政》外文出版社 2014 年版，第 330 页。

③ John New house. “Europe's Rising Regionalism”, *Foreign Affairs*. V. 76. N. 1. January/Februar-y, 1997.

④ ［瑞典］英瓦尔·卡尔松、［圭亚那］什里达特·兰法尔：《天涯若比邻——全球治理委员会的报告》，中国对外翻译出版公司 1995 年版，第 245 页。

⑤ 《联合国宪章》(http://www. un. org/zh/documents/charter/chapter1. shtml)。

联合国权利的恢复，从而严重地损害了联合国这个国际组织的普遍性和权威性，它维护世界和平与安全的作用受到极大的限制。但同时，在联合国的直接推动下，一些国际争端和地区冲突的和平解决取得突破性进展。如联合国协助解除了1948—1949年的柏林危机、1962年古巴导弹危机和1973年中东危机；1988年，联合国提出的和平解决办法结束了两伊战争；1989年联合国主持的谈判导致苏联从阿富汗撤军；1990年，联合国协助恢复了科威特主权，并在结束柬埔寨、萨尔瓦多、危地马拉和莫桑比克的内战、恢复海地和塞拉利昂的民选政府以及积极推动中东和平进程和朝鲜半岛局势的缓和等工作中做出了积极的贡献；在解决非洲、中美洲以及欧洲等地区争端中也起了重要作用。

胡锦涛阐述了联合国在维护世界和平与发展中的重要作用，他说："六十年来特别是冷战结束以来，广大会员国共同努力，推动联合国各项事业蓬勃发展，使联合国在维护世界和平、推动共同发展、促进人类文明等方面发挥了重要作用，取得了巨大成就。"① 习近平在会见联合国秘书长潘基文时指出："联合国要抓住和平与发展的主题，高举公平正义的旗帜，讲公道话，办公道事。零和思维已经过时，我们必须走出一条和衷共济，合作共赢的新路子。"②

3. 发展中国家的崛起促进世界和平与发展

发展中国家的崛起是促进世界和平与发展的重要力量。胡耀邦在中共十二大报告中指出："第三世界在战后国际舞台上的崛起是我们时代的头等大事……这一切形成了当代强大的正义潮流，大大改变了超级大国可以任意摆布世界命运的局面。"③ 邓小平指出的和平力量的增长超过了战争力量的增长，和平力量包括发展中国家。他认为，"第二次世界大战以后，国际政治中积极的因素是第三世界的兴起"。④

（1）发展中国家崛起的重要标志

亚非会议的召开、不结盟运动的兴起、七十七国集团的建立，这是

---

① 《十六大以来重要文献选编》（中），中央文献出版社2006年版，第994页。

② 《习近平谈治国理政》，外文出版社2014年版，第250页。

③ 《十二大以来重要文献选编》（上），人民出版社1986年版，第44页。

④ 《邓小平文选》第3卷，人民出版社1993年版，第416页。

发展中国家形成与发展历程中的里程碑事件，是发展中国家崛起的重要标志，对促进世界和平与发展做出了积极的贡献。中国积极加强与这三个组织对话、合作，同它们一道，为世界和平与发展做出自己的贡献。

第一，亚非会议的召开

在亚非民族解放运动的进程中，英法等老殖民主义者伺机卷土重来，力图通过包括武力在内的各种手段维持其传统殖民利益；美国等新殖民主义者企图排挤英法等老牌殖民主义者的势力，取代其在亚非的地位，发展中国家面临着“前门拒狼，后门揖虎”的处境。为了反对外来侵略与干涉、维护国家独立和主权，促进彼此间的团结和合作，发展亚非国家的新型关系，亚非国家于 1955 年 4 月 18—24 日在印度尼西亚的万隆召开了一次具有重要历史意义的亚非会议，又称万隆会议。

亚非会议由印度尼西亚、缅甸、印度、锡兰（今斯里兰卡）和巴基斯坦 5 国发起，包括中国在内的 29 个亚非国家和地区的政府和代表团 340 人出席了会议。印度尼西亚总统苏加诺做了题为“让新亚洲和新非洲诞生吧”的开幕词，表达了亚非国家和人民谋求民族独立、掌握自己的命运、在国际事务中发挥积极作用的强烈愿望。在中国和大多数与会国的努力下，会议通过了《亚非会议最后公报》，公报包括经济合作、文化合作、人权和自主权、附属地人民问题、关于促进世界和平与合作的宣言等七个方面。

公报中的“关于促进世界和平和合作的宣言”体现出亚非各国人民为反对帝国主义和殖民主义、争取和维护民族独立、维护世界和平、促进友好合作而共同斗争的精神，被称为“万隆精神”而载入史册。宣言十项原则是：①尊重基本人权和联合国宪章的宗旨及原则；②尊重一切国家的主权和领土完整；③承认一切种族和一切大小国家的平等；④不干涉他国内政；⑤尊重每一国家按联合国宪章单独地或集体地进行自卫的权利；⑥不适用集体防御的安排来为任何一个大国的特殊利益服务，任何国家不对其他国家施加压力；⑦不以侵略行为或侵略威胁或使用武力来侵犯任何国家的领土完整或政治独立；⑧按照联合国宪章，通过如谈判调停、仲裁和司法解决等和平手法以及有关方面自己选择的任何其他和平方法来解决一切国际争端；⑨促进相互的利益和合作；⑩尊重正义和国际义务。①

亚非会议具有重要的历史意义：第一，亚非会议是亚非国家在历史上召开的第一次没有殖民主义、帝国主义参加的会议，亚非人民自主讨论亚非事务，增进了了解与合作，标志着帝国主义、殖民主义主宰亚非人民的时代已经过去。亚非国家作为一支新型的政治力量开始走上了国际舞台，开创了国际关系的新局面。第二，亚非会议第一次发出了震撼世界的团结反帝的呼声，从根本上改变了过去孤立分散的状态，真正成为洲际联合的世界性运动，开始了亚非国家和人民联合参与决定世界命运的历史，有力地推动了民族民主解放运动的蓬勃持续发展。第三，万隆会议宣言中的十项原则与中、印、缅所倡导的和平共处五项基本原则的精神是一致的，是五项原则的引申和发展，为发展中国家团结反帝事业指出了正确的方向，对于处理国家间的关系具有深远的影响。

第二，不结盟运动的兴起

不结盟运动是在新型独立国家在国际舞台上争取平等地位、维护自己正当权利的斗争中产生的。该运动由南斯拉夫总统铁托、埃及总统纳塞尔和印度总理尼赫鲁发起，于 1961 年 9 月在南斯拉夫首都贝尔格莱德召开了第一次不结盟国家和政府首脑会议。出席会议的有 25 个国家，其中有 15 个国家出席过亚非会议。不结盟运动是亚非会议的继续和发展。会议经过充分的讨论，通过了《不结盟国家和政府首脑会议宣言》、《关于战争的危险和呼吁和平的声明》，宣告了奉行“反帝、反殖、反霸和支持民族解放运动”与“独立自主、不结盟、非集团”为基本原则和宗旨的不结盟运动诞生。1964 年 10 月，第二次不结盟国家和政府首脑会通过了《和平和国际合作纲领》，第一次明确提出建立“国际经济新秩序”的口号，从而把运动引向深入。

不结盟运动的主要形式是召开不结盟国家和政府首脑会议、外长会议和协调局外长会议。从 1970 年始，首脑会议制度化，每三年举行一次。从 1961 年至 2012 年，不结盟运动成功召开了 16 次首脑会议，举行了多次不结盟运动外长会议。随着不结盟运动的发展，运动的内容和宗旨也在不断丰富和发展，从反帝反殖、争取和平独立发展到反对强权

① 编辑委员会：《东南亚历史词典》，上海辞书出版社 1995 年版，第 20—21 页。

政治和霸权主义，强调经济独立与政治独立不可分割；从主要反对美、英、法帝国主义的新老殖民主义发展到主要反对超级大国的霸权主义，要求打破大国对国际事务的垄断，实现国际关系的民主化，建立国际经济新秩序。

不结盟运动影响日渐扩大，1961 年只有 25 个成员国，截至 2012 年，不结盟运动共有 120 个成员国、20 个观察员国，非洲联盟、阿拉伯国家联盟、联合国等 11 个国际组织是观察员组织，遍及世界各大洲，占全世界国家的一半以上。不结盟运动已成为除联合国之外第二大的国际组织。1992 年 9 月，在雅加达举行的第 10 次不结盟国家和政府首脑会议上，中国正式成为不结盟运动的观察员国家。中国政府非常重视发展和加强与不结盟运动的关系，支持不结盟国家的合理主张和正义事业，相互之间在联合国保持着经常切磋与合作的关系。

不结盟运动是世界历史发展的产物，它的存在和发展符合时代发展的潮流，它的发展和壮大是战后赢得民族独立的发展中国家在国际政治和经济领域中的地位不断加强的结果，它由此而成为战后世界政治经济舞台上举足轻重的力量。冷战结束后，不结盟运动面临着严峻考验，但仍具有强大的生命力。联合国秘书长潘基文曾表示："在为解决人类共同面临的问题寻找全球性解决方案时，不结盟运动的参与比以往任何时候都更显重要。"①

第三，"七十七国集团"的建立

1963 年，在第 18 届联和国大会讨论召开贸易和发展会议问题时，75 个发展中国家共同提出了《联合宣言》，在它们的推动下，1964 年在日内瓦召开了第一届联合国贸易和发展会议，其间，77 个发展中国家和地区于 6 月 15 日发表了旨在反对不合理的国际经济关系的《77 国联合宣言》，"七十七国集团" 由此而得名。随着发展中国家在世界事务中的作用日渐强大，其规模不断扩大。截至 2012 年，已有 134 个成员国，但考虑到"七十七国集团"的历史意义，该集团仍沿用原来的名称。发展中国家利用"七十七国集团"在经济领域中反对西方发达国家的控制、剥削和掠夺，反对霸权主义，改造国际经济旧秩序。

---

① 《不结盟运动进入"沙姆沙伊赫时段"》，《人民日报》2009 年 7 月 17 日。

“七十七国集团”是发展中国家以建立国际经济新秩序为目标，协调内部立场，同发达国家进行谈判的组织。它的主要活动方式是在每年联合国贸易和发展会议、工业发展组织会议召开之前，举行部长级会议，协调立场，研究对策，在联合国讨论贸易和发展问题时为维护发展中国家利益的斗争做准备。1974 年召开的联合国大会第六次特别会议通过了“七十七国集团”起草的《建立新的国际经济秩序宣言》和《行动纲领》两个重要文件。“七十七国集团”在加强南南合作，维护发展中国家的权益上做出了积极的贡献；在推动南北对话和合作方面，缓和、改善南北关系，建立国际经济新秩序中做出了重要贡献，取得了不小的成就。

中国不是“七十七国集团”的成员，但一贯支持其正义主张和合理要求，该集团长期以来也“特邀”中国出席其部分会议，双方保持着良好的合作关系。1991 年 3 月在联合国环境与发展大会筹备会上，双方首次以“七十七国集团加中国”的方式共同提出立场文件，形成了新的合作模式，合作领域从环境与发展逐步扩展到环境、经济、社会、联合国财政与预算等方面。中国也从 1994 年开始向“七十七国集团”捐款。1996 年该集团举行了第 20 届外长会议，第一次以“七十七国集团加中国”的名义发表了外长会议宣言。中国现在已经全面参与该集团的所有会议和活动，共同为促进世界的和平与发展而协调立场、加强合作。

（2）发展中国家促进世界和平与发展的作用

发展中国家的崛起与发展是当今国际社会的大事，它彻底摧毁了帝国主义的殖民体系，结束了长达数百年的殖民统治，推进了世界的历史进程。随着发展中国家在世界舞台上地位的不断提高，在国际事务中影响力的不断扩大，对世界经济与政治的发展发挥着重要作用。发展中国家在国际舞台上的地位和作用主要体现在以下 3 个方面：

第一，改变不合理的世界政治旧秩序，推动世界格局向多极化演变。发展中国家独立的时期正值冷战高潮、美苏争霸、两大军事集团严重对立时期。发展中国家选择了和平、中立、不结盟的政策，是在两极之外一支新型的政治力量，它们顽强地与两个超级大国的霸权主义和激烈争夺展开了斗争，牵制了美苏侵略行为，起到了动摇了美苏霸权地位的作用，打破了少数大国主宰世界、垄断国际事务的局面，促进了世界和平力量的发展壮大，对于世界的和平与发展，以及国际关系的民主化都具有重要的意义。冷战结束后，发展中国家仍然是一支不可忽视的力量，尤其是中国和印度的发展壮大，对世界多极化的实现和国际关系产生了重要和深远的影响。

第二，深刻地改变着联合国的面貌。目前，联合国的成员国中发展中国家占 3/4 以上，拥有绝大多数的表决权。随着发展中国家的崛起，其在联合国及其机构中的代表名额得以增加，其主权和地位得以正式承认，联合国宪章的某些不公正的条文得到修改。对于一些重大的国际问题和事件，众多的发展中国家主持公道，伸张正义，能够通过多数表决，使联合国做出比较符合实际和反映世界大多数国家和人民愿望的决议。例如，在发展中国家的大力支持下，1971 年的联合国第 26 次会议打破美国设置的各种障碍，以压倒多数票恢复了中华人民共和国在联合国和安理会的合法席位，动摇了美国在联合国中称王称霸的局面，深刻地改变着联合国的面貌。

第三，改变了不合理的世界经济旧秩序上，促进了世界经济的发展。“二战”后，发展中国家获得独立后，致力于发展民族经济，取得了令人瞩目的成就。20 世纪 80 年代以来，发展中国家普遍进行了经济改革，不仅振兴了民族经济，而且促进了世界经济的发展。但是，发展中国家在经济领域内仍处于不利的地位，现存的国际经济秩序基本上还是建立在原宗主国对殖民地剥削的国际经济旧秩序上。发达国家在国际贸易、货币、金融、技术转让、关税制度等许多方面都处于垄断地位，广大发展中国家由于经济落后、科学技术水平低、缺乏正确的发展战略、经济结构单一等多方面的原因，仍旧处于被剥削、被压迫、被压榨的不利地位，严重制约了发展中国家的经济发展。为了改变这种不公平、不合理的国际经济旧秩序，发展中国家率先提出了建立国际经济新秩序的主张，并且在实践当中不断地补充、完善，利用自己的资源、市场优势，进行了持续不断的、规模宏大的、卓有成效的、震动世界的斗争，发挥集体自力更生的威力，创造并运用了南南合作的形式，进行南北对话、南北合作，初步改变了不合理的世界经济旧秩序。习近平进一步提出：“要加强南南合作和南北对话，推动发展中国家和发达国家平衡发展，夯实世界经济长期稳定发展基础。”①

4. 核武器限制大规模战争的爆发

从社会根源来看，核武器的产生是现代战争的需要。从某种意义上讲，没有第二次世界大战，就没有核武器。但是核武器与过去任何武器系统不同，它具有毁灭人类的能量。到苏联解体为止，全世界的核武器已达到5万件左右，其TNT当量在130亿—160亿吨，所有的核弹头的爆炸力相当于投在广岛的120万枚原子弹。当时，有资格打世界大战的只有美苏两家，它们虽然拥有大量核武器，足以摧毁对方多次，但谁也不敢先动手，谁也没有取得消灭对方而保存自己的能力。

基辛格早在1957年6月出版的《核武器与对外政策》中就提出：“由于第二次世界大战结束以后并没有带来我们衷心企求的和平，而只是一种勉勉强强的停战，因此我们的反应——用最恰当的话来说——就是向科学技术飞跃进军，即发明更加可怕的武器。但是武器的威力愈大，就愈不愿使用它”。② 与其说是不愿意使用，毋宁说是不敢使用，因为核武器的储备已经形成了平衡局面，谁也不愿冒着共同死亡的危险打一场核战争。所以，基辛格说：“对人类最大的毁灭能力竟会寄予很大的希望”是荒谬的。“在弹道导弹时代，一个社会具有的众所周知的经得起严重打击的能力将成为日益重要的遏制战争的条件。”核僵局尽管不能防止其他形式上的冲突，但“可能防止全面战争”。③苏联解体前，有资格打世界战争的，打核战争的只有美苏两家，它们核力量相当，可以相互制衡，核武器威力大，谁也不敢肆意将之用于战争，从而客观上制止了世界性大战的爆发。邓小平曾经明确提出，核武器对世界大战的限制作用，他说：“苏美两家原子弹多，常规武器也多，都有毁灭对手的力量，毁灭人类恐怕还办不到，但有本事把世界打得乱七八糟

---

① 《习近平谈治国理政》，外文出版社2014年版，第331页。

② ［美］亨利·基辛格：《核武器与对外政策》，北京编译社译，世界知识出版社1960年版，第10页。

③ 同上书，第119—120页。

就是了，因此谁也不敢先动手。”① 因此核武器的存在限制了大规模战争的爆发，虽然出现了朝鲜发展核武器对半岛局势产生不利影响，有的国家时常进行核讹诈的现象，但是，谁也不敢首先使用核武器，以免给人类造成毁灭性打击。

对于核武器具有防止世界大战的作用要有正确的认识。苏联错误地把时代特征理解为“核时代”，并以此制定国家发展的战略，成为导致苏联解体的原因之一。戈尔巴乔夫担任苏共总书记后，1987 年应美国出版商之约出版了《改革与新思维》。在书中，戈尔巴乔夫对时代特征的界定为“核时代”。他对“核时代”与政治问题的新思维做了系统的论述：“人类在进入把核能用于军事目的的核时代之后，便不再是永生的了。曾爆发过战争，可怕的战争，它夺去了整个民族，连同他们的文化也被消灭。但是，人类的繁衍没有成为问题。而现在，一旦爆发核战争，一切生灵都将从地球上消失”。② 由于把时代特征界定为“核时代”，由此而推理出为了避免核战争，而需转换政治思维，提出“新思维的核心是承认全人类的价值高于一切，更确切地说，是承认人类的生存高于一切”。③ 他所追求的“全人类共同利益和理想”，混淆了社会主义和资本主义的界限，在社会主义建设上日渐走向另一个极端。最后在指导思想上放弃了社会主义的基本原则，导致苏联解体，社会主义运到遭受严重挫折，值得我们深思。

进入 21 世纪，国际局势发生了冷战结束以来最深刻的变化，不稳定因素增加。江泽民精辟地分析了国际局势的特征，他说：“从总体上看，世界的大格局和大趋势并未改变。和平与发展作为时代的主题没有改变，世界多极化的发展趋势没有改变，我们面临的国际环境依然是机遇大于挑战。总体和平、局部战争，总体缓和、局部紧张，总体稳定、局部动荡，仍然是当前和今后一个时期国际形势发展的基本态势。”④ 这句话精辟地分析了和平与战争、缓和与紧张、稳定与动荡之间的辩证

① 《邓小平文选》第 3 卷，人民出版社 1993 年版，第 127 页。

② ［苏］米·谢·戈尔巴乔夫：《改革与新思维》，苏群译，新华出版社 1987 年版，第 73 页。

③ 同上书，第 184 页。

④ 《十五大以来重要文献选编》（下），人民出版社 2003 年版，第 2209 页。

关系，有力地解决了现时代世界的主要矛盾和次要矛盾。和平与发展虽然成为时代主题，但是并不意味着战争（主要是指局部战争）的危险已经消除，发展的问题得以根本解决，霸权主义和强权政治依然存在，传统安全和非传统安全威胁交织在一起，全球经济失衡没有得到根本改观而且有加剧之势，和平与发展问题还需要国际社会共同努力，争取建立国际经济政治新秩序，开展南北对话、加强南南对话，共同促进世界发展和维护世界和平。

（二）时代主题转换对中国特色社会主义的新要求

邓小平率先提出“和平与发展是时代的主题”这一重大判断。邓小平以宽广的世界眼光观察世界，敏锐地把握了时代主题的转换。他于1984年10月指出：“国际上有两大问题非常突出，一个是和平问题，一个是南北问题。还有其他许多问题，但都不像这两个问题关系全局，带有全球性、战略性的意义。”[①] 1985年3月4日，邓小平在会见日本访华团时指出：“现在世界上真正大的问题，带全球性的战略问题，一个是和平问题，一个是经济问题或者说发展问题。和平问题是东西问题，发展问题是南北问题。概括起来，就是东西南北四个字。南北问题是核心问题。”[②] 并且提出战争可以避免的观点，他说：“对于总的国际局势，我的看法是，争取比较长期的和平是可能的，战争是可以避免的……一九七八年我们制定一心一意搞建设的方针，就是建立在这样一个判断上的。”[③]

根据邓小平的科学判断，中共十三大报告提出：“关于和平与发展是当代世界的主题的观点，等等。这些观点，构成了建设有中国特色的社会主义理论的轮廓，初步回答了我国社会主义建设的阶段、任务、动力、条件、布局和国际环境等基本问题，规划了我们前进的科学轨道。”[④] 报告把“和平与发展”作为世界主题，并列为中国特色社会主义理论创新的一个重要成果。此时，虽然没有明确提出“时代主题”

---

① 《邓小平文选》第3卷，人民出版社1993年版，第96页。

② 同上书，第105页。

③ 同上书，第233页。

④ 《十三大以来重要文献选编》（上），人民出版社1991年版，第57页。

概念，但是其含义是一样的，世界是特定时代的世界，时代也是特定世界的时代。两者表述有异，意思相同。

邓小平在1992年的南方谈话中把“和平”看作没有解决的问题，把发展看作更严重的大问题。他说：“和平与发展两大问题，和平问题没有得到解决，发展问题更加严重。”[①] 邓小平在这里没有提到时代主题，而是提出两大问题。这是因为和平与发展没有完全成为现实，而是得以部分实现，尚待于在实践中进一步解决，但这并不能否认时代主题亦即总的态势是和平与发展。中共十四大报告延续了中共十三大报告的提法：“和平与发展仍然是当今世界两大主题。发展需要和平，和平离不开发展。霸权主义、强权政治的存在，始终是解决和平与发展问题的主要障碍。世界的发展也决不能长期建立在广大发展中国家贫穷落后的基础之上。”[②] 中共十三大、十四大报告把和平与发展表述为当今世界两大主题，当今世界主题与时代主题含义是一致的。

中共十五大报告深刻地分析了国际形势总体发展态势，明确提出了时代主题是和平与发展。“当前国际形势总体上继续趋向缓和，和平与发展是当今时代的主题。”[③] 从此这一表述成为中国共产党人判断时代主题的标准提法，也成为世界许多国家对时代主题判断的共识。此外，中共十五大报告进一步丰富了对时代特征的看法：“要和平、求合作、促发展已经成为时代的主流。维护世界和平的因素正在不断增长。在相当长的时期内，避免新的世界大战是可能的，争取一个良好的国际和平环境和周边环境是可以实现的。”[④]中共十六大报告把世界多极化、经济全球化、新科技革命、综合国力的竞争作为国际形势的特点，精辟地提出：“世界多极化和经济全球化的趋势在曲折中发展，科技进步日新月异，综合国力竞争日趋激烈。”[⑤] 它还坚定地认为：“和平与发展仍是当今时代的主题，维护世界和平，促进发展，事关各国人民的福祉，是

---

① 《邓小平文选》第3卷，人民出版社1993年版，第353页。

② 《江泽民文选》第1卷，人民出版社2006年版，第242页。

③ 《江泽民文选》第2卷，人民出版社2006年版，第39页。

④ 同上书，第39页。

⑤ 《江泽民文选》第3卷，人民出版社2006年版，第528页。

各国人民的共同愿望，也是不可阻挡的历史潮流。世界多极化和经济全球化趋势给世界和平与发展带来了机遇和有利条件。”①

胡锦涛在中共十七大报告继续提出时代的主题没有变，国际形势有许多新的特点，并指出维护世界和平力量增长，世界总体处于稳定，保持了对时代特征的清醒认识。他说：“和平与发展仍然是时代主题，求和平、谋发展、促合作已经成为不可阻挡的时代潮流。世界多极化不可逆转，经济全球化深入发展，科技革命加速推进，全球和区域合作方兴未艾，国与国相互依存日益紧密，国际力量对比朝着有利于维护世界和平方向发展，国际形势总体稳定。”② 胡锦涛在中共十八大报告中又重申：“当今世界正在发生深刻复杂变化，和平与发展仍然是时代主题。”③

中国共产党对时代主题的科学判断一以贯之，在党的历次代表大会上都有明确的表述，而且随着实践的不断深入，对时代特征的认识不断深化，“和平、发展、合作、共赢成为不可抗拒的时代潮流”。④ 改革开放前，我们把“战争与革命”看作时代的主题，因此对外输出革命，没有一个和平的国际环境；对内进行以阶级斗争为中心，忽略了经济建设，最终爆发了“文化大革命”，使我国经济处于崩溃的边缘。时代主题的转换对中国特色社会主义提出新要求，为中国特色社会主义道路的探索和开辟奠定了时代依据。中国特色社会主义建设面临着和平与发展两大任务。中国在坚持和平共处五项基本原则的基础上，坚持独立自主的和平外交政策，利用和平手段来解决国际争端问题，积极为我国的发展创造和平的国际环境。发展也是解决中国所有问题的关键和基础。中国是在经济文化落后的基本国情下，在社会主义初级阶段进行社会主义建设的，社会的主要矛盾是人民日益增长的物质文化需要同落后的社会生产之间的矛盾，要想解决中国目前所面临的问题，必须重视发展。邓

---

① 《江泽民文选》第3卷，人民出版社2006年版，第566页。

② 《十七大以来重要文献选编》（上），中央文献出版社2009年版，第35页。

③ 胡锦涛：《坚定不移沿着中国特色社会主义道路前进　为全面建成小康社会而奋斗——在中国共产党第十八次全国代表大会上的报告》，人民出版社2012年版，第46页。

④ 《习近平谈治国理政》，外文出版社2014年版，第272页。

小平指出："中国解决所有问题的关键是要靠自己的发展。"[①] 并特别提出"发展是硬道理"的著名论断。为此，中国在十一届三中全会以后把"以阶级斗争为纲"转到"以经济建设为中心"上来，正如邓小平所说："一个是对国际形势的判断，一个是根据这个判断相应地调整对外政策，这是我们的两个大变化。现在看来，这两个变化是正确的，对我们是有益的，我们要坚持下去。只要坚持这样的判断和这样的政策，我们就能放胆地一心一意地好好地搞我们的四个现代化建设。"[②] 时代主题的转换，使我们能够紧紧围绕着解放和发展生产力的中心任务，制定了我国在社会主义初级阶段的基本路线，并且提出坚持基本路线一百年不动摇。当前中国面临错综复杂的国际形势，面临着可能性的局部战争，中国仍然坚持时代的主题没有变化，用智慧和力量来化解所面临的挑战。时代主题的转变要求中国利用和平的环境进行国内建设、利用中国的建设促进世界和平与发展，坚定不移地走和平发展道路。

21 世纪初，基于国际格局的深刻变化和国内改革发展的新任务，江泽民提出：发展成为党执政兴国的第一要务，并且提出："经济优先已成为世界潮流。这是时代进步和历史发展的必然。当前，对每个国家来说，悠悠万事，唯经济发展为大。发展不但关乎各国国计民生、国家长治久安，也关系到世界的和平与安全。"[③] 胡锦涛提出科学发展观，科学发展观的第一要务是发展。中国走科学发展道路，充分体现了科学发展的时代特征，中共十八大把科学发展观作为指导思想，并提出："必须更加自觉地把推动经济社会发展作为深入贯彻落实科学发展观的第一要义"、"必须更加自觉地把全面协调可持续作为深入贯彻落实科学发展观的基本要求"、"必须更加自觉地把统筹兼顾作为深入贯彻落实科学发展观的根本方法"。[④] 只要对此有清醒地认识，我们就不会陷入不理性的冲动，维护和创造有利于国内建设的和平的外部环境，聚精

① 《邓小平文选》第 3 卷，人民出版社 1993 年版，第 265 页。

② 同上书，第 128 页。

③ 《江泽民文选》第 1 卷，人民出版社 2006 年版，第 414 页。

④ 胡锦涛：《坚定不移沿着中国特色社会主义道路前进　为全面建成小康社会而奋斗——在中国共产党第十八次全国代表大会上的报告》，人民出版社 2012 年版，第 8—9 页。

会神搞建设，一心一意谋发展，坚定不移地按照既定部署，朝着既定目标前进。在和平与发展成为时代主题的时代背景下，中国还做出积极应对，提出了坚定不移地走和平发展的道路，并提出和谐世界理论，为人类社会发展道路提供了新的发展道路和新的国际关系理论，体现了鲜明的时代特征。

二　经济全球化浪潮势不可当

“二战”以来，尤其是20世纪90年代以来，经济全球化浪潮势不可当，成为世界经济发展的重要趋势，是时代的主要特征之一。经济全球化是生产社会化和经济关系国际化发展的客观趋势。

（一）经济全球化的产生与发展

1. 经济全球化的含义及特征

关于经济全球化的含义有许多种解释，至今尚未有一个普遍接受的权威定义。目前，国际货币基金组织的定义是学术界认可度最高的定义。国际货币基金组织提出：“全球化是指跨国商品与服务交易及国际资本流动规模和形式的增加，以及技术的广泛迅速传播使世界各国经济的相互依赖性增强。”① 1995年，里斯本小组提出了全球化表现模式的多样化问题：“经济与社会的全球化是一种新现象，它可以采取各种不同的形式与表现方法。有一些形式与表现方法在今后10—15年内也许会消失或者失去意义，民族的因素、国民经济与社会的变化将不断受到全球化的影响，并没有一种行之有效的全球化模式。”②

1990年，联合国人类发展报告阐述了全球化的特征。“全球化不是新事物，但是它在当代具有不同的特征。现在，日益缩小的空间，日益缩小的时间，以及逐渐消失的国家之间的边界，和以前任何时候相比，都使人们的生活联系得更加深入、更加紧密和更加及时……全球化不仅

---

① 国际货币基金组织：《世界经济展望》，中国金融出版社1997年版，第45页。

② 里斯本小组：《竞争的极限——经济全球化与人类的未来》，张世鹏译，中央编译出版社2000年版，第38页。

仅是货币和商品的流通，而且是世界上人民联系的日益增强和互相依赖。另外，全球化不仅仅是一个经济结合起来的过程，而且包括文化、技术和治理。世界上每个地方的人都正在联系起来——他们受到来自世界遥远角落发生的事件的影响。”① 这里界定的全球化不仅仅指的是经济全球化，包括了文化、技术、治理等人类社会全面的相互联系、相互依赖的全球化。

2. 经济全球化发展的动因

我们认为经济全球化是以新科技革命、市场经济和跨国公司的大发展为驱动力，资本、技术、信息等各类生产要素在全球范围内进行流动和配置，从而使各国相互依存和相互融合空前加速和深化的状态和过程。经济全球化是世界历史发展的必然，是不可抗拒的时代潮流。促进经济全球化的因素是多方面的，其主要动因有以下 3 个方面：

一，新科技革命是经济全球化的主要动力。人类发展的历史表明：科技愈进步，生产力愈发达，人们的经济交往就愈多，不同地区、不同国家间的经济关系就愈密切。这是因为，科技革命推动生产力的发展，生产力的发展促进了生产的社会化，推动了社会分工的发展，以至越出国界形成跨国分工，从而使不同国家、地区之间的经济关系日益密切，相互依存日益深化。

新科技革命的蓬勃发展及生产力的发展对世界经济的各个方面产生了巨大影响，直接推动了经济全球化的形成。首先，它使各国生产规模空前扩大，一个国家的国内市场无法容纳该国生产的全部产品，国内商品纷纷涌入世界市场；各国生产所需的各种生产要素无法在国内得到充分供应，而要求助于世界市场，从而使生产要素在国内得到充分供应。其次，高新技术特别是信息技术日新月异的进步及其在社会经济生活中的广泛应用，大大降低了商品和资本的交易成本，加强了国际经济联系，促进了经济全球化的各个方面。最后，科技进步还使国际分工日益深化，促进了生产过程的国际分工合作，使国际贸易的内容更加丰富，贸易的规模不断扩大，生产全球化不断发展。

---

① UNDP：*Human Development Report* 1999. Pubulished by the United Nations Development Programme. New York：Oxford University press，1999.

二，市场经济体制是经济全球化的基本载体。市场经济体制日益发展成为全球经济体制。冷战结束，计划经济体制和市场经济体制的二元对立被打破。中国和许多国家经过反思和实践，相继放弃了从苏联承袭下来的权力高度集中的计划经济体制，向市场经济体制转轨。同时，资本主义发达国家也将传统的市场经济调整为市场调节与国家宏观调控相结合的现代市场经济体制。发展中国家由以政府行政干预为主、市场调节为辅的市场经济模式转向开放的市场经济体制，推进国内经济与世界经济接轨。世界经济成为以市场经济为特征的整体，各国经济休戚与共、密不可分。

三，跨国公司是经济全球化的组织者。跨国公司是经济全球化的主要驱动者、组织者和有效载体。“二战”后，跨国公司一直在持续地扩张之中，数量不断增加，规模日益扩大，日益摆脱民族国家的控制，在全球范围内进行决策，加速了经济全球化的历史进程。跨国公司以世界市场为舞台，以其资金、技术、管理和新科技的优势，组织全球性的生产和销售，从而把世界各国和个地区的经济直接联系起来，把各国之间的国际分工变成其公司的内部分工。跨国公司便成为世界经济增长的重要引擎，其在经济全球化浪潮中充当着直接组织者的角色和主要驱动力。

3．经济全球化的内容及实质

经济全球化作为世界各国经济的一体化过程，其主要内容包括生产全球化、贸易全球化、金融全球化。

一，生产全球化。经济全球化最为核心的内容是生产全球化。随着新科技革命的发展和高精尖产品及工艺的出现，生产领域的国际分工和合作得以加强。原有传统的“垂直型”的国际分工是基于西方的殖民侵略、以禀赋资源为基础而形成的。西方资本主义发达国家产业革命开始得早，工业化水平高，它们在国际分工体系中主要从事的是工业品生产；而发展中国家处于被剥削、被剥夺的地位，工业化进程缓慢，在国际分工体系中主要从事农产品生产，经济发展被绑在资本主义发达国家的经济战车上，在国际分工中的地位处于末端。资本主义发达国家与发展中国家之间进行的是初级产品的交换。这种“垂直型”国际分工固然能使世界经济联系在一起，但是，由于它是以相对凝固的生产要素为前提，流动的只是商品，无法真正实现各国经济的融合，经济全球化程度较低，不可能构成经济全球化的基础。

随着民族解放运动的蓬勃兴起，广大发展中国家实现了民族独立，独立自主地进行工业革命，工业化程度不断提高，虽然仍依附于旧的国际经济秩序之中，但已绝非从前。随着生产全球化的发展，传统的“垂直型”国际分工方式已不能适应世界经济发展的要求。国际分工机制悄然发生变化，开始由市场的自发力量决定分工。世界性的国际分工的形式也发展为“水平型”国际分工和“混合型”国际分工。“水平型”国际分工主要是在经济发展水平大体相同的国家之间的分工，资本主义发达国家相互间或发展中国家相互间之间的分工一般都属于此种类型。这些国家的工业化程度相同，产业结构相似，产品质量接近，可以通过世界市场建立“水平型”国际劳动分工。这种分工以资本、技术、劳动、管理技术等生产要素的跨国流动为前提，以跨国界组织生产为核心，以生产全球化体系的形成和建立为标志，它使世界各国的生产活动不再孤立地进行，而是成为全球生产体系的有机组成部分。“混合型”国际分工是“垂直型”和“水平型”两者相结合的分工形式。由于各国自然条件不同，生产力发展水平迥异，人口数量和质量有差别，政府采取开放政策的自觉程度不一，直接影响到了国际分工的发展。从一个国家来看，它在国际分工体系中有两种类型的分工。许多资本主义发达国家同其他发达国家的生产专业化和协作属于“水平型”分工，而对发展中国家进行的经济往来则属于“垂直型”分工。许多发展中国家之间生产发展与协作，属于“水平型”分工，它们与其他发达国家之间的经济贸易往来属于“垂直型”分工。所以很多国家在国际分工体系的类型上属于“混合型”国际分工。跨国公司以其独特优势，大规模、大范围地对外进行直接投资，使世界处于不同类型国际分工的国家，被组织成了一个国际体系。“目前，全世界共有约8.2万家跨国公司，其国外子公司共计81万家。”① 跨国公司通过直接投资，使生产全球化的程度日益提高。

二，贸易全球化。德国经济学家巴奎认为：“当谈论经济意义上的

① 钟昌标：《世界经济》，中国人民大学出版社2011年版，第63页。

全球化的时候，具体指的究竟是什么？最贴切的概念理解是以贸易联系的密切程度为基准的。根据这种见解，世界出口率越高，跨国界的贸易额在生产中所占的比例越高，世界经济就越强烈地全球化。”[①] 贸易全球化是经济全球化的起点和主体，其中，商品和服务贸易始终是经济全球化的主要内容。随着新科技革命的发展和各国对外开放程度的提高，流通领域中国际交换的范围、规模、程度得到增强。

“二战”后，世界贸易增长速度迅猛，超过历史上任何时期。世界贸易额在1820—1850年的30年间增长了3.5倍，1870—1900年的30年增长了1.6倍，而1950—1980年的30年增长了7.2倍，1990—2000年，全球货物贸易额年均增长6%。[②] 由于国际贸易规模庞大，世界贸易依赖度高，各国间经济相互联系、相互依赖的扩大和加强，从而推动经济全球化的发展和深化。2008年，美国次贷危机引发的全球金融危机和经济衰退重创了世界贸易。

三，金融全球化。金融全球化是指金融资本在世界各国、各地区自由流动，从而使全球金融市场日趋开放、金融体系日益融合的过程。[③] 金融全球化肇始于20世纪70年代布雷顿森林体系的瓦解，80年代兴起于多国采取的对外开放政策，快速发展于90年代发达国家对金融制度监管的放松以及信息技术的迅速发展。在金融全球化的过程中，国际资本流动迅速、规模较大，许多国家开放了金融领域，加快了国际资本在全球范围内运转的速度，全球金融市场形成。在全球金融市场体系中，西方资本主义发达国家占有明显优势，而发展中国家由于国内金融产业相对落后，在国际金融市场竞争处于明显的劣势，需要增强抵御金融风险的能力。金融全球化主要体现在五个方面：一是国际流动资本数额巨大。据测算在世界各地流动的国际流动资本达数十万亿美元之巨。二是金融全球化进程加快，出现了“虚拟经济”。其表现形式不断发展，由银行资本基础上的信用形式发展为股票、债券、证券化资产以及金融衍生品，并且花样百出，自成一体，逐渐脱离了实体经济，一旦出

---

① ［德］卡尔·海因茨·巴奎：《世界经济结构变化和后果》，《政治与现代史》1995年第49期。

② 王自立等：《中国贸易安全报告》，红旗出版社2009年版，第227页。

③ 编写组：《马克思主义政治经济学概论》，人民出版社2011年版，第399页。

现经济泡沫，会导致金融危机。2008 年全球性金融危机就是美国次贷危机而引发的，至今未见底。三是资金交易规模空前扩大。四是西方资本主义发达国家在金融全球化趋势中占有明显的优势。五是金融活动风险性和投机性突出。现在遍及世界各地的数十万亿美元的国际流动资本，为寻找和追逐高额利润，仅有 2%—3% 用于直接生产和商品贸易，其他绝大部分资本则流向金融投机，这样金融垄断资本扰乱世界金融资本的危险性就比任何时候都增大了。1998 年的亚洲金融危机，2008 年的全球金融危机，即是例证。

经济全球化的实质具有两重性：一方面，从生产力发展资源配置的角度看，经济全球化是生产社会化发展的更高阶段，是生产社会化及经济国际化高度发展在时间和空间上的多维度拓展，因而它反映了科学技术进步和人类社会生产力发展的客观要求。另一方面，从生产关系发展角度看，经济全球化的实质是资本主义生产方式在世界范围内的扩张，是资本主义扩张为全球性制度的一种进程，是资本主义生产关系的全球化，这一实质是在世界资本主义体系的产生和发展中形成的，由此，在现在及今后相当长的一个时期内，经济全球化必然带有资本主义生产关系全球性扩张的色彩。

经济全球化无疑是当今时代的重要特征。迄今未止的全球化仍然是资本主义全球化。20 世纪上半叶，一些社会主义国家的全球化扩张，极大地冲击了资本主义全球体系。20 世纪 80 年代末 90 年代初的苏联解体、东欧剧变，使社会主义在全球化的背景下，遭受到严重挫折。其中原因很多，一个原因就是长期没有融入经济全球化，错误地提出“两个世界、两个平行市场”理论并进行实践。长期致力于与美国争雄称霸，追求社会主义封闭体系内的自行扩张，再加上国际环境的险恶，苏联始终未能处理好与资本主义的关系，致使苏联的发展受到很大限制。①

（二）经济全球化对中国的影响

经济全球化是世界经济发展的必然趋势，同时又是一把“双刃

① 徐艳玲：《全球化视域的资本主义与社会主义》，《当代世界社会主义问题》2001 年第 3 期。

剑”，其对中国特色社会主义产生积极和消极的影响，中国必须采取积极有效的措施进行应对。

1. 经济全球化的积极影响

（1）经济全球化有利于世界各国优化资源配置、发挥比较优势，为中国提供了发展机遇。从单个国家的角度考虑，一国经济运行的效率无论多高，总要受到国内资源缺乏和市场狭小的限制。一国经济通过参与经济全球化，可以最大限度地摆脱资源和市场的局限，从而有效地利用世界各地的资金、技术、劳动力等生产要素，以倍增的世界市场为生产和经营目标，发挥自己最大的生产潜能，为中国发展提供了发展机遇。中国可以利用后发优势，走开放发展的道路，在同国际经济交往中可以实现优势互补、扬长避短，实现合作共赢发展。

（2）经济全球化有利于发挥世界市场的竞争机制和资源配置机制，促进中国经济的发展。经济全球化使国际市场上的竞争更加激烈，加大了企业生产和发展的压力，促使企业不断改善生产经营活动，增强了企业活力，从而促进中国经济的发展。同时，经济全球化使世界市场的资源配置机制发挥作用，把资源配置到最能发挥作用的地方去，因而在全球范围内节约了资源，提高了劳动生产率，必然促进中国经济的增长。中国企业在经济全球化的竞争中可以学习发达国家企业管理方式，不断进行制度创新、技术改革，增强企业的国际竞争力，充分利用世界市场的资源配置机制，不断提高生产力，促进经济发展，提高我国经济的全球影响力。

（3）经济全球化有利于促进国际贸易、国际金融和国际直接投资的发展。经济全球化使得一国商品能够冲破他国市场的限制以更广阔的国际市场取代狭小的国内市场，既扩大了市场的规模，又削减了各种障碍和壁垒，使国际贸易得以迅速发展。在经济交往中，各国政府逐步扩大了金融自由化的程度，而且随着信息技术的发展，金融交易更加便捷，成本更加低廉，金融国际化的速度正以最快的速度推进。中国可以在经济全球化的影响下，通过不断改善投资环境来吸引外资，同时加大对外直接投资的力度，积极发展国际贸易，通过对外贸易拉动我国的经济增长。

（4）经济全球化加速了世界范围内的产业结构大调整。在经济全球化的进程中，产业结构出现了世界范围的梯度转移，从而为不同发展水平的国家适应世界范围产业结构的调整提供了机遇。资本主义发达国家重点发展以高科技产业为主的知识和技术密集型产业，与此同时，将劳动密集型产业和部分知识密集型产业向发展中国家转移。中国可以通过引进资本主义发达国家的资金和先进技术，借鉴资本主义发达国家的先进管理经验，加快国内产业结构的调整和升级，加速实现中国工业化、信息化、城镇化、农业现代化的进程。

2．经济全球化的消极影响

（1）经济全球化加大了世界经济发展的不平衡性，中国的经济发展面临挑战。经济全球化下的世界经济发展是不平衡的。资本主义发达国家主导经济全球化，它们拥有强大的经济与科技实力，而且在国际经济组织中享有决策权，具有明显的优势。国际上现行的条约、协定和惯例大多数是以资本主义发达国家为主导制定的，所以绝大多数反映和维护的是资本主义发达国家的利益。由于中国的利益与他国存有差异，当两者发生矛盾时，中国在很多情况下只有被动地接受。许多国家在与中国的贸易往来中，经常性置世界贸易规则于不顾，人为设置贸易壁垒，单方面对中国的贸易进行制裁，我国只有通过积极参与经济全球化，不断参与制定国际规则，利用国际规则维护我国利益。

（2）经济全球化把市场经济的矛盾扩展到世界范围。经济全球化把市场经济优化资源配置和带来较高收益的功能扩展到世界范围的同时，也把市场经济的盲目性、自发性、滞后性等消极功能扩展到世界范围，造成了资本主义所固有的周期性经济波动和经济危机爆发至世界范围，如20世纪80年代的拉美债务危机、1992年的欧洲货币危机、1997年的东南亚金融危机和2008年全球金融危机，给世界经济的发展造成了障碍。中国经济不发达，经济基础较为薄弱，受国际市场供求和价格变化的影响很大；金融不发达，在其开放程度提高以后，更容易受到外部冲击，抵御外部干扰的能力有待于进一步增强。

（3）经济全球化使中国经济主权受到一定程度的冲击。由于资本主义发达国家仍是经济全球化的主导者，同时也是国际经济、贸易、金融规则的主要制定者，旧的国际经济秩序有利于它们在世界范围内获取高额垄断利润。中国在融入经济全球化的过程中伴随着让渡部分国家经济主权，这是一个必然的历史过程。经济全球化冲破了国家自然疆域的束缚，一国所独立拥有的权利却日益成为国际社会共同体拥有的权利，各国的经济活动越来越多地遵循国际惯例和国际条例来运作。这样一来，国家主权，特别是经济主权受到了一定程度的制约，甚至是受损。虽然经济全球化对资本主义发达国家的经济主权同样造成侵蚀，影响到它们的就业和造成“产业空洞化”等问题，但由于经济全球化是资本主义发达国家发起、推动和主导的，所以，实际上主要是资本主义发达国家影响发展中国家经济主权而获益，而不是受损。中国由于经济发展水平还不是很高，在国际分工中依然处于不利地位，经济主权在融入经济全球化的过程中容易受到一定程度的冲击。

（4）经济全球化的发展也带来了许多全球性的问题。随着经济全球化的发展，各国之间的联系越来越密切，一个国家或者一个地区的问题会迅速蔓延到其他国家和地区，如世界人口剧增，生态恶化与环境污染，跨国性犯罪，城市病问题，艾滋病、非典、甲流等传染疾病的传播问题，地区冲突或战争问题，等等。中国的发展也受到全球性问题的直接影响，需要加强同国际社会的合作，在合作共赢中加大全球治理的力度。

三　新科技革命蓬勃发展

马克思主义认为，科技作为最高意义的革命力量对人类社会产生深远的影响。恩格斯在《在马克思墓前的讲话》中说：“他把科学首先看成历史的有力的杠杆，看成最高意义上的革命力量。”① 科技革命是科学技术根本意义上的变革，至今已经经历了三次科技革命。从 20 世纪 50 年代以来，新科技革命兴起，70 年代开始的以信息技术为核心，以新材料技术为基础，能源技术为支柱，以生物技术为前景，以空间技术为延伸的新科技革命更是迅猛发展，对人类社会产生重要的影响，这必然对中国特色社会主义产生重要影响。

---

① 《马克思恩格斯全集》第 25 卷，人民出版社 2001 年版，第 592 页。

（一）新科技革命的特征

与以往的科技革命相比，这次世界范围内的新科技革命具有如下全球性、全面性、整体性3个基本特征：

一，全球性。前两次科技革命，范围不大，局限于欧美少数发达国家中展开，由于政治经济条件的限制，广大殖民地和附属国根本谈不上开展科技革命。第二次世界大战后，世界政治经济格局发生了重大变化，出现了一批社会主义国家，同时一大批殖民地和附属国取得了政治独立。新科技革命不只是在世界资本主义经济体系内展开，而且是在资本主义和社会主义两种不同经济体系同时并存的情况下，在全球范围内展开、兴起，其展开的规模、推动深度和对世界经济社会的影响都超过了以前，全球性特征凸显。

在新科技革命的推动下，国际科技合作与交流迅速增加。随着各国信息沟通与交流的日益增加，很多领域成为各国科技工作者所共同关心的问题，许多研究项目的研究对象涉及超越国家界限，需要不同国家的不同知识机构的科研人员的智力优势互补、互相交流、协作完成。如全球气候变化问题、海洋、环境与能源、航天研究与探索问题、重大疾病防治问题等。因为这些项目和课题涉及内容广泛，又需要投入巨额资本而且风险高，单靠一个国家是无力承担的。比如，人类基因组计划于20世纪80年代提出，由国际合作组织包括有美、英、日、中、德、法等国参加进行了人体基因组序列的研究，在全球范围内共有16个实验室，有1100名生物学家、计算机专家和技术人员参与该工作。

二，全面性。以往的科技革命，涉及自然科学领域单，部门狭窄，只是在某些方面有革命性突破，对经济社会产生有限的影响。新科技革命，不只是在个别科学理论上、个别生产技术上获得了突破，而且是几乎在各个科技领域都发生了深刻变化，并综合了一些科学部门的最伟大发现。如原子核理论的发展、控制论的出现、电磁场理论的发展、生物学和医学方面的重大发现，以及一系列建立在科学理论基础上的新兴学科的出现，显现了大科学协同作战、交叉学科兴起、高智力高投入高增值性凸显的新特点，产生了一系列新的科学群和技术群。如遗传工程的发展，使量子生物学、量子遗传学、量子生理学和基因重组技术、生化技术 、结构分析技术等成为一个科学技术大群体；海洋开发的需要，使海洋水文学、海洋地质学、海洋气象学、海洋生物学和海洋探测技术、海洋电力技术、海洋采矿技术等成为一个庞大的科技体系；能源发展的需要，也使天体物理学、原子核物理学、硅电化学和太阳能技术、海洋能技术、生物能技术等也构成一个科学和技术群。

三，整体性。新科技革命中的科学革命和技术革命相互联系、相互影响、相互促进。技术科学化、科学技术化，出现了科技一体化。一方面，科学对技术的主导作用。新技术的根本性突破必须以科学研究成果为依据。另一方面，科学理论研究依赖现代技术手段。如果没有巨型电子显微镜、电子望远镜、电子计算机、人造卫星、火箭等现代技术手段，也就不可能有现代天文学、现代生物学、现代物理学的巨大成就。新科技革命呈现了科学、技术、生产一体化的特征。之前，科学、技术、生产三者各自为战，呈分离状态。科技成果转换至生产应用的周期较长。20 世纪中期以后，三者的关系发生了根本变化，科学研究、技术革命与生产发展的关系密切，出现了三者一体化的趋势，科技成果转换为生产力的周期愈来愈短。

（二）新科技革命对社会主义的影响

在共产主义运动历史上，列宁顺应第二次科技革命时代潮流，紧紧抓住了电气化这一技术领域革命的时代特征，把共产主义运动与时代结合起来，把电气化视为共产主义的本质特征，他提出“共产主义就是苏维埃政权加全国电气化”。[①] 苏联根据电气化的时代特征，实施电气化计划，取得了经济社会发展的巨大成就，创造了世界经济发展史上发展奇迹，体现了社会主义制度的优越性。

新科技革命对社会主义运动产生了前所未有的影响。20 世纪 50 年代新科技革命悄然兴起，其发展是全方位的。由于苏联和东欧社会主义国家不能抓住新科技革命的时代特征，没有制定有效的措施应对，使这些国家社会主义运动和社会主义建设出现曲折。苏联在 20 世纪 50—60

---

① 《列宁专题文集（论社会主义）》，人民出版社 2009 年版，第 181 页。

年代取得了新科技革命的早期成就，但由于高度集中的计划经济体制、优先发展国防工业和重工业，忽视了民用科技的发展，忽视企业在科技创新中的作用，企业技术革新和创新的动力不足，科技进步缓慢。正是由于科技进步的迟缓，苏联经济在战后的增长，更多是依靠粗放式生产，而不是劳动生产率的提高：1966—1970 年，提高 33%；1971—1975 年，21%；1975—1980 年，14%，1981—1985 年，14%。根据西方的一组研究报告，1983 年，苏联的劳动生产率仅相当于意大利的 72%，日本的 60%，法国的 51%，西德的 46%，美国的 38%。[①] 这些数据体现了苏联在新科技革命的冲击下，不能有效转变传统体制，顺应时代潮流，必然落后于时代，也就不能充分显示社会主义制度的优越性，在与西方资本主义发达国家的竞争中败北。

其他社会主义国家，照搬苏联模式，实施高度集中的政治、经济、文化、科技体制和粗放式发展模式，受到新科技革命的挑战。越来越多的国家认识到高度集中的体制阻碍着科技的进步，从而阻碍了生产力的发展，开始对传统社会主义体制的改革，但是东欧改革与苏联改革一样没有跳出计划经济的框子，以市场配置资源的经济运行机制没有建立起来，加上政治体制改革进展甚微，东欧的社会形势在新科技革命蓬勃发展之时，已经“山雨欲来风满楼”了。东欧各国先后开始放弃以前的渐进改革方式，向激进改革方式过渡，在经济上，彻底抛弃计划经济，全面实行私有化，向自由市场经济过渡；政治上，放弃一党制向多党制和三权分立的西方政治制度过渡；在对外关系上，向西方靠拢，原中欧各国积极谋求加入北约和欧盟。总之，在新科技革命挑战中，原苏东社会主义制度发生质变，被迫卷入新科技革命经济全球化的洪流之中。

中国共产党人把新科技革命作为一个根本的时代特征来认识，以此来制定发展战略。邓小平指出：“世界新科技革命蓬勃发展，经济、科技在世界竞争中的地位日益突出，这种形势，无论美国、苏联、其他发达国家和发展中国家都不能不认真对待。”[②] 中国共产党人总结了苏联

① Schroeder G., *The System Versus Progress*; *Soviet Economic Problems*. London: Centre for Research into Communist Economies, 1986, p35.

② 《邓小平文选》第 3 卷，人民出版社 1993 年版，第 127 页。

东欧各国发展科技的经验教训，敢于迎接新科技革命对社会主义的挑战，利用新科技革命带来的机遇，实施“科教兴国战略”和“建设创新型国家战略”，取得了巨大的成就，充分显示了社会主义制度优越性。我们不难看出：由于新科技革命和社会主义运动在本质上是统一的，两者只有在相互作用中才能更加充分地显示出各自的革命性意义和价值，社会主义与新科技革命相结合，这是社会发展的必然趋势。①

从新科技革命对社会主义运动的影响中，我们认为，必须面对挑战，顺应时代发展的要求，制定符合新科技革命的战略。从苏联、东欧和中国的社会主义建设的对比来看，我们可以得出以下结论。

首先，社会主义的根本任务要求必须与新科技革命相结合。科学技术是第一生产力，科学技术已经成为推动经济增长的主要因素。社会主义社会的主要矛盾，决定了社会主义的根本任务是解放和发展生产力。要发展生产力，就必须充分发挥科学技术的作用，这是由科学技术在现代生产力发展中的首要地位和作用决定的。

其次，社会主义优越性的充分发挥，要求必须与新科技革命相结合。马克思主义认为，社会主义社会是比资本主义社会更高级的社会。在人类社会发展史上，当资本主义生产关系发展到不能容许生产力继续发展的时候，它就必须被社会主义所代替。社会主义之所以能够代替资本主义，就是因为社会主义相对于资本主义具有无比的优越性，并最终战胜资本主义。这种优越性主要表现在两个方面：一是它能够极大地解放生产力，允许生产力以更快的速度发展。二是它能够兼顾效率和公平，在生产力发展的基础上，改善人民生活，实现共同富裕。因此，在社会主义条件下，把社会主义与新科技革命结合起来，解放和发展生产力，不断提高综合国力，促进经济社会全面发展，不断提高人民物质文化生活水平，以充分展示社会主义制度的优越性。

再次，社会主义国家要想在当代世界政治格局中发挥主导作用，要求必须与新科技革命相结合。当代国际格局的基本特征：一是高精尖技术已成为国际战略格局得以构成和发展的坚实基础与巨大杠杆；

---

① 曹胜：《科技革命对科学社会主义的影响》，《青岛科技大学学报》（社会科学版）2008 年第 4 期。

二是多极科技实体与多极政治力量相互对应，交融一体。各国从冷战及其后果中深切认识到，一个国家的存在与发展，它在世界舞台上的地位和作用，最终取决于以经济为基础的综合国力状况。一个国家只有占领了高科技，才能兴旺发达，立于世界民族之林，并赢得21世纪的主动权和发言权。在这样的国际环境中，社会主义国家只有顺应新科技革命的时代潮流，才能在反对霸权主义，建立世界政治经济新秩序的斗争中，发挥主导作用，为世界和平、人类进步做出应有的贡献。

四 当代资本主义的新变化

当代资本主义已进入国家垄断资本主义新阶段，既与19世纪马克思、恩格斯曾给予深刻剖析过的资本主义有所不同，也与20世纪初列宁曾精辟论述过的资本主义有所不同，出现了许多新变化，对中国特色社会主义产生重要影响。

（一）当代资本主义新变化的动因及特点

1. 当代资本主义社会新变化动因

当代资本主义发生了巨大而深刻的变化，主要有以下3个方面的原因：

第一，它是资本主义生产力内部矛盾运动的结果。马克思主义认为生产力决定生产关系，生产关系反作用于生产力，是生产力最根本的制约因素，生产力发展的巨大惯性，必然推动生产关系及以此为基础的经济基础与上层建筑的变革与调整。资本主义发达国家率先掀起的新科技革命，促进了劳动生产率的提高，产生了新兴产业，带动了原有产业部门的改造和技术革新，创造了扩大再生产的物质条件。新科技革命创造出的巨大生产力所带来的直接结果，就是在不改变财富分配比例甚至提高资本家所占比例的前提下，可以增加劳动者收入的绝对量，大大缓和了资本主义自身的矛盾。

第二，它是借鉴社会主义国家的做法，对生产关系进行自我调节的结果。社会主义制度的存在和在一定时期取得的巨大成就，促使资本主义国家借鉴、吸收社会主义国家所采取的经验，比如，经济的有计划性、社会主义民主政治、社会福利制度等。正如莱斯特·瑟罗所言："过去的150年，是社会主义制度和福利国家制度提供了新的思想来源，来自这两种制度的某种因素渗入了资本主义制度的结构中。"① "二战"后，国家干预和调节经济的做法普遍为资本主义发达国家所采用，标志着资本主义国家开始进入国家资本主义阶段。垄断资本主义在国家经济社会生活中发挥愈来愈重要的作用，保证了资本主义经济多年的稳定发展。资本主义调节还表现在政治、社会等方面。在政治方面，通过发展资产阶级民主政治，健全资本主义法制，资本主义国家应付危机的能力得到了加强。在社会关系方面，借助相应的政策和法律手段，规范劳动关系，建立比较完备的福利国家制度，在一定程度上缓和了紧张的社会关系，起到了社会"安全阀"的作用。

第三，它是当代不平等的国际经济关系运动的结果。对发展中国家的经济剥削是当代资本主义发达国家社会生产力发展的一个十分重要的原因。在世界资本主义经济体系中，形成了以资本主义发达国家为"中心"，以发展中国家为"外围"的二元结构，即所谓的"中心—外围"结构，发展中国家的经济发展受制于资本主义经济体系。这个经济体系包括："以不平等的资本主义国际分工为基础的国际生产体系，以不等价交换为基础的国际贸易体系，以垄断为基础的国际货币金融体系。处于中心地位的发达国家的经济繁荣是建立在对处于劣势地位的发展中国家的剥削之上的。"②

2. 当代资本主义的新特点

第一，社会生产力有了新的巨大发展。"二战"后，科技的巨大进步使得资本主义生产力诸要素都发生了不同以往的质的飞跃：生产工具发生了革命性变革，现代化大工业生产进入智能化阶段；劳动对象不断扩大，人类生产活动的空间不断扩展；劳动力结构发生了很大变化，已由简单体力劳动型向高素质、高技术型转化。随着生产力的提高，资本

---

① ［美］莱斯特·瑟罗：《资本主义的未来》，周晓钟译，中国社会科学出版社1998年版，第63页。

② 刘青建：《当代国际关系新论——发展中国家与国际关系》，清华大学出版社2004年版，第269页。

主义国家的产业结构完成了从劳动密集型到资本密集型，再到知识密集型的转化，三大产业在经济中所占地位发生了重大变化。

资本主义国家经济发展水平大幅度提高，人民生活水平有很大改善，国内社会矛盾尤其是阶级矛盾得到很大程度的缓和，这些使社会相对稳定，无产阶级革命难以发生，社会主义运动相对来说进入了低潮。但同时我们必须看到，资本主义国家劳动生产率大幅度增长，经济发展水平大幅度提高，社会财富大大增加，这些都为未来社会主义、共产主义社会实现按劳分配乃至按需分配奠定了坚实的物质基础。

第二，生产关系实现了从一般垄断到国家垄断的转变。为了适应生产力的高度发展而引起的生产社会化程度空前提高的需要，当代资本主义国家对生产关系进行了自我调整，这种调整所带来的最重大的变化就是国家垄断资本主义的发展。国家垄断资本主义是资产阶级国家与垄断资本相结合的资本主义，国家对经济生活进行全面干预和调节，从而使经济运行机制、所有制形式、分配形式、国际经济关系等各方面发生了深刻的变化。

其一，经济运行方面，普遍加强国家宏观调控的职能，完善资本主义市场体系。资本主义发达国家通过财政政策、货币政策及经济计划与法制化等手段，调控社会再生产的比例，减少了资本主义生产的盲目性。其二，所有制形式更加多样化。其所有制仍然以资本主义私有制为基础，但为了适应生产社会化的高度发展，国家所有制、垄断资本集体所有制、中小资本主义所有制、合作制都有了不同程度的发展；股份公司的股票也由过去集中在大资本家手中转变为个人直接持股，股权越来越分散，股东人数大增，股票市场日益国际化、全球化，生产资料所有权趋于分散，出现了资本社会化的趋势。其三，分配形式方面，建立起了比较完善的社会福利和社会保障制度，国民收入再分配的比例加大，在一定程度上调整了由最初的市场分配而形成的社会收入差距，缓和了社会矛盾。其四，国际经济关系方面。“二战”后，以布雷顿森林体系为中心，辅之以国际货币基金组织、世界银行和关贸总协定（1995 年为世界贸易组织），形成了资本主义世界经济体系和相对稳定的国际经济秩序。对资本主义发达国家经济的迅速增长起了十分重要的作用。

第三，上层建筑和阶级结构出现了新的特点。当代资本主义发达国家民主更加扩大，法制更加完备，精神文明也进一步发展。公民权利普遍得以扩大，政治参与的形式和渠道有了很大发展，普遍加强了以宪法为核心的国家法律体系的建设。进一步贯彻分权制衡的原则，还在国家政权机构内部设立了一系列监督协调机构。各种利益集团通过对国家政权施加压力，表达并实现本集团的利益。大众传媒被称为除立法、行政、司法之外的“第四种权力”，成为监督和约束政府的强大力量。国家对经济和社会各领域的渗透空前加强，承担起越来越多的社会公共事务。

随着产业结构的变化和股份制的发展，资本主义国家的阶级状况也发生了新的变化。以往资本主义社会中的阶级结构是葫芦型，无产阶级占多数，资产阶级占少数，社会向劳资两极分化，中间阶级越来越少，阶级结构转变为两头小、中间大的橄榄型。传统产业部门的体力劳动者（蓝领工人）队伍在日益缩小，中产阶级队伍在不断扩大。劳动者队伍出现了知识化、白领化、多层次化的新趋势，其整体的科学技术和文化素质日益提高。由于资本主义国家采取了许多改良措施，劳动者的社会地位和社会意识也发生了很大的变化。在经济上，他们更愿意通过合法的劳动活动来争取和维护自己的利益，而不愿与资方发生大规模的阶级冲突；在政治上，他们更多地支持温和的左翼政党而不是激进的左翼政党。①

1859 年，马克思在《〈政治经济学批判〉序言》中写道：“无论哪一个社会形态，在它所能容纳的全部生产力发挥出来以前，是决不会灭亡的；而新的更高的生产关系，在它的物质存在条件在旧社会的胎胞里成熟以前，是决不会出现的。”② 当代资本主义的新变化证明了资本主义生产关系容纳生产力还有一定的空间，我们一方面要认识到社会主义取代资本主义的必然性，同时要看到其长期性、艰巨性和复杂性。当代资本主义国家在上层建筑方面所做的这些调整，在客观

① 高放：《科学社会主义理论与实践》，中国人民大学出版社 2005 年版，第 239 页。

② 《马克思恩格斯文集》第 2 卷，人民出版社 2009 年版，第 592 页。

上缓和了工人阶级和资产阶级的阶级矛盾，协调了资产阶级统治集团的内部关系，从而有效地起到了巩固资产阶级政治的统治作用。我们要用辩证唯物主义的发展观来看待当代资本主义，必须看到当代资本主义的新变化没有改变资本主义必然被社会主义取代的根本趋势和历史命运。

（二）当代资本主义的新变化对我国的影响

当代资本主义所发生的新变化，对中国特色社会主义建设产生强烈冲击。中国共产党人必须以宽广的世界眼光观察世界，做出积极的回应。中国与世界资本主义发达国家有明显的差距，正如江泽民所说的那样："目前，从经济、科技发展和物质文化生活水平来看，资本主义发达国家比我们这样的发展中社会主义国家要高得多。这也是客观存在，我们不承认、不正视也不行。"① 唯有正视自己的不足，才能知道自己和别人的差距，才能确立科学的奋斗目标。面对当代资本主义新变化的压力，我国必须摒弃改革开放前、尤其是"文化大革命"时期对资本主义的认识的片面性，把不属于资本主义的、不属于阶级性的文明成果视为"毒草"而加以贬斥。要从"姓社"、"姓资"的思维定式中解放出来，正确处理好两制关系，利用资本主义，主动吸收和借鉴资本主义发达国家一切反映现代社会化生产规律的物质文明、政治文明、精神文明、社会文明和生态文明的成果，创造出比资本主义更高水平的生产力，赢得与资本主义发达国家相比较的优势。正如邓小平所说："社会主义要赢得与资本主义相比较的优势，就必须大胆吸收和借鉴人类社会创造的一切文明成果，吸收和借鉴当今世界各国包括资本主义发达国家的一切反映现代社会化生产规律的先进经营方式、管理方法"②，就必须立足时代，赶上时代，引领时代，立足社会主义初级阶段这个总依据、五位一体的总布局、实现中华民族伟大复兴的中国梦，吸收人类一切文明成果，实现和平发展、开放发展、创新发展、科学发展、和谐发展、合作发展，坚定不移地走中国特色社会主义道路，实现人的全面发

① 《江泽民文选》第3卷，人民出版社2006年版，第79页。

② 《邓小平文选》第3卷，人民出版社1993年版，第373页。

展，促进共同富裕，充分显示社会主义优越性。

俄罗斯学者季塔连科曾十分精辟地分析了中国在应对时代发展的变化中，不断创新发展、及时地进行理论创新并用于指导实践所取得的丰富经验。他说："我认为中国成功的根本原因在于中国共产党能够按照变化了的时代条件，及时平稳地调整党和国家的发展政策，用不断创新的中国化的马克思主义指导实践。新中国60年的经验，特别是30年改革的经验，就是实行了最大限度地调动个人积极性的政策，这些政策对于实现国家的整体发展和现代化具有巨大的意义。"①

---

① 陈东：《世界关注十八大和中国共产党》，《光明日报》2012年11月7日第8版。

第二章　中国特色社会主义道路是和平发展道路

中国共产党人深刻把握和平与发展的时代主题，站在时代的制高点上，顺应了时代潮流，赋予了中国特色社会主义道路以和平发展的时代特征，引领了时代的发展，为人类发展提供了一条新的道路。

一　走和平发展道路的成因

（一）时代主题的客观需求

习近平指出："走和平发展的道路是我们党根据时代发展的潮流和我国根本利益作出的战略抉择。"① 20 世纪 70 年代末，世界已经由"战争与革命"转变为"和平与发展"的时代。和平与发展是时代的潮流，决定了发展方式必须由冲突对抗到和平发展，各国只有在合作中谋求发展，才能维护世界和平，促进世界共同发展。

世界要和平，国家要发展，社会要进步，经济要繁荣，生活要提高，已成为各国人民的共同愿望。在这个大背景下，绝大多数国家，都希望在一个和平的国际环境中，尽快发展自己；都希望通过对话、谈判来解决各种矛盾和争端。中国在实践中开创了和平发展道路，提供了与资本主义发达国家解决发展问题不同、符合时代潮流的原则和方式。江泽民指出："历史昭示我们：只有实现和保持和平，世界才能发展繁荣；只有推动和促进合作，人类才能美好幸福。实现世界持久和平，促

① 《习近平谈治国理政》，外文出版社 2014 年版，第 247 页。

进各国共同发展，是所有国家人民的共同心愿，也是我们这个时代的潮流。”[①] 中国走和平发展的道路是顺应时代发展的产物，体现了和平发展的时代特征，它的产生将引领时代发展，推动人类文明发展走出冲突和对抗的困境。

（二）社会主义制度的本质要求

马克思、恩格斯认为和平是共产主义的国际基本原则。和平是共产主义的本质属性，必然也是社会主义制度的本质属性。中国走和平发展道路符合马克思主义经典作家的思想，具有理论依据。中国是社会主义国家，其本质决定了不能走对外扩张、殖民掠夺甚至发动战争来谋求自身发展的发展道路。社会主义制度的本质特征决定了中国必须坚持社会主义，只要坚持社会主义，就只能走体现时代特征的和平发展道路。

1. 和平是共产主义的国际基本原则

1870 年 7 月 23 日，马克思在为国际工人协会总委员会所撰写的关于普法战争的第一篇宣言中就提出：要创造一个新社会，“同那个经济贫困和政治昏聩的旧社会相对立，正在诞生一个新社会，而这个新社会的国际原则将是和平，因为每一个民族都将有同一个统治者——劳动”![②] 在新社会里，消除了剥削、消灭了私有制，劳动成为人的第一需要，劳动者都获得了极大的解放，消除了战争发生的根源，和平成为国际社会友好相处的基本原则。马克思、恩格斯同时指出了无产阶级必须采取革命的斗争策略来争取和平。第一，“各国社会主义者都拥护和平”[③]，这是对无产阶级自身的要求；第二，要“不惜一切代价争取和平”[④]，争取和平、保卫和平要做好牺牲的准备，要有坚定的和平信念；第三，“全世界工人阶级的联合终究会根绝一切战争”[⑤]，这是争取和平、根除战争，加强国际联合的必然途径；第四，“军事技术发生不断革命”制约战争的爆发，恩格斯认为：“要知道，目前之所以维持和

---

① 《江泽民文选》第 3 卷，人民出版社 2006 年版，第 239 页。

② 《马克思恩格斯文集》第 3 卷，人民出版社 2009 年版，第 117 页。

③ 《马克思恩格斯文集》第 4 卷，人民出版社 2009 年版，第 436 页。

④ 《马克思恩格斯全集》第 36 卷，人民出版社 1974 年版，第 553 页。

⑤ 《马克思恩格斯文集》第 3 卷，人民出版社 2009 年版，第 117 页。

平，只是由于军事技术发生不断的革命，这种革命使任何人都不能认为自己对战争做好了准备，同时，还由于对世界战争中的胜负完全无法估计普遍感到恐惧。”①“我越是反复思索，就越不相信可能发生战争。”②

2. 和平发展是社会主义的本质要求

和平发展是社会主义的本质要求。中国共产党人对此有清醒的认识。毛泽东认为中华民族是爱好和平的民族，中国是一个和平的国家，中国人民是热爱和平的人民。1949 年，他在中国人民政协第一次会议的开幕词中说：“我们的民族将从此列入爱好和平自由的世界各民族的大家庭，以勇敢而勤劳的姿态工作着，创造自己的文明和幸福，同时也促进世界的和平和自由。”③ 他于 1957 年 3 月 19 日在《在南京、上海党员干部会议上讲话的提纲》中提出：“中国应当是辩证法发展的国家。采取现在的方针，文学艺术、科学技术会繁荣发达，党会经常保持活力，人民事业会欣欣向荣，中国会变成一个大强国而又使人可亲。”④在这里，毛泽东提出了将中国建设成为一个强大的国家，同时树立一个“可亲”的形象，也就是和平的国家。

邓小平主张中国特色社会主义是和平的社会主义，明确把“和平”作为社会主义的性质。1980 年 4 月 29 日，他在接受卢森堡电视台制片主任鲍利等的采访时说：“中国是社会主义国家，这个社会制度的性质决定了我们对外奉行和平外交政策。”⑤“中国搞社会主义，是谁也动摇不了的。我们搞的是有中国特色的社会主义，是不断发展社会生产力的社会主义，是主张和平的社会主义。”⑥这实际上把对内主张发展生产力与对外主张和平两者统一于中国特色社会主义上来。这与后来邓小平在南方谈话中对社会主义的本质界定是一脉相承的。温家宝明确提出了中国走和平发展的道路，“归根到底，是由中国共产党领导的社会主义国

---

① 《马克思恩格斯全集》第 22 卷，人民出版社 1964 年版，第 10 页。

② 《马克思恩格斯文集》第 4 卷，人民出版社 2009 年版，第 560 页。

③ 《毛泽东文集》第 5 卷，人民出版社 1996 年版，第 344 页。

④ 《毛泽东文集》第 7 卷，人民出版社 1999 年版，第 291 页。

⑤ 《中国特色社会主义理论体系形成与发展大事记》，中央文献出版社 2011 年版，第 26 页。

⑥ 《邓小平文选》第 3 卷，人民出版社 1993 年版，第 328 页。

家的性质决定的”。[①] 这说明中国走和平发展道路是社会主义的本质要求。

3. 和平发展是我国宪法的价值诉求

宪法在一国法律中具有根本法的地位，记载着一个国家或地区的基本政治组成形式和主要价值取向，在国家治理中起着总章程的作用。正如习近平所说：“宪法是国家的根本法，是治国安邦的总章程，具有最高的法律地位、法律权威、法律效力，具有根本性、全局性、稳定性、长期性。”[②] 我国历次宪法均提出了和平的战略，体现了和平发展的价值诉求。我国宪法以根本大法的形式确立了中国特色社会主义道路是和平发展道路，体现了和平发展的时代特征。

1949 年 9 月 30 日，中国人民政治协商会议通过了《共同纲领》。该纲领是 1954 年宪法颁布之前的一个具有临时宪法性质的纲领，其中第一条规定中国实行的人民民主专政要“为中国的独立、民主、和平、统一和富强而奋斗”，规定了和平是新中国的目标。同时确定了新中国的外交原则是：“为保障本国独立、自由和领土主权的完整，拥护国际的持久和平和各国人民之间的友好合作，反对帝国主义的侵略者政策和战争政策。”[③] 向全世界昭示了中国社会主义现代化建设总目标是保障世界的持久和平。其主要的立场是：“中华人民共和国联合世界上一切爱好和平、自由的国家和人民，首先是联合苏联、各人民民主国家和各被压迫民族，站在国际和平民主阵营共同反对帝国主义侵略，以保障世界的持久和平。”[④] 1954 年 9 月 15 日，我国的第一部宪法——《中华人民共和国宪法》规定：“我国根据平等、互利、互相尊重主权和领土完整的原则同任何国家建立和发展外交关系的政策，已经获得成就，今后将继续贯彻。在国际事务中，我国坚定不移的方针是为世界和平和人类进步的崇高目的而努力。”[⑤] 1975 年《宪法》虽然确认了“在无产阶级

---

① 《十六大以来重要文献选编》（下），中央文献出版社 2008 年版，第 909 页。

② 《习近平谈治国理政》，外文出版社 2014 年版，第 138 页。

③ 《建国以来重要文献选编》（第 1 册），中央文献出版社 1992 年版，第 2、3—4、13 页。

④ 同上书，第 3—4 页。

⑤ 《建国以来重要文献选编》（第 5 册），中央文献出版社 1993 年版，第 521—522 页。

专政条件下继续革命”的理论，但在对外政策上仍然坚持了“和平”发展战略，提出在和平共处五项原则的基础上，“中国永远不做超级大国。我们要同社会主义国家、同一切被压迫人民和被压迫民族加强团结，互相支援；在互相尊重主权和领土完整、互不侵犯、互不干涉内政、平等互利、和平共处五项原则的基础上，争取和社会制度不同的国家和平共处，反对帝国主义、社会帝国主义的侵略政策和战争政策，反对超级大国的霸权主义”。[①] 1978 年《宪法》规定：“在国际事务中，我们要在互相尊重主权和领土完整、互不侵犯、互不干涉内政、平等互利、和平共处五项原则的基础上，建立和发展同各国的关系。我国永远不称霸，永远不做超级大国……反对超级大国的霸权主义，反对新的世界战争，为人类的进步和解放事业而奋斗。”[②] 无论在何种条件下，1954 年、1975 年、1978 年宪法都始终坚持了和平的价值理念。1982 年《宪法》规定：“中国的前途是同世界的前途紧密地联系在一起的。中国坚持独立自主的对外政策，坚持互相尊重主权和领土完整、互不侵犯、互不干涉内政、平等互利、和平共处的五项原则……为维护世界和平和促进人类进步事业而努力。”[③] 在 1999 年、2004 年《宪法修正案》中把内含和平内容的邓小平理论、“三个代表”重要思想写入宪法，进一步确定了中国追求和平的坚强意志和政策宣示。

（三）中国历史文化传统和国情的需要

中华文化本质上是一种和平的文化。“和”是中国传统文化的精华，同时也是东方文明的精髓。《周易》提出了“太和”的观念，把天、地、人纳入一个整体系统中，追求宇宙系统的动态平衡。西周末年，郑国的史伯提出了“和实生物，同则不继”，他认为以不同的元素相配合，求得矛盾的均衡和统一，有利于治国；如果以相同的失误相凑

---

① 《中华人民共和国宪法》（1975 年）（http：//www. npc. gov. cn/wxzl/wxzl/2000 – 12/06/content_ 4362. htm）。

② 《中华人民共和国宪法》（1978 年）（http：//www. npc. gov. cn/wxzl/wxzl/2000 – 12/06/content_ 4365. htm）。

③ 《中华人民共和国宪法》（1982 年）（http：//www. npc. gov. cn/wxzl/wxzl/2000 – 12/06/content_ 4421. htm）。

合，则有害于国家。《中庸》说："喜怒哀乐之未发，谓之中；发而皆中节，谓之和。中也者，天下之大本也；和也者，天下之大道也。致中和，天地位焉，万物育焉。"达到中和状态，宇宙万物和人类社会便各安其位、各得其所了。孔子主张"中庸"，其基本含义是主张有过无不及，反对走极端，即处事合乎中道，把握适度原则，防止事物向反面转化。孔子常说"乐而不淫，哀而不伤"、"君子矜而不争，群而不党"、"欲而不贪，泰而不骄，威而不猛"等，都是强调要努力保持事物的"正"，不要使之走向反面。这说明只有坚持中道，才能保持对立面的均衡、和谐。孔子还提出了"君子和而不同，小人同而不和"的思想，其弟子有子提出了"礼之用，和为贵"的思想，孟子提出了"天时不如地利，地利不如人和"的思想。

许多专家、国家领导人对中国传统文化中的"和"的思想进行了分析。汤因比曾指出："要使人类避免危机，最重要的精神就是中国文明的精髓——和谐！"[①] 费正清认为"外交行为受领导人思想意识的支配，而领导人的外交思想不仅是在对外部环境长期做出反应的基础上形成的，也是本国、本民族的政治文化、观念形态的反映。国际政治包含着不同国家利益的协调与冲突，也充满着不同思想原则的相互撞击。因此研究一个国家，特别是大国外交政策，必须联系该国的政治传统、价值观念，以至广义上的文化来进行考察"。[②] 他提出，中国的儒家传统是注重"以德服人"，中国的军事传统与欧洲或日本的不同，"重文轻武"的思想使得"像伊丽莎白女王时代的英国或中世纪时代的日本那样，在海上冒险劫掠，使国家靠海外所得而富强的时代，在中国历史上是找不出来的"。[③] 基辛格也指出，中华民族是历史上最和平的民族之一，中国从没有以武力侵略过其他民族，未来中国将是一支和平的力量。德国前总理施密特也在中欧论坛汉堡峰会上表示："纵观中国历史，中国从未在别国设立殖民地，在中国外交政策中从未有抢夺别国领

---

① 田广清：《和谐论中国》，华侨出版社 1998 年版，第 40 页。

② 中国社会科学院美国研究所、中华美国学会：《中美关系十年》，商务印书馆 1989 年版，第 130 页。

③ 费正清：《美国与中国》，张理京译，世界知识出版社 2001 年版，第 65—66 页。

土的传统”，“中国一直是世界史上最和平的大国”。[①]罗素认为：“中国人统治别人的欲望明显要比白人弱得多，如果世界上有骄傲到不肯打仗的民族，那么这个民族就是中国。中国人天生的态度就是宽容和友好，以礼待人并希望得到回报。”[②]“中国虽然人口众多、资源丰富，但却不会对外国造成威胁。”“中国至高无上的伦理品质中的一些东西，现代世界极为需要。这些品质中我认为和气是第一位的。”[③]池田大作从中华民族热爱和平以及近代以来的战争历史总结了中国人是崇尚和平与安泰的禀性，他说：中国人是“在本质上希望本国和平与安泰的稳健主义者。实际上，只要不首先侵犯中国，中国是从不先发制人的。近代以来，鸦片战争、中日战争、朝鲜战争以及迄今和中国有关的战争，无论哪一次都可以叫作自卫战争”。[④]埃及东方大学亚洲问题研究中心教授塔里克说：“中国文化的特性决定了中国是世界和平与发展的中坚力量。”[⑤]以上论述，充分阐述了“和”是中华文化的精髓，中华民族是热爱和平的民族。

中国选择和平发展道路同时也是基于中国国情的一种必然选择。胡锦涛在2006年4月21日在美国耶鲁大学发表演讲时指出：改革开放以来，尽管中国取得了巨大的发展成就，但仍然是世界上最大的发展中国家，人均国内生产总值仍排在世界100名之后，中国人民的生活还不富裕，中国的发展还面临着不少突出的矛盾和问题，要彻底改变中国的面貌和改善中国人民的生活，需要继续持之以恒地艰苦奋斗。为了加快我国的经济和社会发展，建设社会主义现代化国家，实现中华民族伟大复兴的“中国梦”，中国需要有长期稳定的和平国际环境，与各国相互信任，和睦相处。中国政府正以自己的行动既通过维护世界和平来发展自己，又通过自身的发展来促进世界和平。我国的基本国情是处于并将长期处于社会主义初级阶段的基本国情没有变。我国社会的主要矛盾是人

① 郑熙文：《中国发展带给世界更多机遇》，《人民日报》2012年12月26日。

② 宋德贵：《中国和平文化》，《学术月刊》2003年第2期。

③ ［英］罗素：《中国问题》，秦悦译，学林出版社1996年版，第151、167—168页。

④ ［英］汤因比、［日］池田大作：《展望21世纪：汤因比与池田大作对话录》，荀春生等译，国际文化出版公司1997年版，第280页。

⑤ 《中国发展，世界受益——国际人士谈中国发展对世界的贡献》，《人民日报》2013年3月16日第3版。

民日益增长的物质文化需要同落后的社会生产之间的矛盾，我国的国际地位是世界最大发展中国家。中国共产党对此有非常清醒的认识。胡锦涛在纪念中国共产党成立九十周年的讲话中，重申“两个没有变”的基础，增加了“中国是最大的发展中国家所处的国际地位没有变”，首次提出了“三个没有变”，并在中共十八大报告中进一步重申，而且强调指出：“在任何情况下都要牢牢把握社会主义初级阶段这个最大国情，推进任何方面的改革发展都要牢牢立足社会主义初级阶段这个最大实际。”① 中国的和平发展道路正是基于社会主义初级阶段这个最大国情、立足社会主义初级阶段这个最大实际而做出的重大抉择。

（四）回应“中国威胁论”的需要

中国走和平发展道路，是对回应甚嚣尘上的“中国崛起威胁论”的需要。所谓“中国威胁论”，就是其他国家认为中国的发展威胁到了它们的地位。追根溯源，其始作俑者是拿破仑，他把中国比作沉睡的雄狮，一旦醒来，将使整个世界为之震撼。1895 年，德国皇帝威廉二世亲自构思了一幅《黄祸图》，炮制了所谓“黄祸论”，即“中国威胁论”。俄国人巴古宁根据他逃亡期间在中国的见闻，他认为中国是来自东方的巨大危险。美国的“中国威胁论”最早可以追溯到 19 世纪后期的“排华浪潮”。新中国成立后，在冷战背景下，美国担心新中国的胜利有可能在东南亚引起多米诺骨牌效应，从而对美国形成“红色威胁”，在美国国内掀起了麦卡锡主义的反共浪潮。

改革开放后，中国经济迅速发展，与世界互动逐步密切，在地区和世界事务中的作用和影响越来越大，在全球范围内的软实力迅速提升。但是，随着中国综合国力的增强和国际地位的迅速提升，尤其是苏联解体后，它们把中国视为最大的威胁。有些国家或因误解，或因别有用心而对中国的发展表示担忧并散布各式各样的“中国威胁论”。美国、日本是“中国威胁论”的最为积极的鼓吹者。

1990 年，日本防务大学学者村井友秀发表《论中国这个潜在的敌

---

① 胡锦涛：《坚定不移沿着中国特色社会主义道路前进 为全面建成小康社会而奋斗——在中国共产党第十八次全国代表大会上的报告》，人民出版社 2012 年版，第 16 页。

人》一文，首次提出“中国威胁”的说法，从国力角度来论证中国将是一个潜在的敌人。1992年美国费城外交政策研究所亚洲项目主任罗斯·芒罗发表《正在觉醒的巨龙：亚洲真正的威胁来自中国》，文中提出：“这个新的列宁主义的、资本主义的、重商主义的和扩张主义的中国，现在正渐渐对美国的基本经济利益展现重大的挑战。在可以预见的将来，美中关系必将历经艰难、复杂和危险的时期”，因此，“美中关系最大的问题既不是人权问题，也不是双边贸易问题，而是两国安全利益之间的基本冲突”。①

从20世纪90年代至今，西方发达国家一直在散布中国“军事威胁论”、“经济威胁论”、“粮食危机论”、“文明威胁论”、“意识形态威胁论”、“中国网络威胁论”等名目繁多的“中国威胁论”，认为中国的发展必将对世界其他国家构成严重威胁。在此，以“文明威胁论”做简要分析。1993年，美国当代著名的国际政治理论家亨廷顿发表《文明的冲突》一文，妄言儒教文明与伊斯兰文明的结合将是西方文明的天敌，从意识形态的角度宣扬“中国威胁论”。1996年，他出版了《文明的冲突和世界秩序的重建》一书，构建“中国威胁论”的理论基础。他断言：中国的历史、文化、传统、规模、经济活动和自我形象，都驱使它在东亚寻求一种霸权地位，这个目标是中国经济迅速发挥在那儿的自然结果。所有其他大国如英国、法国、德国、日本、美国和苏联，在经历高速工业化和经济增长的同时或在紧随其后的年代里，都进行了对外扩张、自我伸张和实行帝国主义。没有理由认为，中国在经济和军事实力增强后不会采取同样的做法。②“文明冲突论”是在认识和处理世界各个国家和民族文明之间关系和矛盾上的一种错误论调。

关于中国发展走向的种种理论和观点，庸俗化、别有用心地对中国的和平发展与德国、日本、美国、苏联等国家类比，而没有进行理性的分析。有的人，本身对历史、中国的无知，或持有某种偏见，站在本国

---

① Philip C. Sanders, “Debating Dragon: Priorities in U. S. Policy towards China, 1989 – 1998”, Disscertationg Presented to the Faculty of Princeton Uniersity in Candidacy for the Doctor of Philosophy, Novermber 2001, p255.

② ［美］塞缪尔·亨廷顿：《文明的冲突与世界秩序的重建》，周琪等译，新华出版社1998年版，第255页。

的立场上来解读。“中国威胁论”的迅速扩散，使许多学者十分担忧，担心“中国威胁论”使中国真正成为威胁者了。为此，约瑟夫·奈曾发出警告说：“如果我们把中国当成敌人，中国就可能真的变成敌人。”① “中国威胁论”产生原因有：（1）基于本国利益的需要，担心中国的发展会对其产生利益上的冲突，其意在于遏制中国的发展；（2）基于对社会主义制度和意识形态的偏见，认为中国的社会主义道路是邪恶的，只有西方的资本主义制度才是最优越的，是种族优越论和制度优越论的外在表现；（3）基于冷战思维，冷战结束后，西方国家按照思维的惯性，总想找一个敌人或潜在的敌人，即使没有，也要为称霸世界寻找共同打击的“影子敌人”。现存的5个社会主义国家中，唯有中国树大招风，因此把攻击的矛头对准中国，同时也为自己称霸、扩军备战寻找掩体；（4）基于现实主义的逻辑和历史上崛起必霸的所谓“历史经验”，崛起大国往往和战争、扩张、侵略联系起来。其实，“中国威胁论”的实质，正如美国前总统卡特所说：“这是美国政治运转的不幸，是我们现实生活的一部分，我很讨厌这种言论，总统就任后这个言论就消失了！”②

二　和平发展道路的形成

新中国成立以后，以毛泽东、邓小平为核心的中共领导集体虽然没有明确提出和平发展道路，但是，蕴含着和平发展的思想，有防止战争，争取持久和平，发展国内生产，改善人民生活，促进世界和平与共同发展的思想。下面主要分析中国走和平发展道路的形成过程。

江泽民最早提出“和平发展的道路”这一概念。江泽民于2001年7月17日在莫斯科大学发表的《共创中俄关系的美好未来》演讲中指出：“在上个世纪里，人类创造了前所未有的物质文明和精神文明成果，但也经历了惨烈热战和长期冷战的磨难。正反两方面的历史昭示我

---

① Joseph Nye, “The Case for Deep Engagement”, *Foreign Affairs*, vol. 74, 1995, P. 90 – 102.

② 《美国前总统卡特出席“三亚·财经国际论坛”》，中国新闻网，2012年12月16日。

们：和平来之不易，世界各国都应该走和平发展的道路。”[①] 江泽民在提出了“和平发展的道路”概念，但在当时没有引起反响。

学术界一般认为：2002 年 12 月 9 日，中共中央党校原常务副校长、时任中国改革开放论坛理事长的郑必坚在率团访问美国时的演讲中率先提出：中国要走一条新的发展道路。“也就是中国将要走出一条同世界近代以来历史上后兴大国崛起进程所走的道路完全不同的，全新的和平崛起的发展道路！”[②] 郑必坚在 2002 年多次提出并使用“和平崛起”的概念，主要是针对国际上出现的“中国崛起威胁论”，说明中国崛起对世界不是威胁而是“和平”的。2003 年 11 月 3 日，郑必坚在博鳌亚洲论坛上发表了题为“中国和平崛起新道路和亚洲的未来”的演讲，提出了“中国和平崛起”命题，引起了国际社会的强烈反响。

从 2003 年年底，国家领导人开始有意识地、有针对性地阐述中国和平崛起问题，主要的有以下 3 次：

第一次，2003 年 12 月 10 日，温家宝在哈佛大学发表主题演讲，沿用了郑必坚“和平崛起”的提法，作为国家领导人首次阐述了中国和平崛起发展道路，并指出其要义在于：“我们的发展，不应当也不可能依赖外国，必须也只能把事情放在自己力量的基点上。这就是说，我们要在扩大对外开放的同时，更加充分和自觉地依靠自身的体制创新，依靠开发越来越大的国内市场，依靠把庞大的居民储蓄转化为投资，依靠国民素质的提高和科技进步来解决资源和环境问题。”[③]

第二次，2003 年 12 月 26 日，胡锦涛在纪念毛泽东诞辰 110 周年座谈会上指出：“坚持这条道路，就要坚持走和平崛起的发展道路，坚持在和平共处五项原则的基础上同各国友好相处，在平等互利的基础上积极开展同各国的交流和合作，为人类和平与发展的崇高事业做出贡献。”[④] 延续使用了“和平崛起”的概念，强调提出中国要坚持“和平

① 《江泽民文选》第 3 卷，人民出版社 2006 年版，第 306 页。

② 郑必坚：《思考的历程——关于中国和平发展道路的由来、根据、内涵和前景（自序）》，中共中央党校出版社 2006 年版，第 129 页。

③ 温家宝：《把目光投向中国》，《人民日报》2003 年 12 月 12 日。

④ 《十六大以来重要文献选编》（上），中央文献出版社 2005 年版，第 647 页。

崛起的发展道路”。

第三次，2004 年 3 月 14 日，温家宝阐述了“中国和平崛起”的要义是：“第一，中国的崛起就是要充分利用世界和平的大好时机，努力发展和壮大自己。同时又以自己的发展维护世界和平。第二，中国的崛起应把基点主要放在自己的力量上，独立自主、自力更生，依靠广阔的国内市场、充足的劳动力资源和雄厚的资金积累，以及改革带来的机制创新。第三，中国的崛起离不开世界。中国必须坚持对外开放的政策，在平等互利的基础上，同世界一切友好国家发展经贸关系。第四，中国的崛起需要很长的时间，恐怕要多少代人的努力奋斗。第五，中国的崛起不会妨碍任何人，也不会威胁任何人。中国现在不称霸，将来即使强大了也永远不会称霸。”①

国家领导人对发展道路的和平属性的阐释，向国际社会释放了善意，表明了中国和平的愿望和中国发展的和平性质。但是有些国家对此产生了误解，看重了“崛起”，忽视或扭曲了“和平”，按照历史经验和西方国际理论来理解，认为中国将会走德国、日本崛起必霸的道路，会走美国自身推行新霸权、新殖民统治的道路。在“中国威胁论”大行其道的情况下，西方国家认为“崛起”更加具有强烈的挑战色彩，认为中国的和平崛起道路是挑战现有的国际政治经济秩序，挑战西方国家的霸权。为了避免误解，更好地释放中国的善意和坚定不移地走和平发展道路的决心，中国自 2004 年 7 月份开始就把“和平崛起”修正为“和平发展”。“中国的‘和平发展’与‘和平崛起’，用语不同，其实是同一个意思。”②

2004 年 7 月 24 日，胡锦涛在十六届中央政治局集体学习时提出：“要高举和平、发展、合作的旗帜，坚持独立自主的和平外交政策，坚定不移地走和平发展的道路，坚定不移地维护世界和平、促进共同发展。”③ 2004 年 8 月 22 日，在纪念邓小平诞辰 100 周年大会上的讲话中，

---

① 《温家宝总理答中外记者问》，《人民日报》2004 年 3 月 15 日。

② 郑必坚：《思考的历程——关于中国和平发展道路的由来、根据、内涵和前景（自序）》，中共中央党校出版社 2006 年版，第 4 页。

③ 《必须坚定不移地走和平发展的道路，促进国防建设与经济建设协调发展》，《人民日报》2004 年 7 月 25 日。

胡锦涛指出："我们要坚持独立自主的和平外交政策，不断推进世界和平与发展的崇高事业。中国的发展，需要和平的国际环境，也有利于促进世界的和平与发展。我们要高举和平、发展、合作的旗帜，始终奉行独立自主的和平外交政策，坚持走和平发展的道路，在平等互利的基础上加强和扩大同世界各国的交流和合作，永远做维护世界和平、促进共同发展的坚定力量。"① 在 2004 年 8 月 25—29 日召开的第十次驻外使节会议上又进一步重申："要坚持和平发展的道路，争取和平稳定的国际环境来发展自己，又以自己的发展来促进世界的和平与进步。"② 2004 年 9 月 19 日，中共十六届四中全会通过的《中共中央关于加强党的执政能力建设的决定》强调指出，中国要"坚定不移地贯彻执行对外方针政策，掌握处理国际事务的主动权。高举和平、发展、合作的旗帜，坚持独立自主的和平外交政策，走和平发展的道路，永远不称霸"。③ 在中国共产党的会议决议中首次正式提出我们将长期走和平发展道路。2005 年 3 月 5 日，时任国务院总理的温家宝在十届全国人大第三次会议上作政府工作报告时强调：中国社会主义现代化建设道路是一条和平发展的道路，同时完整地阐述了"和平发展"的思想。2005 年 12 月 22 日，国务院新闻办发表《中国的和平发展道路》白皮书，详尽地阐述了和平发展道路的科学内涵、基本特征。至此，和平发展道路由一个最初的学术概念，逐步上升为国家意志，成为中国发展道路的战略抉择。

中共十七大报告将"始终不渝走和平发展道路"作为专题载入报告，并深刻指出："中国将始终不渝走和平发展道路。这是中国政府和人民根据时代发展潮流和自身根本利益做出的战略抉择"。④ 这表明，中国特色社会主义道路是和平发展的道路，顺应了时代潮流。同时这条道路不同于历史上大国崛起必霸的道路，引领了时代发展。2011 年 9 月 6 日国务院新闻办公室发表《中国的和平发展》白皮书，进一步阐述了中国和平发展道路的开辟、总体目标、方针政策、历史必然和世界

---

① 《十六大以来重要文献选编》(中)，中央文献出版社 2006 年版，第 160 页。

② 《第十次驻外使节会议在京举行》，http://news.xinhuanet.com，2004-08-30。

③ 《十六大以来重要文献选编》(中)，中央文献出版社 2006 年版，第 289 页。

④ 《十七大以来重要文献选编》(上)，中央文献出版社 2009 年版，第 36 页。

意义。胡锦涛在中共十八大报告中把“和平发展道路”作为在新的历史条件下夺取中国特色社会主义新胜利必须牢牢把握的基本要求，要求其成为中国人民的共同信念。“必须坚持和平发展。和平发展是中国特色社会主义的必然选择。要坚持开放的发展、合作的发展、共赢的发展，通过争取和平国际环境发展自己，又以自身发展维护和促进世界和平，扩大同各方利益汇合点，推动建设持久和平、共同繁荣的和谐世界。”① 并再次重申：“中国将始终不渝走和平发展道路，坚定奉行独立自主的和平外交政策。”② 习近平自党的十八大以来，也反复强调中国走和平发展道路，并从“中国梦”与“世界梦”相通的角度，阐发了中国坚持和平发展道路的坚定性。

中国坚定不移地走和平发展道路，但并不是一味地为和平而和平，而是把坚守国家核心利益作为底线。邓小平早在中共十二大开幕词中就指出：“任何外国不要指望中国做它们的附庸，不要指望中国会吞下损害我国利益的苦果。”③江泽民、胡锦涛在相关讲话中也一再强调邓小平的这一观点。2011 年 9 月发表的《中国的和平发展》白皮书首次明确界定了中国的核心利益包括“国家主权，国家安全，领土完整，国家统一”。④ 维护国家核心利益是中国走和平道路的底线。2013 年 1 月 28 日，十八届中共中央政治局就“坚定不移走和平发展道路”进行集体学习，这是中国自和平发展道路提出以来，中共中央政治局第一次专门举行的以此为主题的集体学习。习近平明确提出要“更好统筹国内国际两个大局，夯实走和平发展道路的基础”，强调“我们要坚持走和平发展道路，但决不能放弃我们的正当权益，决不能牺牲国家核心利益。任何外国不要指望我们会拿自己的核心利益做交易，不要指望我们会吞下损害我国主权、安全、发展利益的苦果”。⑤ 中共领导人第一次为中国如何坚持走和平发展道路阐明了原则底线。

---

① 胡锦涛：《坚定不移沿着中国特色社会主义道路前进　为全面建成小康社会而奋斗——在中国共产党第十八次全国代表大会上的报告》，人民出版社 2012 年版，第 15 页。

② 同上书，第 47 页。

③ 《习近平谈治国理政》，外文出版社 2014 年版，第 249 页。

④ 国务院新闻办：《中国的和平发展》，《光明日报》2011 年 9 月 7 日第 10 版。

⑤ 《习近平在中共中央政治局第三次集体学习时强调：更好统筹国内国际两个大局夯实走和平发展道路的基础》，《人民日报》2013 年 1 月 30 日第 1 版。

三 和平发展道路的内涵

胡锦涛提出："中国将始终不渝地把自身的发展与人类共同进步联系在一起，既充分利用世界和平发展带来的机遇发展自己，又以自身的发展更好地维护世界和平、促进共同发展。"① 由此我们可以看出，中国和平发展道路的科学内涵是：通过维护世界和平发展自己，又通过自身发展维护世界和平与促进发展，从而实现中国与世界和平发展的良性互动。

（一）利用世界和平促进中国发展

中国自1840年以来170多年的历史，历经战争的磨难。中国近代化和现代化最关键的时期都被帝国主义的侵略无情地打断。中国人民饱受列强欺凌、受尽磨难和屈辱，明晰"落后就要挨打"、"贫穷受制于人"的道理，深知和平之弥足珍贵、来之不易。中国共产党人担负起民族独立、人民解放和国家繁荣富强、人民共同富裕这两大历史任务。1949年，新中国成立标志着民族独立、人民解放的任务完成。但是，在社会主义建设的征程中，帝国主义国家不愿坐视中国的和平发展，对中国进行军事上的威胁、经济上的封锁、政治上的孤立，中国面临局部战争的威胁。

中国共产党人在"战争与革命"作为时代主题的时期，竭力争取和平的世界环境进行建设。从1949—1978年工业总产值增加了38倍，重工业产值增加了90倍。从1950—1977年，工业产量以每年平均13.5%的速度增长，即使从1952年算起，每年的增长速度也在11.3%。与世界上的发展中国家及主要发达国家的早期发展相比，中国经济的增长率是高的；与现代世界历史上任何国家实现工业化的周期相比，中国的发展速度也是快的。"在毛泽东时代，工业总值在工农业总产值的比重由30%增加到72%，这反映了中国已从一个基本的农业国转变成一个初具规模的工业国。""在1952—1978年的25年时间，中国

① 《十六大以来重要文献选编》（中），中央文献出版社2006年版，第998页。

的国民收入增长了4倍，从1952年的600亿元增加到1978年的3000亿元，其中工业产值增长的比例最大。以人均计算为基础，国民收入的指数（按照不变价格）从1949年的100（1952年为160）增加到1957年的217，1978年则达到440。在毛泽东时代的最后20年中，即使把大跃进所造成的经济损失考虑在内，从1957—1975年，中国的国民收入还是翻了一番多。”“中国的经济发展并不像许多西方记者错误地告诉读者的，是以‘蜗牛速度’向前发展”。[①] 该阶段，中国所取得的建设成就，不是和平的环境下取得的，但随着中国的发展也为争取世界和平环境奠定了良好的基础。

中国人民需要在和平的国际环境中进行建设。邓小平指出：“中国是一支和平力量，这一点很重要。中国最不希望发生战争。中国太穷，要发展自己，只有在和平的环境里才有可能。要争取和平的环境，就必须同世界上一切和平力量合作。”[②] 中国特色社会主义是主张发展生产力和主张和平的社会主义，因为“只有不断发展社会生产力，国家才能一步一步富强起来，人民生活一步步改善，只有争取到和平的环境，才能比较顺利地发展”。[③] 邓小平在1988年1月20日会见挪威首相布伦特兰夫人时指出：“中国争取和平的实际行动就是努力建设和发展，因为占世界人口五分之一的中国每发展一步，就是为世界和平增加一份力量。我们发展自己不仅是为了改善本国人民的生活，同时也是对整个国际和平的贡献，也就是中国对人类的贡献。”[④]

走和平发展道路是由中国在人类社会发展中的地位和责任所决定的。邓小平指出：“如果十亿人的中国走资本主义道路，对世界是个灾难，是把历史拉向后退，要倒退好多年。如果十亿人的中国不坚持和平政策，不反对霸权主义，或者是随着经济的发展自己搞霸权主义，那对世界也是一个灾难，也是历史的倒退。十亿人的中国坚持社会主义，十亿人的中国坚持和平政策，做到这两条，我们的路就走对了，就可能对

---

① ［美］莫里斯·迈斯纳：《毛泽东的中国及后毛泽东的中国》，杜蒲、李玉玲译，四川人民出版社1989年版，第537、540页。

② 《邓小平文选》第3卷，人民出版社1993年版，第82页。

③ 同上书，第328页。

④ 《邓小平思想年谱》，中央文献出版社2011年版，第640页。

人类有比较大的贡献。"[①] 和平国际环境的形成是和平力量发展的结果，当今世界霸权主义、强权政治威胁着世界的和平。中国作为一个负责任的大国，需要一个和平的世界环境来发展自己，通过自己的和平发展，维护世界和平、促进人类社会发展。中国和平发展道路，规定了中国发展的方式、政策和处理国家关系的基本原则，保证中国朝着维护世界和平的方向发展。

改革开放30多年以来，中国沿着和平发展的道路，以改革开放前30年所提供的宝贵经验、理论准备和物质基础为起点，坚持解放思想、改革开放，中国发生了天翻地覆的变化，取得了显著的成就，经济取得平稳较快的发展。1978年，我国国内生产总值只有3645亿元，在世界主要国家中位居第10位。人均国民总收入仅190美元，位居全世界最不发达的低收入国家行列。中共十六大以来，2003—2011年，国内生产总值年均实际增长10.7%，其中有六年实现了10%以上的增长速度，在受国际金融危机冲击最严重的2009年依然实现了9.2%的增速。这一时期的年均增速高于同期世界经济3.9%的年均增速，也高于改革开放以来9.9%的年均增速。经济总量占世界经济的份额也有明显上升，1978年为1.8%，2007年提高到6.0%，2011占世界份额10.4%。对世界经济增长的贡献率超过20%，超过了美国。

表2-1 中国国内生产总值居世界位次表

年度	1978	1990	2000	2005	2008	2010	2011	2012	2013
居世界位次	10	11	6	4	3	2	2	2	2

资料来源：历年中华人民共和国统计局数据，http://www.stats.gov.cn/tjsj/ndsj。

中国改革取得了全方位的进展，开放型经济达到新水平。中国对外出口贸易额2013年首次超过美国，跃居世界第一，进口贸易额为世界

① 《邓小平文选》第3卷，人民出版社1993年版，第158页。

第二位，外汇储备长期处于第一位。形成了“五位一体”的社会主义事业总体布局，市场经济、民主政治、先进文化、和谐社会和生态文明建设都取得了长足的发展，财政税收、金融、文化、教育、科技、社会保障、医药卫生、事业单位等改革全面推进。初步形成了社会主义法律体系，到2010年年底，中国制定现行有效法律236件，行政法规690多件，地方性法规8600多件，涵盖社会关系各个方面的法律部门已经齐全，各个法律部门中基本的、主要的法律已经制定。人民生活水平显著提高，城镇居民人均可支配收入，由1978年的343元提高到2011年的21810元；农村居民人均纯收入，由1978年的134元提高到2011年的6977元。居民消费水平、居住条件、交通条件、通信条件、城市公用设施普及率、人均旅游费、文化、教育、卫生、社会保障等各方面都取得了质的飞跃。

（二）利用中国发展促进世界和平发展

中国是维护世界和平和促进世界发展的力量，中国越是发展，经济成就越大，世界和平也就越靠得住，也就更利于世界发展。邓小平指出：“一切决定于我们自己的事情干得好不好。我们在国际事务中起的作用的大小，要看我们自己经济建设成就的大小。如果我们国家发展了，更加兴旺发达了，我们在国际事务中的作用就会大。现在我们在国际事务中起的作用并不小，但是，如果我们的物质基础、物质力量强大起来，起的作用就会更大。”① 邓小平强调指出：“从政治角度说，我可以明确地肯定地讲一个观点，中国现在是维护世界和平和稳定的力量，不是破坏力量。中国发展得越强大，世界和平越靠得住。”② 中国的发展离不开世界，世界的发展离不开中国。江泽民指出：“不论现在还是将来，中国都是维护世界和平的坚定力量……中国发展了，人民逐步过上富足的生活，只会促进世界的和平与稳定，不会对任何人构成威胁……如果不能实现发展，人民不能摆脱贫困，国家不能保持稳定甚至发生叛乱，那就会像邓小平先生说的那样，不仅是中华民族的不幸，而

---

① 《邓小平文选》第2卷，人民出版社1994年版，第240页。

② 《邓小平文选》第3卷，人民出版社1993年版，第104页。

且是世界性灾难。”① 中国共产党人通过中国发展促进世界和平与发展，也得到了世界其他国家政要、学者的认可。美国前总统乔治·布什指出：“中国的崛起是不可阻挡的历史趋势，我相信中国的崛起应该是有利于世界和平的。”② 澳大利亚前总理霍华德指出：“世界的重心正在向亚洲转移，导致这一变革的最大因素就是中国等新兴经济体的迅速发展，中国的发展对世界是有好处的。”③ 英国前首相布莱尔明确表示：“全世界的重心正向中国转移，中国崛起是西方国家前所未有的机遇而不是威胁。”④ 美国俄勒冈大学负责国际事务的教务长丹尼斯·西蒙教授说：“中国和平发展，不仅对中国人民有利，而且能惠及整个世界。一个经济上稳定与繁荣的中国，能够在帮助国际社会应对世界面临的众多严重问题方面，发挥更加积极的作用。可以说，像气候变化、疾病与健康、环境与水等重要的全球性问题，没有哪一个不需要中国发挥作用。正是在这些方面，我乐观地发现，中国确实处在一种和平崛起的状态。”⑤ 中国持续不断的发展有利于促进世界的稳定和发展。

英国《金融时报》指出：“一个新的经济强国正在亚洲崛起：这个经济强国有着强大的现在，而且有着更加重要的未来，适应中国的崛起很可能是我们这个时代最严峻的挑战之一。中国的崛起预示着全球经济秩序和政治秩序发生重大变化，其程度不亚于工业革命或随后美国崛起所带来的变化。”⑥从这一评价中，我们可以看到中国的发展对世界的影响，但是作者以西方的霸权主义思维来把中国同英国、美国的崛起相提并论并不准确。英国和美国的崛起都是掠夺、战争以及造成全球性的两极分化，它们在崛起的过程中推行霸权主义，给人类带来了深重的灾难。巴基斯坦参议员穆沙希德·侯赛因认为：“作为维护世界和平的重

---

① 《十五大以来重要文献选编》（上），人民出版社 2000 年版，第 65—66 页。

② 《人民日报（海外版）》，2005 年 11 月 16 日。

③ 《澳大利亚前总理霍华德：中国的发展对世界有好处》（http：//news. xinhuanet. com/world/2010 - 09/07/c_ 12527499. htm）。

④ 《英国前首相布莱尔：中国崛起是西方的机遇而非威胁》，中国新闻网，2010 年 7 月 29 日。

⑤ 《美国专家：中国和平发展惠及世界》，《人民日报》2011 年 5 月 10 日第 3 版。

⑥ 《参考消息》，2004 年 1 月 1 日。

要力量，中国的国际影响力不断扩大。长期以来，中国坚持和平发展道路与注重和谐的外交理念，既有利于维持地区稳定，也有利于促进世界的发展。”① 中国所走的和平发展道路，代表着人类文明的发展趋势，具有推动世界和平发展的力量。

1. 中国对外援助成效显著，促进世界共同发展

在消除贫困、促进发展方面，中国对外援助成效显著，促进了世界共同发展。对外援助是“二战”后国际关系的重要内容，在全球相互依赖不断深化和扩展的时代，中国作为最大的发展中国家，作为负责任的国家，在致力于自身发展的同时，量力而行，不附带任何政治条件，始终坚持向经济困难的其他发展中国家提供力所能及的援助，承担相应国际义务，促进他国的发展。

中国对外援助资金量大。截至2009年年底，中国累计对外提供援助金额达2562.9亿元人民币，其中无偿援助1062亿元，无息贷款765.4亿元，优惠贷款735.5亿元。为了应对世界突发性灾难的发生，中国政府于2004年9月正式建立人道主义紧急救灾援助应急机制。“2004年后向受灾国提供各种援助共计7亿多元人民币。2004—2005年中国政府累计开展紧急援助近200次。”② 中国免除债务力度大。在2008年的联合国千年发展目标高级别会议、2009年的中非合作论坛第四届部长级会议和2010年的联合国千年发展目标高级别会议上，中国先后6次宣布免除与中国有外交关系的重债穷国和最不发达国家对华到期无息贷款债务。截至2009年年底，中国与非洲、亚洲、拉丁美洲、加勒比和大洋洲50个国家签署免债议定书，免除到期债务380笔，金额达255.8亿元人民币。③ 中国的对外援助分布均衡，涉及世界五大洲，援助之广，前所未有。中国对其中最不发达国家和其他低收入国家的援助比重始终保持在2/3左右。截至2009年年底，中国累计向161

① 《中国发展，世界受益——国际人士谈中国发展对世界的贡献》，《人民日报》2013年3月16日第3版。

② 《中国的对外援助》（http：//www. chinanews. com/gn/2011/04－21/2989430. shtml）。

③ 《中国的对外援助》（http：//www. chinanews. com/gn/2011/04－21/2989430. shtml）。

个国家以及 30 多个国际和区域组织提供了援助。经常性接受中国援助的发展中国家有 123 个，其中亚洲 30 个、非洲 51 个、拉丁美洲和加勒比 18 个、大洋洲 12 个、东欧 12 个。亚洲和非洲作为贫困人口最多的两个地区，接受了中国 80% 左右的援助。[①]

从目前状况来看，发达国家发展援助的数量持续下降，“不少援助具有明显的高利贷性质，或者为了直接掠夺受援国的资源和财富，或者为了直接干涉其内外政策，甚至是为了直接攫取驻军和建立军事基地等种种特权，企图达到干预发展中国家的发展道路，把西方的价值观念和社会结构移植到不发达国家去，最终建立与自身利益相一致的所谓世界政治、经济新秩序，这更使得发展援助实质上成为发达国家从政治、经济以至军事上控制受援国的工具”。[②] 中国的对外援助开创了世界历史上对外援助的新形式：援助的目的是帮助受援国提高自主发展能力；决不附带任何政治条件，决不把提供援助作为干涉他国内政、谋求政治特权的手段；坚持平等互利、共同发展；坚持量力而行、尽力而为，为人类的共同发展，尤其是发展中国家的发展，做出了积极的贡献。

2. 积极融入国际社会

中国通过参加国际组织、多边条约，积极融入国际社会，参与国际规范建设，履行国际义务，促进世界和平与发展。据统计，在 20 世纪 60 年代中期，中国参加的国际组织接近于零，而到 20 世纪 90 年代中期，中国参加的国际组织达 600 多个，是世界平均值的 1. 8 倍。迄今为止，中国参加了 130 多个政府间国际组织，签署 300 多个国际公约。就中国参加的多边国际条约来说，2006 年达 14 个，2007 年达 18 个，2008 年 15 个，2009 年 13 个，2010 年 13 个，成为国际体系的参与者、建设者和贡献者。[③]

---

① 《中国的对外援助》（http：//www. chinanews. com/gn/2011/04 – 21/2989430. shtml）。

② 李慎明：《对外援助：中国学者的角度》，见周弘：《对外援助与国际关系》，中国社会科学出版社 2002 年版，第 1—2 页。

③ 参见中华人民共和国外交部网站，http：//www. fmprc. gov. cn。

表2-2　　2010年中国参加的多边条约一览表

（包括签署、批准、接受、加入及生效情况）（截至2010年12月31日）

序号	条约名称	签订日期/地点/保存机关	生效日期	中国采取行动情况	备注
1	《〈关于消耗臭氧层物质的蒙特利尔议定书〉蒙特利尔修正案》	1997年9月17日蒙特利尔联合国秘书长	1999年11月10日	2010年1月30日国务院做出接受决定，2010年5月19日交存接受书，2010年8月17日对中国生效	适用于香港和澳门特区，重申议定书第5条规定不适用于香港和澳门特区
2	《〈关于消耗臭氧层物质的蒙特利尔议定书〉北京修正案》	1999年12月3日北京联合国秘书长	2002年2月25日	2010年1月30日国务院做出接受决定，2010年5月19日交存接受书，2010年8月17日对中国生效	适用于香港和澳门特区，重申议定书第5条规定不适用于香港和澳门特区
3	《国际海运固体散货规则》	2008年12月4日伦敦国际海事组织秘书长	2011年1月1日	2010年7月1日默认接受	适用于香港和澳门特区
4	《〈经修正的1974年国际海上人命安全公约〉的修正案》（附件2）	2008年12月4日伦敦国际海事组织秘书长	2011年1月1日	2010年7月1日默认接受	适用于香港和澳门特区
5	《〈2000年国际高速船安全规则〉的修正案》	2008年12月4日伦敦国际海事组织秘书长	2011年1月1日	2010年7月1日默认接受	适用于香港和澳门特区

续表

序号	条约名称	签订日期/地点/保存机关	生效日期	中国采取行动情况	备注
6	《〈1965 年便利国际海上运输公约〉附件修正案》	2009 年 1 月 16 日伦敦国际海事组织秘书长	2010 年 5 月 15 日	2010 年 2 月 15 日默认接受	适用于香港和澳门特区
7	《〈经修正的 1974 年国际海上人命安全公约〉的修正案》	2009 年 6 月 5 日伦敦国际海事组织秘书长	2011 年 1 月 1 日	2010 年 7 月 1 日默认接受	适用于香港和澳门特区
8	《〈1974 年国际海上人命安全公约 1988 年议定书〉的修正案》	2009 年 6 月 5 日伦敦国际海事组织秘书长	2011 年 1 月 1 日	2010 年 7 月 1 日默认接受	适用于香港和澳门特区
9	《〈1973 年国际防止船舶造成污染公约 1978 年议定书〉附则修正案》［Resolution MEPC. 186（59）］	2009 年 7 月 17 日伦敦国际海事组织秘书长	2011 年 1 月 1 日	2010 年 7 月 1 日默认接受	适用于香港和澳门特区
10	《〈1973 年国际防止船舶造成污染公约 1978 年议定书〉附则修正案》［Resolution MEPC. 187（59）］	2009 年 7 月 17 日伦敦国际海事组织秘书长	2011 年 1 月 1 日	2010 年 7 月 1 日默认接受	适用于香港和澳门特区
11	《南太平洋公海渔业资源养护和管理公约》	2009 年 11 月 14 日奥克兰新西兰政府	尚未生效	2010 年 8 月 19 日签署公约	
12	《制止与国际民用航空有关的非法行为的公约》	2010 年 9 月 10 日 北京国际民用航空组织	尚未生效	2010 年 9 月 10 日签署公约	
13	《制止非法劫持航空器公约的补充议定书》	2010 年 9 月 10 日北京国际民用航空组织	尚未生效	2010 年 9 月 10 日签署公约	

资料来源：http：//www. fmprc. gov. cn/mfa_ chn/ziliao_ 611306/tytj_ 611312/t812055. shtml.

中国推动成立上海合作组织，以主导者的身份融入国际社会。1996年，中国与俄罗斯共同发起了“上海五国”机制，并在2001年成立的上海合作组织中起了主导作用。2001年6月15日，中国、俄罗斯、哈萨克斯坦、吉尔吉斯斯坦、塔吉克斯坦、乌兹别克斯坦六国的国家元首在上海共同签署《“上海合作组织”成立宣言》和《打击恐怖主义、分裂主义和极端主义上海公约》，宣告了欧亚大陆一个新的区域性的多边合作组织——“上海合作组织”成立。上海合作组织是中国发起建立的第一个地区合作组织，它从解决边界问题开始，以维护共同安全为主轴，进而注入政治、经济合作等方面的新内涵。上海合作组织对于确保中国西北边疆的安全和稳定，加强与俄罗斯和中亚国家的全方位合作，具有重要的战略意义。上海合作组织是中国倡导的新安全观的一次成功实践，它的经验被誉为“上海精神”。

上海合作组织由6个创始成员国组成，拥有4个组织观察员国（蒙古国、印度、巴基斯坦、伊朗），2个对话伙伴国（斯里兰卡、白俄罗斯）。它是第一个在中国境内宣布成立、第一个以中国城市命名的国际组织。其成员国总面积约占欧亚大陆面积的五分之三，人口约占世界总人口的四分之一，已成为解决欧亚地区政治、经济、军事和环境等各种安全问题的关键组织。上海合作组织对内遵循互信、互利、平等、协商、尊重多样文明、谋求共同发展的“上海精神”，对外奉行不结盟、不针对其他国家和地区及开放原则。上海合作组织成立以来，影响力不断扩展，尤其是在促进区域反恐合作、维护区域稳定和和平等方面发挥着重要的作用。第一，有利于中国在安全上形成一个稳定的战略后方。中国与有关国家大幅度减少了在边境地区的军事力量，实现了政治上、军事上的互信，并在互信的基础上，通过互谅互让，圆满地解决了边界问题，成为以合作求安全的新安全观的一个成功范例。第二，有利于打击境内外的分裂主义势力，维护边疆地区的稳定。在中亚地区，分裂主义、极端主义和恐怖主义十分猖獗，对包括中国在内的各成员国的安全与稳定构成了严重的威胁，为了有效打击这三股势力，中国与其他成员必须加强合作，而建立地区性的国际组织将使得成员的相互合作更加卓有成效。第三，有利于加强与俄罗斯及中亚国家的经济贸易合作，开创对外开放的新局面。随着经济的高速发展，中国对进口石油的依赖性越来越大，加强与具有丰富石油资源的俄罗斯、哈萨克斯坦等国的石油合作，将为中国提供安全、稳定的石油来源。

3. 正确处理周边关系

中共十六大报告明确提出："我们将继续加强睦邻友好，坚持与邻为善、以邻为伴，加强区域合作，把同周边国家的交流和合作推向新水平。"① 中国是世界上陆地边界线最长的国家，邻国数量最多，因历史原因，边界情况最为复杂。中国有2.2万公里陆地国界线，与14个国家陆地相邻，有1.8万公里大陆海岸线，同8个国家隔海相望。良好的周边关系是中国周边外交的目标和真诚的愿望，也符合该地区其他邻国的共同利益。

目前，中国周边面临极大的挑战：南海群岛争端、钓鱼岛问题持续发酵、朝鲜半岛问题、中印争端问题，面临美国重返亚洲战略的实施，热点、难点问题不断。周边地区一直是我国有所作为、促进和平的重点区域。中国通过亚太经合组织、上海合作组织、中国—东盟合作、大湄公河次区域合作，维护地区和平稳定，促进共同发展，不断提升同周边国家交流与合作的水平。对于区域外机制，秉持开放包容的态度，奉行开放的地区主义，实现合作共赢。主张和平解决领土争端。2008年最后一天，中越双方宣布，如期完成了陆地边界全线勘界立碑工作。这标志着中国长达2.1万公里的陆地边界，已有近2万公里得到确定。2004年10月14日，中俄双方签署的《中俄国界东段的补充协定》解决了中俄边界上最后的悬疑——黑瞎子岛和阿巴该图洲渚，成为通过谈判解决领土争端问题的典范。中越边界谈判于1993年8月得以重新开始，双方经过16轮谈判，最终签订了《中越陆地边界条约》。截至目前，中国已同12个陆地邻国划定了边界，占陆地边界线总长的约90%。还与印度签订了解决边界问题的政治指导原则，与南海周边国家于2002年11月4日签署了《南海各方行为宣言》，虽然出现了黄岩岛事件，但是这个宣言仍是指导解决南海问题的有效政治文件，对于保持南海地区和平与稳定，增进中国与东盟互信有重要的积极意义。

---

① 《江泽民文选》第3卷，人民出版社2006年版，第567页。

美国卡耐基国际和平基金会中国项目组织人裴敏欣在接受《人民日报》的采访时，指出："中国的发展不会以周边国家和美国损失为代价。到目前为止，中国的发展不仅没有损害多数邻国，反而给大多数邻国带来了裨益。除了日本这个国家在经济上受益于中国的发展、在心理上却将中国视为本国威胁之外，大多数的亚洲国家都认为它们能够接受中国的发展，与中国和睦共处，并从中国的发展中受益。"① 越南河内国家大学汉学家傅氏梅说："随着中国国力日益提高，中国参与国际事务的程度也越来越高。中国的经济发展给世界带来了机遇，和周边国家一道为实现国际和地区的和平、稳定、繁荣做出了贡献。"②

4. 加强制约战争的军控力度

中国政府一贯奉行独立自主的和平外交政策，是基于和平与发展是时代主题的基本判断，为了有利于和平发展，为中国的社会主义建设创造一个有利的和平环境，同时促进世界的和平发展。中国采取积极防御性的国防政策，以切实的行动促进世界和平，主要体现在单方面裁军和防止核扩散、全面禁止核试验两大问题上。

1986 年 4 月 23 日，邓小平在会见日本前首相福田赳夫时谈了对裁军问题的看法："我们赞成裁军。""我们这样做是基于以下的判断：世界局势仍处于紧张状态，但争取和平的力量在壮大。我们认为，有关裁军的会议也是争取和平的会议。"③ 中国主张实行真正的裁军，并多次裁减军队人员。1985 年 6 月 4 日，邓小平宣布：中国政府决定减少军队员额 100 万（1985—1987 年完成）。中共十五大上又提出裁军 50 万，在 2005 年再次裁军 20 万，总计裁军 170 万。同时，我国开展了民间和平组织外交，通过对话，促进各国人民的友好合作，共同维护世界和平。1985 年 6 月 1 日，作为我国最大的和平组织的中国人民争取和平与裁军协会④成立，其宗旨是："致力于增进中国人民同世界各国人民

---

① 《中国：威胁还是机遇?》，《人民日报》2005 年 8 月 15 日。

② 《中国发展，世界受益——国际人士谈中国发展对世界的贡献》，《人民日报》2013 年 3 月 16 日第 3 版。

③ 《邓小平年谱（1975—1997）》（下），中央文献出版社 2004 年版，第 1114 页。

④ 该民间组织系由中国有关民间团体和各族、各界知名人士发起组成的新的民间团体组成。

的相互了解、友谊与合作，共同维护世界和平，反对军备竞赛和战争，争取裁军，全面禁止和彻底销毁核武器及其他大规模杀伤性武器，保护生态环境，促进社会和谐发展。"① 目前共有25个会员团体，同世界上近90个国家的约300个民间和平组织和学术研究团体保持着不同形式的交流与合作关系，同时积极参与国际非政府组织多边活动，曾被联合国授予"和平使者"称号。

中国实施积极防御的国防政策，严格控制国防经费的预算和投入，力图避免引起军备竞赛。从纵向来看，中国年度国防费占国内生产总值的比重相对稳定，占国家财政支出的比重略有下降。国防费占GDP和国家财政支出的比重，从1978年的4.6%和14.96%下降到1987年的1.74%和9.27%。1988—1997年，国防费年平均增长14.5%，按当年价格计算，同期的国内生产总值年平均增长20.7%，国家财政支出年平均增长15.1%，国防费占国内生产总值和国家财政支出的比重继续下降。1998—2007年国防费年平均增长15.9%，按当年价格计算，同期国内生产总值年平均增长12.5%，国家财政支出年平均增长18.4%。国防费占国内生产总值的比重虽有所上升，但占国家财政支出的比重总体上仍呈下降趋势。"2008年和2009年分别比上年增长17.5%和18.5%。从横向来看，2007年，中国年度国防费相当于美国的7.51%、英国的63.43%。军人人均数额是美国的4.49%，日本的11.3%，英国的5.31%，法国的15.76%，德国的14.33%。从国家国防负担的相对比例看，中国国防费仅占国内生产总值的1.38%，而美国占4.5%，英国占2.7%，法国占1.92%。"②

中国作为负责任大国，积极参与防止核扩散和全面禁止核武器的国际行动。中国于20世纪60年代拥有核武器，成为与美国、苏联、英国、法国比足鼎立的核武器国家，打破了这四个国家的核垄断。邓小平说过："如果六十年代以来，中国没有原子弹、氢弹，没有发射卫星，中国就不能叫有重要影响的大国，就没有现在这样的国际地位。这些东

① http://www.cpapd.org.cn/cn/Column.asp?ColumnId=47.

② 数据来源："2008年中国的国防白皮书（国防经费）"，"2010年中国的国防白皮书"，中华人民共和国国防部网站2012年12月31日。

西反映一个民族的能力，也是一个民族、一个国家兴旺发达的标志。”①中国在防止核扩散和全面禁止核武器问题上，态度积极主动，于1984年加入国际原子能机构并成为该机构的制定理事国，1985年宣布将本国民用核设施自愿提交机构的保障监督，1987年颁布了《核材料管制条例》，1988年签署《中华人民共和国和国际原子能机构关于在中国实施保障的协定》，1993年中国签署《不扩散核武器条约书》，1994年正式向其他四个核武器国家提出《互不首先使用核武器条约（草案）》，宣布从1996年7月30日起暂停核试验并率先签署第50届联合国大会以绝对多数通过的《全面禁止核试验条约》，1997年颁布《关于严格执行中国核出口政策有关问题的通知》和《核出口管制条例》，1998年颁布《核两用品及相关技术出口管制条例》，2001年通过的《中华人民共和国刑法》修正案将非法制造、买卖、运输放射性物质的行为定为犯罪并予以刑事处罚，2002年颁布了《核进出口及对外核合作保障监督管理规定》。截至2005年，中国是唯一对联大“建立一个无核武器世界：需要一项新议程”、“核裁军”、“禁止使用核武器公约”和“国际法院对使用核武器的咨询意见”、“无核安保决议”等重要核裁军决议投赞成票的核武器国家。②

中国奉行“坚持不首先使用核武器政策，反对以首先使用核武器为基础的核威慑政策”，是核武器国家中唯一承诺不首先使用核武器政策的国家。在1964年10月16日第一次核试验后，中国政府就向全世界庄严宣布：在任何时候和任何情况下都不首先使用核武器。几十年来，无论中国面临何种国际形势，甚至是战争的威胁，中国政府始终没有背离这一承诺。中国政府主张和平使用核能，坚决反对核扩散，不像美国政府对待这一问题采取双重标准。在伊核、朝核问题上，主张通过谈判来解决问题，积极发挥“六方会谈”机制的作用。中国政府对朝鲜于2006年10月9日、2009年5月25日、2013年2月12日进行的三次核试验，都表示坚决反对，并促使呼吁各方冷静应对，坚持通过对话

① 《邓小平文选》第3卷，人民出版社1993年版，第279页。

② 关于中华人民共和国履行《不扩散核武器条约》情况的国家报告，中华人民共和国常驻联合国代表团网站，http：//www. china－un. org/chn/zgylhg/cjyjk/npt/t196287. htm。

协商，在六方会谈框架下解决半岛无核化问题。

5. 积极参与联合国维和行动

由于历史原因，中国曾对联合国维和行动持怀疑态度。从1981年起，中国对维和行动采取了区别对待的灵活立场。1988年9月，中国正式申请加入联合国维持和平行动特别委员会。1989年4月，中国政府认为联合国维和行动已成为实现《联合国宪章》宗旨的一个有效机制，并成为以政治方式解决地区冲突的联合国行动的一部分。从1990年起，中国开始参与维和行动，其中军事观察员650多人。1992年中国第一次派出自己的维和部队，参与了联合国在柬埔寨的维和行动。中国是联合国安理会5个常任理事国中派遣维和人员人数最多的国家。截至2010年12月，中国人民解放军有1955名官兵在9个联合国任务区执行维和任务，其中军事观察员和参谋军官94人；赴联合国刚果（金）稳定特派团工兵分队175人，医疗分队43人；赴联合国利比里亚特派团工兵分队275人，运输分队240人，医疗分队43人；赴联合国黎巴嫩临时部队工兵分队275人，医疗分队60人；赴联合国苏丹特派团工兵分队275人，运输分队100人，医疗分队60人；赴联合国/非盟达尔富尔混合行动工兵分队315人。[①]（见表2－3）

表2－3　　中国参加的联合国维持和平行动一览表

联合国维和行动	英文缩写	时　间	部队		观察员		警察	
			目前	总数	目前	总数	目前	总数
停战监督组织	UNTSO	1990.4—			2	89		
伊拉克—科威特观察团	UNIKOM	1991.4—2003.10				164		
西撒哈拉公民投票特派团	MINURSO	1991.9—			13	314		
柬埔寨临时权力机构	UNTAC	1991.12—1993.9		800		97		

① http://www.mod.gov.cn/affair/2011－03/31/content_4249942.htm.

续表

联合国维和行动	英文缩写	时　间	部队		观察员		警察	
			目前	总数	目前	总数	目前	总数
莫桑比克行动	ONUMOZ	1993. 6—1994. 12				20		
利比里亚观察团	UNOMIL	1993. 11—1997. 9				33		
阿富汗特派团	UNSMA	1998. 5—2000. 1				2		
塞拉利昂特派团	UNAMISL	1998. 8—2005. 12				37		
东帝汶支助团	UNMISET	2000. 1—2006. 7						207
埃塞俄比亚—厄拉特里亚特派团	UNMEE	2000. 10—2008. 8				49		
联合国维持和平行动署	UNDPKO	2000. 1—2006. 7			2	11		
波斯尼亚—哥维那特派团	UNMIBH	2001. 1—2002. 2						20
刚果（金）特派团	MONUC	2001. 4—	218	1962	16	101		3
利比亚特派团		2003. 10—	558	3906	7	70	8	83
阿富汗援助团	UNAMA	2004. 1—2005. 5						3
科特迪瓦行动	UNOCI	2004. 3			7	33		
科索沃临时特派团	UNMIK	2004. 4					18	73
海地维稳特派团	MUNUSTAH	2004. 5					143	916
布隆迪行动	ONUB	2004. 6—2006. 9				6		
苏丹任务	UNMIS	2005. 5	435	1740	23	88	18	47

资料来源：李景治等：《中国和平发展与构建和谐世界研究》，中国人民大学出版社 2011 年版，第 251—252 页。

四 和平发展道路的意义

中国特色社会主义道路是和平发展道路，顺应时代潮流，引领时代发展，为人类发展道路提供了新的模式。人类历史上曾经出现了多次大国崛起的事例，但是由于领先强国与崛起国家基于私利和对外扩张的利益冲突，往往采取战争的方式解决矛盾，结果引发了多次大规模的战争，陷入“崛起—遏制—战争”的西方大国崛起模式和战争铁律。这种思维仍然影响到今天世人对中国和平发展的误判。小约瑟夫·奈曾经总结历史，对中国的能否和平发展提出质疑，他说：“自修昔底德论述伯罗奔尼撒战争以来，历史学家们都知道，伴随一个新的大国崛起而来的总是不确定性与焦虑，暴力冲突经常（虽然不总是）随之而来。作为世界上人口众多的国家，中国经济和军事实力的增长，将是新世纪初亚洲以及美国对外政策的中心问题……有关同中国的冲突不可避免的观念可能会产生自我实现的后果。”①

中国特色社会主义道路是和平发展道路，能否超越历史、文化、民族、意识形态和社会制度差异的限制，避免发生冲突乃至战争、重蹈历史覆辙，直接关系到世界的前途和人类的命运。在近代国际关系史上，不同国家、不同民族，在发展过程中先后出现过不同的崛起或振兴道路：第一条是通过战争和武力征服，对内剥削压迫、对外侵略扩张的发展道路，例如英国、德国和日本的崛起。英国用炮舰政策打开世界市场，在世界各国到处侵略，到处建立殖民地，成为日不落帝国；德国和日本企图通过侵略和掠夺别国重新瓜分世界。德、日法西斯主义的兴起和第二次世界大战的爆发，将人类推向毁灭的边缘。第二条是通过军事集团争夺世界霸权。“二战”后，美国和苏联主导世界政治，双方均以在世界各地建立军事基地、划分势力范围、武力对峙为支撑，通过军事集团争夺世界霸权。强大的军事力量、通过战争对外扩张，已成为世界

---

① ［美］小约瑟夫·奈：《理解国际冲突：理论与历史》，张小明译，上海人民出版社2002年版，第16页。

强国崛起的历史铁律。由于德日法西斯政权的灭亡和苏联解体、东欧剧变标志着这一模式的失败和终结。

中国特色社会主义道路与历史上大国崛起的道路不可同日而语。中国走和平发展道路，不走“崛起必霸”的老路，而是走一条争取和平的国际环境发展自己，又以自身的和平发展来促进世界共同发展和维护世界和平的和平发展道路，不以自己的文明来取代别国的文明，不以自身的政治体制和价值观念取代别国的政治体制和价值观念，不以自己的发展模式来取代别国的发展模式。实践证明，中国已经成为维护世界和平与促进共同发展、促进人类文明繁荣昌盛的重要力量。中国始终高举“和平、发展、合作、共赢的旗帜”①，坚定不移地走和平发展道路，打破了近代以来“国强必霸”的大国崛起模式，即不是通过传统的军事扩张，争霸式称霸，而是通过和平的方式、渐进的方式，在与经济全球化紧密相连的进程中因势利导，趋利避害，既向整个国际社会实行全方位的开放，又坚持独立自主，主要依靠自己的力量，扩大内需，挖掘潜力，走中国特色的富民强国之路。这样一种全新的发展道路，对国际社会具有重要意义。

① 胡锦涛：《坚定不移沿着中国特色社会主义道路前进　为全面建成小康社会而奋斗——在中国共产党第十八次全国代表大会上的报告》，人民出版社2012年版，第47页。

第三章　中国特色社会主义道路是开放发展道路

十一届三中全会以后，中国共产党人用宽广的世界眼光，在和平与发展的时代条件下，顺应经济全球化的时代潮流，坚定地站在时代潮流的前头，解决开放发展的时代问题，与时代发展同步，引领开放发展的时代步伐，统筹国内国际两个大局，把对外开放确定为基本国策，制定符合中国实际和时代特征的开放发展战略，取得了社会主义建设的伟大成就。中国在开放发展中不断开辟中国特色社会主义道路，实现了从封闭半封闭到全方位开放的伟大历史转折。当代中国的发展已经与世界发展紧密相连，中国发展离不开世界，世界发展也离不开中国，开放发展是时代的必然要求，中国走开放发展道路体现了时代特征。如有的学者所说，“社会主义必须通过对外开放，自觉学习和借鉴当今世界的一切文明成果，赶上时代发展的要求，适应世界全球化发展的大趋势”。①

一　开放发展道路的必要性

开放是当今的时代特征。经济全球化势不可当，任何一个国家都不可能在封闭中进行本国建设。中国的发展离不开世界，世界的发展同样不能离开中国。“实行对外开放是我们党深刻总结关门搞建设的严重教训，深入研究我国基本国情、当今时代和世界的新变化做出的重大而长

① 高继文：《马克思主义中国化第二次理论飞跃的深刻内涵》，《毛泽东邓小平理论研究》2004 年第 11 期。

远的决策。”[①] 中国必须走开放发展的道路，有其客观必然性。

（一）总结历史教训的必然结论

历史上，兴衰成败总是和开放与否相伴相随的。从纵向历史来看，中国从 17 世纪中叶至今，经历了一条与经济全球化相脱离、相对抗，被迫开放、积极主动地融入的历史。

中国曾经取得过辉煌的成就，为人类做出过巨大的贡献。马克思以中国的科技发明对人类的贡献为例进行精辟的分析：“火药、指南针、印刷术——这是预告资产阶级社会到来的三大发明。火药把骑士阶层炸得粉碎，指南针打开了世界市场并建立了殖民地，而印刷术则变成新教的工具，总的来说变成科学复兴的手段，变成对精神发展创造必要前提的最强大的杠杆。”[②] 但是，中国到了近代，在西方产业革命兴起的同时，清廷夜郎自大、不谙世事、昧于世情，闭关自守，再加上内部的社会制度腐败和经济技术落后，最后陷入半殖民地半封建社会的悲惨境地。对此，马克思在《鸦片贸易史》一文中由衷地感叹道：“一个人口几乎占人类三分之一的大帝国，不顾时势，安于现状，人为地隔绝于世并因此竭力以天朝尽善尽美的幻想自欺。这样一个帝国注定最后要在一场殊死的决斗中被打垮：在这场决斗中，陈腐世界的代表是激于道义，而最现代的社会的代表却是为了获得贱买贵卖的特权——这真是任何诗人想也不敢想的一种奇异的对联式悲歌。”[③] 在这里值得注意的是，马克思是从清廷不能顺应时代潮流，闭关自守的角度，从东西方世界的不同精神实质出发，论述陈腐的中华帝国必将败于西方现代社会的。马克思在《中国革命和欧洲革命》中阐述了西方资本主义对中国的财政、社会风尚、工业和政治结构的破坏性因素，英国的大炮破坏了皇帝的权威，迫使天朝帝国与地上的世界接触。“与外界完全隔绝曾是保存旧中国的首要条件，而当这种隔绝状态通过英国而为暴力所打破的时候，接踵而来的必然是解体的过程，正如小心保存在密封棺材里的木乃伊一接

---

① 高继文：《论中国特色社会主义的开放性特征》，《当代世界与社会主义》2011 年第 4 期。

② 《马克思恩格斯文集》第 8 卷，人民出版社 2009 年版，第 338 页。

③ 《马克思恩格斯文集》第 2 卷，人民出版社 2009 年版，第 632 页。

触新鲜空气便必然要解体一样。”①

邓小平在总结中国近现代史经验的基础上，提出中国不能闭关自守、关起门来搞建设，同时总结了新中国成立以来的成败得失，提出中国必须善于利用国际条件，进行改革开放。

这种反思有三个：一是他指出了中国在历史上落后，是因为闭关自守所导致的事实。他说：“总结历史经验，中国长期处于停滞和落后状态的一个重要原因是闭关自守。经验证明，关起门来搞建设是不能成功的。”“我们吃过这个苦头，我们的老祖宗吃过这个苦头。恐怕明朝明成祖时候，郑和下西洋还算是开放的。明成祖死后，明朝逐渐衰落。以后清朝康乾时代，不能说是开放。如果从明朝中叶算起，到鸦片战争，有三百多年的闭关自守，如果从康熙算起，也有近二百年。长期闭关自守，把中国搞得贫穷落后，愚昧无知。”② 邓小平的以上话语，揭示了我国社会发展的一条规律：凡是国力强盛、经济繁荣时期，就是我国对外经济交流的活跃时期；凡是国力衰弱、经济停滞乃至衰退时期，恰恰是实行闭关政策、不能开放发展的时期。历史一再证明，封闭导致落后，落后导致挨打，闭关锁国是没有出路的，要发达起来，就必须对外开放。

二是总结新中国成立以后的教训。新中国成立以后，由于美国等西方发达国家顽固地对中国进行经济上封锁、政治上恫吓、军事上威胁，我们不得不实行对苏联为首的社会主义国家“一边倒”的对外方针，开放对象也是这些国家，并取得了一些成绩，我们谋求与英、法、意、日等国发展经贸关系，虽有突破，但是数量、额度、范围等有限。我们长期处于与世隔绝的状态也有主观原因。在“文革”期间，由于左的错误，坚持以阶级斗争为中心，把引进技术、发展经贸关系视为“崇洋媚外”、“里通国外”，我们处于空前的封闭和孤立状态。对此，邓小平指出：“我们新中国成立以来长期处于同世界隔绝的状态。这在相当长一个时期不是我们自己的原因，国际上反对中国的势力，反对中国社会主义的势力，迫使我们处于隔绝、孤立状态。六十年代我们有了同国

① 《马克思恩格斯选集》第1卷，人民出版社1995年版，第692页。

② 《邓小平文选》第3卷，人民出版社1993年版，第90页。

际上加强交往合作的条件，但是我们自己孤立自己。现在我们算是学会利用这个国际条件了。”① 邓小平总结指出：“中华人民共和国建立以后，第一个五年计划时期是对外开放的，不过那时只能是对苏联、东欧开放。以后关起门来，成就也有一些，总的说来没有多大发展。当然这有内外许多因素，包括我们的错误。历史经验教训说明，不开放不行。”② “我们最大的经验就是不要脱离世界。”③ 对于此，费正清、施拉姆等西方学者也进行了分析。费正清指出：“中华人民共和国跨入国际生活领域，一般是不可逆转了，但是在某些特定的方面会有出入。”“邓的改革使外国事物重新出现在中国。中国不得不打开门户参与世界经济事物。”④ 施拉姆认为：“许多事情说明，当今邓小平的中国和20年前毛泽东的中国有了不同，但是有件事一点也没有改变：即寻求一条现代化的道路而向西方学习，特别是向马克思主义学习，同时又保留中国自己的特色，他们都以此为目标。”⑤

三是总结新中国因为封闭而造成与发达国家的差距来说明自我封闭的危害。邓小平说：“五十年代在技术方面与日本差距也不是那么大。但是我们封闭了二十年，没有把国际市场竞争摆在议事日程上，而日本却在这个时期变成了经济大国。”⑥ “六十年代前期我们同国际上科学技术水平有差距，但不很大，而这十几年来，世界有了突飞猛进的发展，差距就拉得很大了。同发达国家相比较，经济上的差距不只是十年了，可能是二十年、三十年，有的方面甚至可能是五十年……所以，要实现四个现代化，就要善于学习，大量取得国际上的帮助。要引进国际上的先进技术、先进装备，作为我们发展的起点。”⑦

总结历史经验，中国必须从闭关锁国的禁锢中解放出来，实行对外

---

① 《邓小平文选》第2卷，人民出版社1994年版，第232页。

② 《邓小平文选》第3卷，人民出版社1993年版，第90页。

③ 同上书，第290页。

④ 费正清：《伟大的中国革命（1800—1985）》，刘尊棋译，世界知识出版社1999年版，第421—422页。

⑤ ［美］施拉姆：《毛泽东的思想》，田松、杨德等译，中国人民大学出版社2005年版，第227页。

⑥ 《邓小平文选》第3卷，人民出版社1993年版，第274页。

⑦ 《邓小平文选》第2卷，人民出版社1994年版，第132页。

开放政策，走开放发展的道路，学习和借鉴世界先进经验，在开放中谋求发展。挪威国际问题研究所高级研究员斯韦尔·拉加德满怀信心地说："相信中国的改革开放会继续。历史经验证明，开放会带来繁荣，闭关锁国则会带来衰退。中国既需要埋头发展，也需要学习借鉴他国的成功经验。"①

（二）完善社会主义制度的要求

开放性是马克思主义理论不断发展的条件，马克思主义不能离开人类文明的康庄大道而故步自封，在其发展的每一个阶段都不断吸收同时代的有价值的思想成果。马克思、恩格斯在《共产党宣言》中，对世界从封闭走向开放的历史进程作了如下精彩的论述："资产阶级，由于开拓了世界市场，使一切国家的生产和消费都成为世界性的了……过去那种地方的和民族的自给自足和闭关自守状态，被各民族的各方面的互相往来和各方面的互相依赖所代替了。物质的生产是如此，精神的生产也是如此。各民族的精神产品成了公共的财产。民族的片面性和局限性日益成为不可能，于是由许多种民族的和地方的文学形成了一种世界的文学。"② 这句话表明：随着生产力的发展，闭关自守被相互依赖和相互交往代替，开放成为时代发展的必然趋势。开放不仅使得世界经济相互依赖，而且在精神上也会相互影响，不仅是经济上的全球化，而且是精神上的全球化，是全面的全球化。马克思还阐述了生产力随着交往的扩展，打破了过去封闭发展、重复发明乃至会因战争或其他因素导致继承和发展的现象，开始在全球范围内推广，同时还体现了世界范围内文明可以优势互补的原理。随着第二次科技革命的兴起，生产社会化程度不断提高，世界经济一体化初见端倪。列宁把社会主义与世界的联系提高到社会主义国家能否生存下去的高度来认识的，他说："社会主义共和国不同世界发生联系是不能生存下去的，在目前情况下应当把自己的生存同资本主义的关系联系起来。"③ 经济文化落后的苏俄的发展必须

---

① 《期待中国继续给世界带来惊喜——外国人士谈中国发展面临的机遇和挑战》，《人民日报》2013 年 3 月 8 日。

② 《马克思恩格斯文集》第 2 卷，人民出版社 2009 年版，第 35 页。

③ 《列宁专题文集（论社会主义）》，人民出版社 2009 年版，第 387 页。

同资本主义相联系，实际上最主要的是要从先进的西方国家吸收先进的技术、设备、经验和资金。因此，列宁指出："不向资产阶级学习也能够实现社会主义，我认为，这是中非洲居民的心理。我们不能设想，除了建立在庞大的资本主义文化所获得的一切经验教训的基础上的社会主义，还有别的什么社会主义。"① 列宁在此提出了社会主义向西方学习，吸收资本主义创造的一切文明成果而走向社会主义道路的构想，为中国特色社会主义走开放发展的道路提供了方法论基础。

毛泽东对外开放思想为开辟开放发展道路提供了思想材料。他强调要独立自主地探索中国的社会主义现代化道路，但也不能盲目地拒绝国外先进的东西。他在《论十大关系》中，专门列出一节，讲如何处理中国和外国的关系。他指出要在自力更生的基础上，学习外国的先进技术，不能闭关自守，盲目排外，而应争取外援，向外国人学习。对外开放，"洋为中用"是毛泽东自力更生建设中国社会主义的战略决策的一个重要方面。他说："一切民族、一切国家的长处都要学，政治、经济、科学、技术、文学、艺术的一切真正好的东西都要学。但是，必须有分析、有批判地学，不能盲目地学，不能一切照抄，机械搬用。"② 他批评那种盲目排斥或盲目照搬外国科技和文化的态度，认为应该按照马克思主义的态度辩证分析、批判学习。他说："对外国的科学、技术和文化，不加分析地一概排斥和前面所说的对外国东西不加分析地一概照搬，都不是马克思主义的态度。"③ 邓小平从完善社会主义制度的角度阐述了吸收世界各国文明成果的必要性，表明了只有实现开放发展，才能够使社会主义制度得到进一步完善，成为世界上最好的制度，发挥同资本主义制度相比较的优势。1980 年 8 月，他在《党和国家领导制度的改革》一文中指出："我们的制度将一天天完善起来，它将吸收我们可以从世界各国吸收的进步因素，成为世界上最好的制度。这是资本主义所绝对不可能做到的。"④

实行对外开放，对于社会主义国家来说，不仅是必要的，而且是由

---

① 《列宁全集》第 34 卷，人民出版社 1985 年版，第 252 页。

② 《毛泽东文集》第 7 卷，人民出版社 1999 年版，第 42 页。

③ 同上书，第 43 页。

④ 《邓小平文选》第 2 卷，人民出版社 1994 年版，第 337 页。

完善社会主义制度所决定的。中国特色社会主义道路是开放发展的道路，是巩固、发展、完善社会主义的需要。

（三）经济全球化的时代要求

当代世界，新科技革命的浪潮极大推动生产力的发展。随着社会生产力的发展，社会分工与协作关系不断扩大深化。当这种分工与协作关系超出国家的界限，生产社会化就日益发展成为生产的国际化，使各国的生产、流通、投资等日益联结为一个整体，整个世界经济的开放程度随之日益增强，世界经济一体化和全球化也随之进一步发展，形成了一个世界范围内的经济体系。经济全球化浪潮席卷全球，给我国提供了难得的历史机遇和严峻挑战，中国特色社会主义的前途命运已经客观地、不以人的主观意志为转移地与世界的前途命运紧密联系在一起。中国只有积极地、以敢于担当的勇气把中国特色社会主义建设与经济全球化结合起来，融入经济全球化的浪潮中开放发展，才能在世界发展中赶上时代，同时，趋利避害，不断增强抵御风险的能力，“推动经济全球化朝着均衡、普惠、共赢方向发展”。① 正如布热津斯基指出：“在当代世界上，中国不可能与外界隔绝。通过大众信息传播，外部世界现在对中国发生着影响，反过来，中国对世界的影响也越来越大。”②

中国作为世界的一员，只有在参与国际经济活动中才能使自己得到更快的发展，在客观上必然要求实行对外开放。“对外开放具有重要意义，任何一个国家要发展，孤立起来，闭关自守是不可能的，不加强国际交往，不引进发达国家的先进经验、先进科学技术和资金是不可能的。”③ 因为，“经济全球化作为世界经济发展的客观趋势，是不以人们的意志为转移的，任何国家也回避不了。当今世界是一个开放的世界，谁也不可能孤立于世界之外去发展自己的经济”④。邓小平虽然没有有关经济全球化的论述，但是始终用全球化的思维，用宽广的世界眼光观

---

① 《十七大以来重要文献选编》（上），中央文献出版社 2009 年版，第 36 页。

② ［美］兹比格涅夫·布热津斯基：《大失控与大混乱》，潘嘉玢、刘瑞祥译，中国社会科学出版社 1994 年版，第 206 页。

③ 《邓小平文选》第 3 卷，人民出版社 1993 年版，第 117 页。

④ 《江泽民文选》第 2 卷，人民出版社 2006 年版，第 201 页。

察世界，有过许多重要论述，做出了符合时代要求的重大决策。邓小平提出了“和平与发展”的时代观，为对外开放政策的确立提供了时代理论依据；鲜明地提出中国必须积极参与全球竞争，实行全方位的对外开放政策；坚持走社会主义道路毫不动摇，为中国在全球化条件下对外开放确立了坚定的社会主义方向；提出社会主义市场经济理论作为参与全球化的基本途径，为中国对外开放奠定了坚实的物质基础；倡导建立国际政治经济新秩序，在全球化进程中为中国对外开放提供强有力的国际环境。

在对外开放的实践中，我们认识到经济全球化是社会生产力和科技发展的客观要求和必然结果，是大势所趋。江泽民多次论述经济全球化是时代特征，并以此作为国家制定大政方针的依据。他指出：“经济全球化是当今世界的一个基本经济特征……当今世界是开放的世界，任何国家都不可能完全脱离世界经济而孤立地发展。如果能够加以正确引导和驾驭，经济全球化有利于各国各地区加强经济技术合作，也有利于世界经济发展和国际社会稳定。”① “经济全球化作为世界经济发展的客观趋势，是不以人们的意志为转移的，任何国家也回避不了。当今世界是一个开放的世界，谁也不可能孤立于世界之外去发展自己的经济。”②

既然经济全球化作为时代特征不能回避，中国只能对外开放，积极参与世界经济发展中去，因此中国做出了对外开放的重大决策，坚持走开放发展的道路。“实行对外开放，是推进现代化建设的一项重大决策，也是中国一项长期的基本国策。”③ 中国作为一个后发外生型国家，现代化建设是在很低水平上起步的。我们党和国家在社会主义初级阶段的奋斗目标是：到21世纪中叶，把我国建设成为富强民主文明和谐的社会主义现代化国家。要想实现这一宏伟目标，就必须对外开放，以积极的态度学习和吸收人类文明的一切优秀成果，吸收和借鉴当今世界各国包括资本主义发达国家的一切反映现代社会化生产规律的先进经营方式、管理方式，只有在继承和利用资本主义社会已经创造出来的全部社

---

① 《江泽民文选》第3卷，人民出版社2006年版，第64、159页。

② 《江泽民文选》第2卷，人民出版社2006年版，第201页。

③ 《江泽民论有中国特色社会主义（专题摘编）》，中央文献出版社2002年版，第173页。

会生产力和全部优秀文化成果的基础上，并结合中国实际进行新的创造，才能实现中国的社会主义现代化。

（四）国际比较后的主动选择

党和国家领导人在20世纪70年代末高密度地出国访问，使他们了解到了世界发展的情况，通过进行国际比较，明确了我国与世界的差距，主动选择了走开放发展道路。为了解外部世界，学习借鉴国外经济建设和经济管理的先进经验，1978年，全国掀起了一股声势浩大的出国考察热潮。据统计，仅从1978年1月至11月底，经香港出国和去港考察的人员就达529批，共3213人。① 这一时期，我国党和国家领导人先后走出国门，亲自领略了外面的世界，感受到了世界经济发展的时代前沿，为制定中国特色社会主义建设战略开阔了眼界。

1978年5月，一批国务院高级官员到西方发达国家考察。其中，最重要的是同年5月2日至6月11日，时任国务院副总理谷牧率领的包括6位省部级干部组成的中国政府经济考察团访问了法国、瑞士、比利时、丹麦、联邦德国。在谷牧出访前夕，邓小平向他提出：要详细地做一些调查研究，好的也看，坏的也看，看看人家的现代工业发展到什么水平了，也看看他们的经济工作是怎么管的，资本主义的先进经验，好的经验，我们应该把它学回来。② 这是我国首次向西方发达国家派出的国家级政府经济代表团③，受到了急于寻找市场的西欧五国的高度重视和热情接待。谷牧回国以后，在给中共中央和国务院的报告里谈道："西欧各国在经济起飞时，都有利用外资引进先进技术的经验，为什么我们不可以搞？"④ 我们现在达到的经济技术水平，同发达的资本主义国家比较，差距还很大，大体上落后二十年，按人口平均的生产水平来看，差距就更大。我们一定要迎头赶上，改变这种落后状况。谷牧认为，西欧资本主义国家的经济现在处于萧条时期，资本过剩，急于寻找出路，应该与西欧几个主要国家进行正式谈判，争取签订长期贸易合

---

① 曹普：《1978：中国对外开放基本国策的提出和实施》，《党史博览》2011年第7期。

② 《谷牧的回忆——电视文献纪录片邓小平》，中央文献出版社1997年版，第191页。

③ 《李先念传（1949—1992）》（下），中央文献出版社2009年版，第1049页。

④ 《中国改革开放20年史》，辽宁人民出版社1998年版，第29页。

同。6 月 30 日，中共中央政治局还专门听取了谷牧的访欧情况汇报。[①]

1978 年 7 月 6 日至 9 月 9 日，国务院召开务虚会。会上印发了谷牧出访西欧的报告，引起与会者注意。据于光远回忆说："这使得大家知道资本主义国家有一些很好的制度。"[②] 李先念在做总结报告时指出，实现四个现代化，是一场伟大的革命。"这场革命既要大幅度地改变目前落后的生产力，也就必然要多方面对工农业、企业的管理方式加以改变，改变人们的活动方式和思维方式，使之适应于现代化大经济的需要。"[③] 同年 9 月 5 日至 10 月 22 日，在全国计划会议上，我国提出全国都要转变到生产斗争和技术革命，转变到按照经济规律办事、发展民主，转变到积极地引进先进技术、利用国外资金、大胆地进入国际市场的道路上来。这种转变的实质，就是要使中国顺应新科技革命潮流、吸收先进成果、融入世界。世界各国的改革实践和历史经验，为中国的改革提供了重要的历史借鉴，中国的改革也正是在世界多样化发展的改革潮流中兴起和向前推进的。

邓小平在 1978 年 10—11 月的两个月内，密集地访问泰国、马来西亚、新加坡和日本四国。他在日本参观了日产汽车公司后说："我明白了什么叫现代化。" 1978 年 10 月 26 日下午，邓小平乘新干线 "光 -81 号" 超特快列车前往日本的文化古城京都进行访问，谈到其对新干线的观感时说："就感觉到快，有催人跑的意思，我们现在正合适坐这样的车。"[④] 新加坡引进外资发展经济的成功经验给邓小平留下了深刻的印象，他说："我到新加坡去，了解他们利用外资的一些情况。外国人在新加坡设厂，新加坡得到几个好处，一个是外资企业利润的百分之三十五要用来交税，这一部分国家得了；一个是劳务收入，工人得了；还有一个是带动了它的服务行业，这都是收入。我们要下这么个决心，权衡利弊、算清账，略微吃点亏也干。"[⑤]

---

① 程中原、王玉祥、李正华：《1976—1981 年的中国》，中央文献出版社 1998 年版，第 186—187 页。

② 于光远：《我亲历的那次历史转折》，中央编译出版社 1998 年版，第 69—70 页。

③ 《李先念传（1949—1992）》（下），中央文献出版社 2009 年版，第 1064 页。

④ 《邓小平年谱（1975—1997）》（上），中央文献出版社 2004 年版，第 413 页。

⑤ 《邓小平文选》第 2 卷，人民出版社 1994 年版，第 199 页。

中共十一届三中全会明确提出：我国实行对外开放政策，这是我国在新时期探索中国特色社会主义道路的重大战略决策。1979 年 2 月 4 日，邓小平出访美国时指出：中国人民在争取 20 世纪末实现四个现代化的努力中，有许多方面要向创造先进的工业文明的美国人民请教。他在参观了波音 747 飞机装配厂后时说："看到了一些很新颖的东西"，"感到很有收获"。[①] 邓小平等国家领导人的出国访问，视觉受到了冲击，深切地感受到了中国与先进国家的经济科技差距，加大了对外开放的决心。邓小平通过访问，认识到了什么是现代化，中国现代化水平与世界先进水平差距大，认识到必须增强紧迫感和提高忧患意识，对时代特征和中国发展必须做出实事求是的判断，在世界历史的大潮中开辟中国特色社会主义道路。

1981 年 12 月，五届人大四次会议通过的政府工作报告明确提出："实行对外开放政策，加强国际经济技术交流，是我们坚定不移的方针。"[②] 同时，正确认识到了我们存在着经验不足的实际情况，提出了"利用两种资源、开拓两个市场和学会两套本领"作为实施对外开放有效途径："实行对外开放政策，开展对外经济技术交流，我们的经验还不够，必须认真学习。我们要利用两种资源，首先是国内资源，其次是国际资源；开拓两个市场，首先是国内市场，其次是国际市场；学会两套本领，一是管理国内经济的本领，二是开展对外经济贸易的本领。"[③] 总之，一句话：统筹国内和国际两个大局。在正确认识开放的必要性的基础上，全国人大五届四次会议通过的《中华人民共和国宪法》第十八条规定："中华人民共和国允许外国的企业和其他经济组织或者个人依照中华人民共和国法律的规定在中国投资，同中国的企业或者其他经济组织进行各种形式的经济合作。"[④] 以国家根本大法的形式把对外开放确定为我国的一项基本国策，并规定了吸引外资、加强经济合作作为对外开放的重要途径。中国走上了开放发展道路，打开了中国向世界开放的大门；世界开始认识中国，中国在国际上的形象开始改变，中国的

---

① 《邓小平年谱（1975—1997）》（上），中央文献出版社 2004 年版，第 485 页。

② 《三中全会以来重要文献选编》（下），人民出版社 1982 年版，第 1027 页。

③ 同上书，第 1025 页。

④ 《十二大以来重要文献选编》（上），人民出版社 1986 年版，第 223 页。

经济开始进入一个高速发展时期，标志着中国开始了经济发展模式的历史性大转型，反映了时代发展的客观要求。

二 对外开放必须坚持的原则

在对外开放中，必须坚持国家利益至上原则、社会主义原则、独立自主原则。只有坚持这三个原则，才能在对外开放中，不损害国家主权和利益，坚定社会主义方向不动摇，不做西方发达国家的附庸。

（一）坚持国家利益至上原则

对外开放必须坚持国家利益至上原则。国家主权和安全在我国国家利益结构层次中具有突出地位，维护国家利益首先必须维护国家主权和安全。恩格斯在《致卡尔·考茨基》中指出：“一个大民族，只要还没有实现民族独立，历史地看，就甚至不能比较严肃地讨论任何内政问题。”[①] 这说明，只有实现民族独立才能进行国内建设，要想进行开放发展，就必须保持民族独立，维护国家利益和国家主权完整。邓小平指出：“主权问题不是一个可以讨论的问题。”[②] 又说：“国家的主权、国家的安全要始终放在第一位，对这一点我们比过去更清楚了。”[③] 中国进行社会主义现代化建设过程中，始终有一个独立的、不受西方控制的国家主权。“一个单一而又权威的中央政府的建立是1949年以来获得经济增长和社会整合的首要因素。”[④] 自新中国成立以来，中国顶住来自苏联和西方经济、政治、军事方面的压力，有力地反击了战争恫吓和西方和平演变的侵扰，坚持国家主权神圣不可侵犯，始终保持和巩固有一个独立、统一的国家政权，提供了中国社会主义现代化建设的必要前提。

西方政治学家摩根索在其《政治学的困境》一书中指出：“只要世

---

① 《马克思恩格斯文集》第10卷，人民出版社2009年版，第471页。

② 《邓小平文选》第3卷，人民出版社1993年版，第12页。

③ 同上书，第348页。

④ ［美］吉尔伯特·罗兹曼：《中国的现代化》，课题组译，江苏人民出版社1995年版，第599页。

界在政治上还是由国家所构成的，那么国际政治中实际上最后的语言就只能是国家利益。”①过去，我国观察和处理国际问题往往过分依据社会制度和意识形态，导致了不少失误。后来，我们逐渐认识到在对外交往中必须把国家利益放在首位。邓小平提出：“任何外国不要指望中国做它们的附庸，不要指望中国会吞下损害我国利益的苦果。我们坚定不移地实行对外开放政策，在平等互利的基础上积极扩大对外交流。同时，我们保持清醒的头脑，坚决抵制外来腐朽思想的侵蚀，决不允许资产阶级生活方式在我国泛滥。中国人民有自己的民族自尊心和自豪感，以热爱祖国、贡献全部力量建设社会主义祖国为最大光荣，以损害社会主义祖国利益、尊严和荣誉为最大耻辱。”② 江泽民在《正确处理社会主义现代化建设中的若干重大关系》一文中明确指出：“我们必须坚定不移地进一步扩大对外开放。同时要看到，在发展对外经济关系中也存在着一些问题。要认真总结经验，以国家的法律和政策为依据，正确引导，加强管理，维护国家的根本利益，把对外开放工作做得更好。”③“在对外开放的过程中，必须始终注意维护国家的主权和经济社会安全，注意防范和化解国际风险的冲击”，“努力规避风险”。④ 以自己的国家利益为最高准则作为对外开放的首要原则，这标志着中国共产党判断在对外交往和处理国际事务中指导原则由重视意识形态、制度属性转变到国家利益至上上，意义深远，在开放发展道路中必须坚持。

（二）坚持社会主义原则

对外开放必须坚持社会主义原则。邓小平积极倡导对外开放，同时坚决反对全盘西化；强调坚持社会主义，而不能离开中国特色社会主义道路。他强调对外开放必须坚持社会主义，不能离开社会主义道路，他说：“我们执行对外开放政策，学习外国的技术，利用外资，是为了搞

① ［美］摩根索：《政治学的困境》，中国人民公安大学出版社 1990 年版，第 65—66 页。

② 《邓小平文选》第 3 卷，人民出版社 1993 年版，第 3 页。

③ 《江泽民文选》第 1 卷，人民出版社 2006 年版，第 471 页。

④ 《江泽民论有中国特色社会主义（专题摘编）》，中央文献出版社 2002 年版，第 3、78 页。

好社会主义建设，而不能离开社会主义道路。”[①] 他说：“中国要搞现代化，决不能搞自由化，决不能走西方资本主义道路。”“我们要向资本主义发达国家学习先进的科学、技术、经营管理方法以及其他一切对我们有益的知识和文化，闭关自守、故步自封是愚蠢的。但是，属于文化领域的东西，一定要用马克思主义对它们的思想内容和表现方法进行分析、鉴别和批判。”[②]“我们要有计划、有选择地引进资本主义国家的先进技术和其他对我们有益的东西，但是我们决不学习和引进资本主义制度，决不学习和引进各种丑恶颓废的东西。”[③]

邓小平说：“我们是支持社会主义的。坚持社会主义，是中国一个很重要的问题。如果十亿人的中国走资本主义道路，对世界是个灾难，是把历史拉向后退，要倒退好多年。”[④] 并指出：“我们采取的所有开放、搞活、改革等方面的政策，目的都是发展社会主义经济。我们允许个体经济发展，还允许中外合资经营和外资独营的企业发展，但是始终以社会主义公有制为主体。”[⑤]

（三）坚持独立自主原则

恩格斯认为，国际间的平等合作必须是在保证民族独立的基础上才是可能的，他指出：“民族独立实际上是一切国际合作的基础。”[⑥] 独立自主的原则是中国革命、建设和改革的一贯原则。在对外开放过程中，我国与外部世界的联系更密切了，也可以说，我国与外国相互依存的程度更高了。这似乎与自力更生、独立自主相矛盾，但实际上，对外开放既增加了中国与世界的休戚相关性，同时又成为我国增强自力更生的能力的重要手段和途径。中国特色社会主义道路是开放发展道路，走开放发展的道路，绝不意味着可以放弃独立自主发展，必须把坚持独立自主与对外开放相统一起来，不能将二者对立起来。毛泽东在探索中国社会

---

① 《邓小平文选》第3卷，人民出版社1993年版，第195页。
② 同上书，第44页。
③ 《邓小平文选》第2卷，人民出版社1994年版，第167—168页。
④ 《邓小平文选》第3卷，人民出版社1993年版，第158页。
⑤ 同上书，第110页。
⑥ 《马克思恩格斯文集》第10卷，人民出版社2009年版，第473页。

主义建设道路的过程中始终坚持的一个原则是独立自主。他反复强调，“各国应根据自己国家的特点决定方针、政策，把马克思主义同本国特点结合起来”。[①]“自力更生为主，争取外援为辅，破除迷信，独立自主地干工业、干农业、干技术革命和文化革命，打倒奴隶思想，埋葬教条主义，认真学习外国的好经验，也一定研究外国的坏经验——引以为戒，这就是我们的路线。”[②]“照抄别国的经验是要吃亏的，照抄是一定会上当的。这是一条重要的国际经验。”[③]

随着经济全球化的发展，我国经济、政治、文化和国家安全遭到严峻挑战，对此，邓小平有清醒的认识。在1982年9月召开的中共十二大的开幕词中，他就明确地阐述了在改革开放中坚持独立自主的立场。“独立自主、自力更生，无论过去、现在和将来，都是我们的立足点。中国人民珍惜同其他国家和人民的友谊和合作，更加珍惜自己经过长期奋斗而得来的独立自主权利。”[④] 邓小平强调指出：“像中国这样大的国家搞建设，不靠自己不行，主要靠自己，这叫作自力更生。但是，在坚持自力更生的基础上，还需要对外开放，吸收外国的资金和技术来帮助我们发展。”[⑤] 邓小平强调：“独立自主不是闭关自守，自力更生不是盲目排外。”[⑥]“归根到底，我们的建设方针还是毛主席过去制定的自力更生为主、争取外援为辅的方针。”[⑦]

江泽民特别强调要在自力更生的基础上坚持对外开放，积极发展与世界各国、各地区的经济技术合作和交流。他深刻地指出，“我们这样大的社会主义国家搞现代化建设，必须处理好扩大对外开放和坚持自力更生的关系，把立足点放在依靠自己力量的基础上”[⑧]；“在我们这样一个人口众多的发展中的社会主义大国，任何时候都不能依靠别人搞建

---

① 《毛泽东文集》第7卷，人民出版社1999年版，第64页。
② 同上书，第380页。
③ 同上书，第64页。
④ 《邓小平文选》第3卷，人民出版社1993年版，第3页。
⑤ 同上书，第78页。
⑥ 《邓小平文选》第2卷，人民出版社1994年版，第91页。
⑦ 同上书，第351页。
⑧ 《江泽民文选》第1卷，人民出版社2006年版，第471页。

设，必须始终把独立自主、自力更生作为自己发展的根本基点"①。当然，对外开放与自力更生是辩证的，独立自主不是闭关自守，自力更生不是盲目排外。"讲独立自主、自力更生，绝不是要闭关锁国、关起门来搞建设，而是要把对外开放提高到一个新的更高水平。"② 经济全球化带给发展中国家的最大问题或者说最大威胁，是它们的国家主权受到冲击和削弱，国家经济安全受到挑战。历史经验昭示人们，没有民族的独立，就没有国家的现代化。胡锦涛在中共十七大报告中指出：在改革开放的历史进程中，我们党的宝贵经验之一是"把坚持独立自主与经济全球化结合起来"。③ 习近平提出："独立自主是中华民族的优良传统，是中国共产党、中华人民共和国立党立国的重要原则。"把独立自主作为立党立国的重要原则，这在党的历史是首次，他同时提出："坚持独自主，就要坚定不移地走中国特色社会主义道路，既不走封闭僵化的老路，也不走改旗易帜的老路。"④

中国走开放发展的道路，必须坚持独立自主的原则，同时又要和经济全球化结合起来，不能偏执一端。在对外开放中放弃了独立自主，就会丧失经济独立乃至国家政权；仅强调独立自主，不谙世事，不融入经济全球化的时代潮流中，就会闭关锁国，落后于时代。两者相结合，是我国在继续深化对外开放过程中须臾不可忘记的，必须毫不动摇，一以贯之。

三　实施积极的对外开放战略，提高对外开放水平

（一）实施"引进来"和"走出去"相结合的开放战略

中国对外开放首先采取"引进来"战略，后来是"走出去"战略，实施了两者相结合的战略。中国在开放发展中，坚持"引进来"和"走出去"相结合，全面提高中国对外开放水平。

---

① 《江泽民文选》第2卷，人民出版社2006年版，第255页。
② 《江泽民文选》第1卷，人民出版社2006年版，第471页。
③ 《十七大以来重要文献选编》（上），中央文献出版社2009年版，第8页。
④ 《十八大以来重要文献选编》（上），中央文献出版社2014年版，第699页。

改革开放以来，我国主要实施的是“引进来”战略，这是与我国的具体国情相适应的。通过“引进来”弥补了国内建设资金、技术等方面的不足，促进了经济增长，同时，通过引进先进的技术和管理，培养了一批企业经营人才，促进了企业经营机制的转变，增强了企业的竞争实力。1984 年,《中共中央关于经济体制改革的决定》就明确提出要“充分利用国内和国外两种资源，开拓国内和国外两个市场”。[①] 1987 年，中共十三大又提出：“进一步扩大对外开放的广度和深度，不断发展对外经济技术交流与合作。”[②] 1992 年，中共十四大进一步提出扩大开放的主要目标和任务之一就是：“积极扩大我国企业的对外投资和跨国经营。”[③] 中共十五大再次强调了“面对经济、科技全球化趋势，我们要以更加积极的姿态走向世界”，“鼓励能够发挥我国比较优势的对外投资，更好地利用国内和国外两个市场、两种资源”。[④] 江泽民在 1997 年 12 月 24 日提出：“我们不仅要积极吸引外国企业到中国投资办厂，也要积极引导和组织国内有实力的企业走出去，到国外去投资办厂，利用当地的市场和资源。视野要放开一些，既要看到欧美市场，也要看到广大发展中国家的市场。发展中国家的生产力水平比发达国家低，对产品和技术的要求相对也低一些，但市场十分广阔。在努力扩大商品出口的同时，必须下大气力研究和部署如何走出去搞经济技术合作。‘引进来’和‘走出去’，是我们对外开放基本国策两个紧密联系、相互促进的方面，缺一不可。”[⑤] 由于资金缺乏、人才匮乏、对国际市场知识欠缺，中国对外投资一直比较薄弱。到 1998 年底，我国对外直接投资总额也仅有 98 亿美元，与引进外资相比，完全不匹配。基于这种情况，1999 年国务院办公厅转发了国家经贸委、外经贸部和财政部《关于鼓励企业开展境外带料加工装配业务的意见》，拉开了“走出去”战略的帷幕。1999 年 10 月中共十五届五中全会通过的《中共中央关于制定国民经济和社会发展第十个五年计划的建议》明确提出“走出去”

---

① 《十二大以来重要文献选编》（中），人民出版社 1986 年版，第 581 页。

② 《十三大以来重要文献选编》（上），人民出版社 1991 年版，第 23 页。

③ 《江泽民文选》第 1 卷，人民出版社 2006 年版，第 231 页。

④ 《江泽民文选》第 2 卷，人民出版社 2006 年版，第 27 页。

⑤ 同上书，第 92 页。

战略，同时首次把它作为四大新战略（西部大开发战略、城镇化战略、人才战略和“走出去”战略）之一。2001 年 3 月通过的《国民经济和社会发展第十个五年计划纲要》确认了“走出去”战略，并得到九届人大四次会议的确认。江泽民在中共十六大报告中明确指出：“坚持‘引进来’和‘走出去’相结合，全面提高对外开放水平。适应经济全球化和加入世贸组织的新形势，在更大范围、更广领域和更高层次上参与国际经济技术合作和竞争，充分利用国际国内两个市场，优化资源配置，拓宽发展空间，以开放促改革促发展。”① “在努力扩大商品出口的同时，必须下大力气研究和部署如何走出去搞经济技术合作。”强调：“这是一个大战略，既是对外开放的重要战略，也是经济发展的重要战略。”②中共十六大报告提出了在 21 世纪的头 20 年里中国在经济上重点要做的工作第七项就是：坚持“引进来”和“走出去”相结合，全面提高对外开放水平。胡锦涛在中共十七大报告中又强调指出：“坚持对外开放的基本国策，把‘引进来’和‘走出去’更好结合起来，扩大开放领域，优化开放结构，提高开放质量，完善内外联动、互利共赢、安全高效的开放型经济体系，形成经济全球化条件下参与国际经济合作和竞争新优势。”③

中国实施“走出去”战略，以对外直接投资最为重要。对外直接投资，也就是国际直接投资。改革开放初期，我国只有少数国有贸易企业走出国门，开办代表处或设立企业。我国实施“走出去”战略以来，尤其是加入世贸组织后，我国企业对外投资进入快速发展时期。2003 年，我国非金融类对外直接投资 29 亿美元，2011 年，我国非金融类对外直接投资达 601 亿美元，比 2003 年增长 19.7 倍，年均增长 46.4%。2011 年，我国对外投资已覆盖 129 个国家和地区的 3000 多家企业，主要集中在亚洲和拉丁美洲地区的发展中国家。④ 2012 年，我国“对外直

---

① 《江泽民文选》第 2 卷，人民出版社 2006 年版，第 551 页。

② 同上书，第 92 页。

③ 《十七大以来重要文献选编》（上），中央文献出版社 2009 年版，第 21 页。

④ 对外开放实现跨越式发展——从十六大到十八大经济社会发展成就系列报告之四，新中国成立 60 周年经济社会发展成就回顾系列报告之二，http：//www. stats. gov. cn，2009 - 09 - 08、2012 - 08 - 21。

接投资772亿美元，遍布全球141个国家和地区”。[①] 我国企业通过对外投资不断参与国际竞争与合作，规模逐渐发展壮大，国际竞争力得到显著增强。2012年，中国大陆的上榜公司连续第9年增加，共有73家公司上榜；中国包括港台在内有79家企业进入美国《财富》杂志全球企业500强，上榜公司数量首次超过日本，成为除美国以外上榜公司数量最多的国家。

实践证明，“走出去”战略的实施，顺应全球化的时代潮流，对我国的经济社会发展全局具有很深远的影响。它以在境外投资办厂为龙头，全方位带动我国更深入地参与国际经济合作与竞争，创造国际分工格局的主动姿态，可以更好地促进“引进来”。“走出去”战略是面对经济全球化的发展趋势和加入世贸组织的发展契机，结合我国对外开放发展经济实际做出的战略选择。“走出去”战略是针对经济全球化的具有实际意义的应对之策，对于全面提高中国经济国际化水平具有重要的意义。

我国还实施文化方面的“走出去”战略。邓小平曾指出：“经济上实行对外开放的方针，是正确的，要长期坚持。对外文化交流也要长期发展。”[②] 中华文化“走出去”是中国开放发展的重要内容，顺应了全球化的时代要求，有利于增强国家软实力，增强文化自信。中华文化走出去的实施主体是多元的，可以是政府、企业、民间团体乃至个人，交流途径也是多元的，影视、媒体、网络、出版等；内容是多元的，文化本身含义丰富，有宏观、中观、微观的含义，具体展现出来的表征也各不相同。从政府层面来说，主要是通过和相关国家互办“文化年”、“旅游年”等方式，推动中华文化走向世界，同时通过改善文化体制，兴办文化产业，以企业为载体促进中华文化的传播。通过设立孔子学院这一非营利性公益机构来传播中华文化。自2004年11月在韩国设立第一个孔子学院开始，“已在五大洲126个国家和地区设立了475所孔子学院和851个孔子课堂，累计注册345万人。全球汉语学习者已攀升至

---

① 张高丽：《不断深化改革开放，全面建成小康社会——在第十四届中国发展高层论坛上的讲话》，《人民日报》2013年3月25日第3版。

② 《邓小平文选》第3卷，人民出版社1993年版，第43页。

12 亿人”。[①] 孔子学院已成为他国人民学习、了解中华文化的重要阵地。

（二）积极融入世界经济体系，实现合作共赢发展

积极融入世界经济体系是中国顺应经济全球化潮流、走开放发展道路的重要渠道，有利于实现合作共赢发展。江泽民指出：“经济全球化作为一个客观进程，具有两重性。西方发达国家力图主导经济全球化，发展中国家总体上处于弱势，如果没有正确的对策就会落入更加不利的位置。”[②] “我们需要的是世界各国平等、互惠、共赢、共存的经济全球化。”[③] “我们要坚定不移地实行对外开放政策，适应经济全球化趋势，积极参与国际经济合作与竞争，充分利用经济全球化带来的各种有利条件和机遇。不能看到有风险、有不利因素，就因噎废食，不敢参与进取。同时，又要对经济全球化带来的风险保持清醒的认识，坚持独立自主，加强防范工作，增强抵御和化解能力，以切实维护我国的经济安全，更好地发展自己。”[④] 中国共产党人深刻把握时代脉搏，在经济全球化的时代潮流中，积极加入国际经济组织，融入世界经济体系，实现合作共赢发展。

1. 加入世贸组织

加入世贸组织，是我国积极应对、参与经济全球化的一个重要决策。“加入世界贸易组织以后，标志着我国对外开放进入了一个新的阶段。我们要在这个新的起点上，进一步深化改革、扩大开放，以更加积极的姿态走向世界，适应经济全球化趋势发展的新形势，继续推进全方位、多层次、宽领域的对外开放，为我国经济发展提供新的强大动力。”[⑤] 2001 年 11 月 10 日，卡塔尔多哈举行的世界贸易组织第四届部长级会议通过了中国加入世界贸易组织的法律文件，它标志着经过 15 年的艰苦努力，我国终于成为世界贸易组织的成员。世界贸易组织

---

① 杨伏山、陈悦：《全球汉语学习者十年间增两倍多　已攀升至 1 亿人》，中国新闻网，2014 年 12 月 7 日。

② 江泽民：《论“三个代表”》，中央文献出版社 2001 年版，第 28 页。

③ 《江泽民论有中国特色社会主义（专题摘编）》，中央文献出版社 2002 年版，第 518 页。

④ 《江泽民文选》第 3 卷，人民出版社 2006 年版，第 201 页。

⑤ 同上书，第 456—457 页。

（WTO）前总干事迈克·穆尔认为："没有中国的世贸组织不是世界性的贸易组织，只有半个世界。""加入世贸组织为中国创造了更多工作与财富，加快了中国融入世界的进程，这一事件对全球有着积极和深远的影响"。[①] 美国前贸易代表巴舍夫斯基评价中国的贡献时说："中国使世贸组织成为更完整的体系，成为推动全球经济复苏和发展的重要引擎。"[②]

加入世贸组织后，实现了我国与世界的合作共赢发展。中国利用加入世贸组织的机遇，全面享受世贸组织成员的权利，加快了同世界市场经济的接轨，创造了国内经济建设的良好的国际环境，有力地促进了社会主义市场经济的建设，加大了同世界各国在经济、贸易、科技、文化等方面的交流的广度和深度，促进了我国经济社会的快速发展。加入世贸组织以来，是中国经济增长速度最快的时间，我国的国内生产总值由2001 年的第 6 位跃升为 2010 年的第 2 位。中国贸易额由第 6 位升至第 2 位，出口额跃居世界首位，吸引外商直接投资居发展中国家首位，对外直接投资居世界第 5 位。同时，中国积极履行国际责任，在与世贸组织成员的合作中，谋求共赢发展。中国本身的发展为世界发展提供了机遇，拉动了世界经济的增长。此外还力所能及地履行国际责任，对外援助、免除债务方面都做出了卓越贡献。习近平提出："据测算，今后 5 年，中国将进口 10 万亿美元左右的商品，对外投资规模将达到 5000 亿美元，出境旅游有可能超过 4 亿人次。"[③] 这将为世界的发展提供重大的机遇，也是加入世贸组织后，实现合作共赢发展的重要举措。

2. 加入世界银行组织

世界银行（WBG）与国际货币基金组织（IMF）和世界贸易组织（WTO）一道成为国际经济体制中最重要的三大支柱。中国于 1945 年加入世界银行，是该组织的创始国之一。1980 年 5 月 15 日，中国恢复了在世界银行的合法席位。1981 年起中国开始借用该行资金。新中国

---

① 刘丽娜：《世贸组织前总干事迈克·穆尔：中国入世对全球产生积极和深远影响》，新华网，2011 年 12 月 1 日。

② 龚雯、崔鹏：《改革开放的新航程——我国加入世界贸易组织十周年述评》，《人民日报》2011 年 12 月 9 日第 1 版。

③ 《习近平谈治国理政》，外文出版社 2014 年版，第 333 页。

成立后，中国在世界银行的席位长期为台湾当局所占据。1980 年 5 月 15 日，中国在世界银行和所属国际开发协会及国际金融公司的合法席位得到恢复。1980 年 9 月 3 日，该行理事会通过投票，同意将中国在该行的股份从原 7500 股增加到 1.2 万股。我国在世界银行有投票权。在世界银行的执行董事会中，我国单独派有一名董事。国际经济组织为中国提供了大量资金贷款。比如，世界银行组织对中国的贷款覆盖了除西藏和台湾省以外的所有省份，遍及农业、能源、工业、教育、卫生、城建和环保等国民经济的重要行业。表 3 - 1 为 1981—2005 年世界银行对华贷款的行业分布的具体情况。

表 3 - 1　**世界银行对华贷款的行业分布（1981—2005）单位：百万美元**

行 业	硬贷款	软贷款	贷款总额	占贷款总额百分比（%）	项目数目/个
农业	4805.87	5348.60	10154.47	25.92	68
工业	2808.10	239.30	3047.40	7.78	20
能源	6773.90	37.00	6810.90	17.39	34
交通	9453.00	569.60	10022.60	25.58	54
教育	285.30	1442.10	1727.40	4.41	19
卫生	136.00	786.60	922.60	2.36	11
供水与环境卫生	311.00	510.00	821.00	2.10	7
城市建设	2319.40	411.80	2731.20	6.97	18
环境保护	2164.50	317.00	2481.50	6.33	18
技术援助	70.40	246.31	326.71	0.81	12
其他	40.00	98.40	138.40	0.35	3
总计	29167.47	10006.71	39174.18	100	264

资料来源：http://www. worldbank. org. cn/Chinese。

3. 加入国际货币基金组织

国际货币基金组织于 1945 年 12 月 27 日成立，职责是监察货币汇率和各国贸易情况、提供技术和资金协助，确保全球金融制度运作正常，其总部设在华盛顿。1944 年，时任国民政府财政部长的孔祥熙率团参加了布雷顿森林会议，中国因此成为基金组织的创始成员国，新中国诞生后中国的席位长期被台湾当局非法占据。经过长期的努力，1980年4月17日，国际货币基金组织正式恢复中国的代表权。世界银行的执行董事会恢复了中国在基金组织和世界银行的合法席位。9月，基金组织通过决议，将中国份额从5.5亿特别提款权增加到12亿特别提款权；11月，中国份额又随同基金组织的普遍增资而进一步增加到18亿特别提款权。改革开放之后，中国对世界经济的影响日趋明显。为了方便基金组织了解情况，推进双方的合作，我国与基金组织签署备忘录，于1991年同意其设立基金组织驻华代表处。2001年2月5日，中国份额增至63692亿特别提款权，占总份额的2.99%，升至第8位。2010年11月，IMF执行董事会当天通过了份额改革方案。份额改革完成后，中国的份额将从目前的3.72%升至6.39%，投票权也从目前的3.65%升至6.07%，超越德国、法国和英国，位列美国和日本之后，得到在这一国际组织中的更大话语权。①

4. 加入亚太经济合作组织

亚太经济合作组织（简称亚太经合组织，APEC）是亚太地区政府间的经济合作论坛，成立于1989年，是亚洲—太平洋地区级别最高、影响最大的区域性经济组织，现有21个成员经济体。根据国际货币基金组织公布的数据，亚太经合组织成员经济总量约占世界经济总量的53%，贸易总量约占世界贸易总量的43%。这一组织在全球经济活动中具有举足轻重的地位。② 1991年11月，在“一个中国”和“区别主权国家和地区经济体”的原则基础上，中国、中国台北和香港（1997年7月1日起改为“中国香港”）正式加入亚太经合组织。截至2014年11月，共举行了22次领导人非正式会议，其中，第9、22次领导人非正式会议分别于2001年10月在中国上海、2014年11月在中国北京举行。

江泽民指出：“中国实行全方位开放，面向世界，首先是面向亚太地区。中国重视并积极参与和推动本地区的经济合作。加强同亚太国家

---

① http：//www. imf. org/external/np/exr/facts/quotas. htm.

② http：//news. xinhuanet. com/ziliao/2002－10/11/content_ 598763. htm.

的经济合作和贸易往来，是我们坚定不移的方针。"[①] 亚太地区是中国对外经济交流与合作的重要依托。亚太地区保持了总体稳定的良好态势，本地区新兴经济体对世界经济增长的贡献率超过60%，区域和次区域合作方兴未艾，亚太越来越成为世界上最具发展活力和潜力的地区。[②] 中国与亚太地区国家的经济贸易关系在整个对外经贸关系中占据80%的比重，通过参与亚太经合组织的活动，进一步加强与中国的主要经贸伙伴如美国、日本、东盟和韩国等的经济联系和经济合作，符合中国的利益。维护并支持一个繁荣、开放的亚太地区，对中国自身的繁荣和发展至关重要。同时还有助于打破西方国家在政治上对中国的"孤立政策"，消除"中国威胁论"的谎言，扩大中国的国际影响力。中国积极参与亚太经合组织的活动，已逐步建立起与周边国家的合作和信任机制，减轻了亚太国家对中国的疑虑，扩大了自己在亚太地区的影响力，为国内的经济建设创造了一个良好的外部环境。中国积极参与亚太经合组织的活动在经济上、政治上均有重大意义。

（三）不断提高对外开放水平

江泽民指出："面对经济、科技全球化趋势，我们要以更加积极的姿态走向世界，完善全方位、多层次、宽领域的对外开放格局，发展开放型经济，增强国际竞争力，促进国民经济结构优化和国民经济素质提高。"[③] 改革开放30年来，随着经济全球化的进程，我们坚定不移地实行对外开放政策，采取渐进式开放步骤，根据各地区的实际和特点逐步开放，现已形成了经济特区—沿海开放城市—沿海开放经济区—沿边、沿江和内陆中心城市的对外开放格局。在对外开放的基础上，发展开放型经济，不断提高对外开放水平。

1．丰富对外开放的形式

我们的开放是全方位的世界性开放，不论是对资本主义国家还是社会主义国家，不论是对发达国家还是发展中国家，我们都实行开放政

---

① 江泽民：《在亚太经济合作组织第一次领导人非正式会议上的讲话》，《人民日报》1993年11月21日。

② 《杨洁篪谈2011年中国外交：战胜挑战维护国家利益》，人民网，2012年1月2日。

③ 《江泽民文选》第2卷，人民出版社2006年版，第26—27页。

策。各民族各国家，无论大小、发展程度如何、属于什么性质和类型，都有自己的长处，只要可以和我们互通有无，我国都应在平等互利的基础上积极发展同它们的经济贸易关系。邓小平曾指出：对外开放是三个方面的开放，“一个是对西方发达国家的开放，我们吸收外资、引进技术等主要从那里来。一个是对苏联和东欧国家的开放，这也是一个方面……还有一个是对发展中国家的开放，这些国家都有自己的特点和长处，这里有很多文章可以做”。①

我国的开放从经济领域开始，而且始终以经济领域的开放为重点，但并不局限于经济领域，还包括能源、交通等基础产业以及金融、保险、房地产、科技、教育、服务业等多领域的开放。在经济领域，根据我国经济的发展，包括国际商品市场、国际资本市场、国际技术市场、国际劳务市场的开放。在科技领域，积极加强科技合作。我国在开放发展的道路上，所采取的对外开放基本形式包括对外贸易、利用外资、引进技术、国际劳务合作等。采取这些基本形式的重要途径是积极加入国际经济体系。

第一，对外贸易。对外贸易是一国参与国际经济合作与竞争的重要方式，是我国对外开放的核心内容与出发点。② 积极发展对外贸易，学习外国先进的东西，中国共产党人对此有着清醒的认识。早在中共七届二中全会上，毛泽东就指出：“人民共和国的国民经济的恢复和发展，没有对外贸易的统制政策是不可能的。”③ 邓小平把对外贸易提高到促进国民经济发展，从而带动实现翻两番的战略目标的高度来认识：“现在我国对外贸易额是四百多亿美元吧？这么一点进出口，就能实现翻两番呀？……没有对外开放这一着，翻两番困难，翻两番后再前进更困难。”④

对外贸易包括出口和进口两个方面。对外贸易是我国实行对外开放的基础和基本形式，是我国国民经济发展不可或缺的重要组成部分，是国际经济交往的桥梁和纽带，对中国走开放发展的道路具有重要的作

---

① 《邓小平文选》第3卷，人民出版社1993年版，第98—99页。

② 王伟光：《中国特色社会主义理论体系研究》，人民出版社2012年版，第130页。

③ 《毛泽东选集》第4卷，人民出版社1991年版，第1433页。

④ 《邓小平文选》第3卷，人民出版社1993年版，第90页。

用。通过对外贸易，可以充分利用国内国外两种资源，促进经济社会进步；可以引进科技革命中所创造出来的先进科学技术、设备，有利于我们消化吸收后进行技术创新，提高技术创新的速度，进而有利于促进生产力的发展；可以增加商品数量，节约社会劳动，增加社会主义国家的资本积累；可以进口国内市场需要的物资，调整国内市场，繁荣国际市场；可以带动经济发展推动对外经济关系的开展；可以加快我国全面建设小康社会、建设社会主义现代化的步伐。

我国的对外贸易迅速增长。1949—1978 年，由于我国实行计划经济体制，加上由于主客观原因，我们实行对外开放的对象主要是社会主义国家，对外贸易在国民经济中处于附属地位，外贸管理体制实行计划体制，统一管理、统一定价，与世界无法实现市场化的经济关系，贸易对国家经济增长贡献较低。1978 年，中国货物进出口总额仅仅有 206 亿美元，世界排名第 32 位，在全球贸易额中所占比重不足 1%。但随着中国改革开放的深入，实行了由有计划的商品经济转变到社会主义市场经济，加大了对外贸易体制的改革力度，贸易战略由进口替代型转变为出口导向型，尤其是 2001 年加入世贸组织后，我国全面融入世界经济体系之中，对外贸易额迅速增长，到 2011 年，中国货物进出口总额达到 38668 亿美元，比 1978 年增长了 187.7 倍，年均增长 16.8%。其中，出口总额 20489 亿美元，年均增长 17.2%；进口总额 18178 亿美元，年均增长 16.4%。中国出口总额和进口总额占世界货物出口和进口的比重分别提高到 10.4% 和 9.1%，成为世界货物贸易第一出口大国和第二进口大国。①

货物贸易结构、外贸经营主体发生了根本性变化。20 世纪 80 年代，中国出口商品结构随着中国经济社会的发展，有一个逐步演变并走向合理的过程。这与我国在改革开放中，产业结构发生重大变化息息相关。20 世纪 80 年代，初期以初级产品为主，中后期以工业制成品为主；90 年代，以传统的轻纺产品为主，随着中国工业化结构挑战，转为以机电产品为主的；21 世纪初，中国高新技术产业迅猛发展，随之

① 中华人民共和国国务院新闻办公室：《中国的对外贸易》，《人民日报》2011 年 12 月 8 日。

而来的是高新技术产品在对外贸易中占的比重有所扩大。随着我国经济改革的发展，我国已形成以公有制为主体、多种所有制形式共同发展的多元所有制结构，与此相应的是外贸经营主体由单一的国有企业，转变为包括国有企业、外商投资企业、民营企业等在内的多元主体，后二者的进出口总额现在均已超过国有企业。在中国对外贸易中，外商投资企业和加工贸易发挥了十分重要的作用。“中国制造”享誉全球。但是，中国处于加工贸易链条中的低端，获取利润较少，中国应该加快经济结构的调整，实现由“中国制造”到“中国创造”的转变。

中国对外贸易获得全方位发展。随着我国实行对外开放政策，加强快了与世界许多国家的建交历程，同时在世界政治交往中，坚持世界经济运行规则，加强与建交国家的经济往来。我国的贸易伙伴由1978年的单一类型的几十个国家和地区发展到目前的231个国家和地区，对外贸易的对象获得了全方位的发展。以2010年的货物贸易占中国总贸易比重的数据来看，欧盟处于第一位，美国处于第二位，日本排第三位，其余的依次是东盟、韩国、金砖国家等，这些国家和地区成为中国主要贸易伙伴。中国对外贸易的全面发展同时为贸易伙伴提供了广阔市场，促进了这些国家的经济发展。目前，中国已经是东盟、日本、韩国、巴西、南非、澳大利亚等国家的第一大出口市场，是欧盟的第二大出口市场，是美国和印度的第三大出口市场。中共十八大在以往“六化”的基础上提出新的“四化”，即“工业化、信息化、城镇化和农业现代化”，正在加速推进，内需这架拉动经济增长的马车将发挥重要的作用，同时，在国内“新四化”建设的背景下，中国市场将不断扩大和开放，为贸易伙伴提供越来越多的发展机遇。

中国对外贸易的发展得益于对内进行改革、对外实行开放，得益于经济全球化所提供的机遇和挑战，得益于坚持走开放发展的道路。中国的发展离不开世界，世界的繁荣稳定也离不开中国。中国对外贸易的发展使得我国能够在国际经济体系中按照比较优势原则参与国际分工，充分利用我国劳动力的比较优势，发展劳动密集型产业和知识密集型产业，有利于扩大市场和扩大就业。同时，对外贸易对于我国走新型工业化道路具有重要的作用。在对外贸易推动下，顺应以信息化为核心的新科技革命这一时代特征，中国提出："坚持以信息化带动工业化，以工业化促进信息化，走出一条科技含量高、经济效益好、资源消耗低、环境污染少、人力资源优势得到充分发挥的新型工业化路子。"[①] 对外贸易对我国经济增长的贡献日益凸显，推动了中国经济迅速发展，提高了中国人民的生活水平。此外，由于中国经济是世界经济的一部分，中国经济离不开世界经济，同时世界经济的繁荣离不开中国经济。中国经济通过对外贸易的渠道，顺应经济全球化的时代要求，促进了世界各国和地区经济的共同发展。根据世界银行的数据，2010年中国国内生产总值比2001年增长4.6万亿美元，占同期世界经济总值增量的14.7%。中国国内生产总值占世界经济总值的比重增加至9.3%。世界贸易组织的数据显示，2000—2009年，中国出口量和进口量年均增长速度分别为17%和15%，远远高于同期世界贸易总量3%的年均增长速度。[②]

对外贸易取得长足进展，但是我们要防止对外贸易依存度过高的问题。外贸依存度指的是一定时期内，一个国家或地区对外贸易总额占该国或地区国内生产总值的比重，经常用于衡量一国或地区的贸易开放程度。随着我国对外开放程度不断加大，我国对外贸易依存度急剧升高。1978年，我国对外贸易依存度仅为8.9%，2000年为44%，2002年48.8%，2003年为60%，2004年达到70%，2007年为66.6%，2012年回落至47%。目前，美国、日本和巴西3国的外贸依存度在30%左右，相比之下，我国的外贸依存度仍处于较高水平。[③] 总的来说，外贸依存度的快速增长使得中国经济发展更加国际化，但同时，世界经济周期对中国的经济影响日益明显，会造成一些负面的影响，导致对外贸易摩擦加剧。我国从2005年就进入摩擦高发期，已经受到美国、欧盟等多个国家和地区的反倾销调查，成为世界上遭受反倾销调查最多的国家；随着石油等重要战略物资、关键产品和技术进口数量的不断增长，对外贸易对国家经济安全的影响进一步扩大；同时，也恶化了贸易条

---

① 《江泽民文选》第3卷，人民出版社2006年版，第545页。

② 中华人民共和国国务院新闻办公室：《中国的对外贸易》，《人民日报》2011年12月8日。

③ 《去年我国外贸依存度降至47%》，《人民日报》2013年2月8日。

件，造成资源环境的压力。中国必须调节外贸结构，促进出口平衡，完善外贸政策与服务体系，采取灵活人民币汇率政策，把外贸依存度控制在合理的范围内。

第二，利用外资。利用外资是指利用国外资本来进行建设和从事对外经济贸易的活动，是一种国际信贷关系，是解决我国社会主义现代化建设中资金缺乏的一个重要途径。一方面，就国内而言，我国是一个大国，又是一个穷国，建设强大的社会主义现代化强国资金不足。另一方面，国际上有资金可以利用，发达国家的剩余资金总要找出路。邓小平阐述了吸引外资是中国开放发展的重要途径，他说："吸收外国的资金和技术，欢迎中外合资合作，甚至欢迎外国独资到中国办工厂，这些都是对社会主义经济的补充。"① 利用外资的方式有两类，一类是外国贷款，其中又分为外国政府贷款、国际金融机构贷款、出口信贷、外国银行商业贷款、对外发行债券。这类外资，构成我方的外债，要用外汇或出口产品偿还本金和利息。另一类是外商直接投资，包括合资经营企业、合作经营企业、外资企业、外商投资股份制企业、合作开发资源等。我方对这些外来投资一般不承担偿还义务，而是由参加合营的双方共负盈亏、共担风险。这种外资不构成对外债务。此外，我国利用外资还采用补偿贸易、国际租赁、补偿租赁、加工装配等形式。总之利用外资的形式多种多样，要选择最有利的条件、最低的利息和费用。

从1979年颁布的《中华人民共和国中外合资经营企业法》及1980年批准的第一批三家外商投资企业以来，中国利用外资大体经历了三个阶段：1979—1991年，以对外借款为主，中外合资企业、合作企业是外商投资的主要形式，以港澳台资本为主体的亚洲资本占外商直接投资的85%以上；1992年后，外商直接投资超过了间接投资，外商投资企业发展迅速，欧美发达国家的制造业跨国公司和外国金融服务业来华投资有了较大发展。改革开放以来，我国利用良好的国内建设环境，成为全球投资者的热土。尤其是加入世贸组织后，外商对中国的投资更是高潮迭起。目前，"来中国投资的国家和地区超过190个，世界500强跨

① 《邓小平文选》第3卷，人民出版社1993年版，第138页。

国公司已有480多家在华投资或开展经营活动”。[①] 中国已经成为世界最大的引进外资国家，是连续20年吸引外资最多的发展中国家。

中国吸收和利用外资不仅弥补了建设资金的不足，加强了能源、交通、环保等基础设施的建设，而且有效地吸收了外国的先进技术和经营管理经验，促进了高新技术和新兴产业部门的发展，优化了产业结构，开拓了许多新的经济增长点，促进了我国经济的高水平发展。1979—1984年，我国合同利用外资281.26亿美元。20世纪90年代，我国确定了积极合理有效利用外资的方针，吸收外资进入高速发展时期。1992—2000年，实际使用外商直接投资3233亿美元，年均利用外资金额达到359亿美元，是1986—1991年的10倍多。2008年，我国实际使用外资952.5亿美元，比1983年增长41倍，其中外商直接投资924亿美元，增长99.4倍。1979—2008年，我国累计实际使用外资金额10498亿美元，其中外商直接投资8526亿美元。外资和外国企业在我国经济发展中的重要作用日渐凸显，外资企业工业生产值占全国的29.7%，外商投资企业在促进国民经济增长、带动产业技术进步、扩大出口、提供就业和增加财政收入等方面，发挥着日益重要的作用。2008年，占全国企业总数3%左右的外商投资企业创造的工业产值占全国的29.7%，实际出口额占全国的55.3%，进口额占54.7%，缴纳税收占全国的21%，直接吸纳就业4500万人。[②]

第三，引进技术。邓小平指出：“科学技术是人类共同创造的财富。任何一个民族、一个国家，都需要学习别的民族、别的国家的长处，学习人家的先进科学技术。我们不仅因为今天科学技术落后，需要努力向外国学习，即使我们的科学技术赶上了世界先进水平，也还要学习人家的长处。”[③]

引进技术，符合社会生产力发展的客观要求和必然趋势，符合马克思主义的国际分工论、国际价值论、节约劳动论等原理。它是指通过国际技术贸易和技术交流活动，从国外引进先进科学技术，迅速提高本国

---

① 《中国是最具吸引力投资东道国之一》，《人民日报》2013年4月19日第10版。

② 胡振良：《中国特色社会主义史论研究·科学体系卷》，中共中央党校出版社2012年版，第175页。

③ 《邓小平文选》第2卷，人民出版社1994年版，第91页。

科学技术水平，以促进国内劳动生产率的提高，是促进社会主义现代化建设的重要条件。引进技术的方式多种多样，包括购买国外的专利权和非专利技术，技术咨询、技术服务、聘请专家、引进成套设备、先进的管理方法等。引进先进技术，可以节省研制开发费用，节省建设资金，提高我国的科学研究水平和管理水平；可以加速我国技术进步和发展，推动国民经济结构的改造与优化，提高劳动生产率，促进生产力的发展。总之，引进技术是一条花钱少、见效快、快速发展的有效途径。目前，我国已与152个国家和地区建立了科技合作关系，签订了103个政府间科技合作协定，参加了约350个国际科技组织，共有200多位中国科学家在这些国际科技组织中出任各级领导职务。2008年的进口额为3418.20亿美元。[①] 同时，我们加强技术出口，起始于20世纪80年代初，90年代以后发展加快，出口项目和金额逐年增加，进入21世纪初，尤其是加入世贸组织后，高新技术产品出口增快。1996年的高新技术产品出口额为126.63亿美元，1998年突破200亿美元，达到202.51亿美元，1998、1999年分别比上年增长24.2%、22%，2000年达到370.43亿美元，比上年增长50%。2001年达到464亿美元，占我国出口额比重的17.5%，2008年我国高技术产品出口额又上一个新台阶，首次突破4000亿美元，达到4156.06亿美元，比上年增长了13.1%，在我国出口额中的比重上升为29.1%，2009年，由于受全球经济危机的影响，出口额3769.1亿美元，虽然比上年下降了9.3%，占我国出口额中的比重上升为31.4%。[②]

第四，国际劳务合作。国际劳务合作是指一国的自然人或法人通过某种形式向另一国的自然人、法人或政府机构提供劳务以获取经济利益的一种国际经济合作方式。提供劳务的一方称为劳务输出方，也叫受聘方；接受劳务的一方称为劳务输入方，也叫聘请方。其方式主要有两类：一类是单纯派出劳务人员为聘请方服务。这种形式输出方式除提供劳务外，不投入任何费用，不承担任何风险。另一类是通过承包对方工程项目的形式向聘请方提供劳务，输出方要对工程的部分费用和工程负责，

---

① http://www.most.gov.cn/kjtj/tjbg/

② 刘丽娟：《中国对外贸易概论》，东北财经大学出版社2011年版，第278页。

承担风险。作为一种互惠互利的国际经济合作形式，国际劳务合作的作用在于：加深了生产的国际化，促进了国际贸易的发展，加速了先进的科学技术在国际间的变化，促进了劳务输出国与劳务输入国的经济发展。

我国从1979年开始正式开展国际劳务合作，起步较晚，随着经济全球化的加速发展，劳动力的跨国流动也日趋活跃，中国政府坚持“走出去”和“引进来”同时并举、相互促进的开放战略，在输出劳动力的同时，引进经济发展所需要的、中国短缺的外国技术性人才。从表3－2中，我们可以看出我国由改革开放之初1979年的对外承包合同数27份、合同金额0.33亿美元、完成营业额为零，到2011年的合同数6381份、合同金额1423.32亿美元、完成营业额1034.24亿美元；由派出劳务人数为零，到2011年的20.91万人，实现了快速发展。为了进一步规范对外承包工程的实施，切实实现经济和社会双重效益，2008年5月7日国务院第8次常务会议通过《对外承包工程管理条例》，规定：“开展对外承包工程，应当遵守工程项目所在国家或者地区的法律，信守合同，尊重当地的风俗习惯，注重生态环境保护，促进当地经济社会发展。”①

表3－2　对外承包工程与对外劳务合作一览表

年份	对外承包工程				对外劳务合作	
	合同数（份）	合同金额（亿美元）	完成营业额（亿美元）	年末在外人数（万人）	派出劳务人数（万人）	年末在外人数（万人）
1979	27	0.33				
1980	138	1.40	1.23			
1981	250	2.76				
1982	195	3.46	1.00			
1983	280	7.99	1.89			
1984	344	15.38	4.94	2.19		2.76
1992	1164	65.85	24.03	2.54		10.56

① 《中华人民共和国国务院令（第527号）对外承包工程管理条例》（http://www.gov.cn/flfg/2008－07/28/content_1058146.htm）。

续表

年　份	对外承包工程				对外劳务合作	
	合同数（份）	合同金额（亿美元）	完成营业额（亿美元）	年末在外人数（万人）	派出劳务人数（万人）	年末在外人数（万人）
2001	5836	164.55	88.99	6.00		41.47
2002	4036	178.91	111.94	7.85		41.04
2004	6694	276.98	174.68	11.47	17.30	41.94
2007	6282	853.45	406.43	23.60	21.49	50.51
2008	5411	1130.15	566.12	27.16	22.49	46.71
2009	7280	1336.82	777.06	32.69	18.01	45.03
2010	9544	1430.92	921.70	37.65	18.68	47.01
2011	6381	1423.32	1034.24	32.40	20.91	48.84

资料来源：《中国统计年鉴2012》（http://www.stats.gov.cn/tjsj/ndsj/2012/indexch.htm）。

2. 拓展对外开放格局

第一，创建经济特区。中国共产党人放眼全球，用世界眼光观察世界，发现世界上不少国家和地区在发展经济的成功经验中，设置诸如“自由港”、“自由贸易区”、“过境区”、“出口加工区”、“科技工业园区”、“自由边境区”等各种类型的经济发展区，在本国或本区划出一定区域，实行有别于全国各地的经济政策，在对外经济活动中采取更加灵活、更加优惠的经济政策吸引外商投资，以达到发展经济的目的。从1547年，意大利正式将热那亚湾的里南那港定名为世界上第一个自由港，到1980年，世界上各种特区已发展到350多个，分布在75个国家，发展中国家和社会主义国家也有40多个国家和地区建立了经济特区80多个，南斯拉夫、罗马尼亚也有类似设置。世界上许多国家设置经济发展区的经验证明：特区是扩大出口贸易、利用外资、引进技术、发展经济的比较成功的好形式。我国在改革开放之初，借鉴国际经验，顺应开放发展的时代要求，开始设置经济特区作为对外开放和利用外资的窗口，取得了明显的成效。

1980年，中共中央、国务院决定设立深圳、珠海、汕头、厦门四个经济特区，给予进口货物特殊关税、简化出入境手续、工资制度改革、自主经营、外资合营、吸引侨资和外资等特殊政策，进行开放发展的实验。经济特区的设立极大地促进了外向型经济的发展。深圳的生产总值从1980年的2.7亿元增长到1985年的33亿元，同期，出口由1100万美元增至5.63亿美元。从1979年到1988年，最早的4个经济特区的工业生产增长了16倍，远远超出了同期全国平均增长的2.3倍。四个经济特区在经济建设和其他工作等方面取得了显著的成绩。1984年，四个经济特区的工农业总产值共计42.9亿元，其中工业总产值37.3亿元，财政收入7.8亿元，社会商品零售额36.7亿元，接待国外游客110万人次。与1980年相比，分别增长了1.9倍、2.3倍、21.4倍、4.2倍和7.9倍，初步具备了外商投资所必需的条件。到1984年底，深圳、珠海、汕头、厦门四个特区与外商签订的各种经济合作协议已达4700多项，协议投资额达40亿美元，已实际投入使用的为8.4亿美元，占全国利用外资总额的1/5。发展最快的深圳，1984年特区工业产值达13亿元（含宝安为18亿元），比1979年增长20倍；财政收入4.5亿元，比1979年增长10.6倍。[①] 这说明，中国实施经济特区的政策取得了明显的成效。

邓小平阐述了创建经济特区的目的，他说："特区是个窗口，是技术的窗口，管理的窗口，知识的窗口，也是对外政策的窗口。从特区可以引进技术，获得知识，学到管理，管理也是知识。特区成为开放的基地，不仅在经济方面、培养人才方面使我们得到好处，而且会扩大我国的对外影响。"[②] 这是他对经济特区在我国社会主义现代化建设中的地位和作用的精辟概括，深刻揭示了创办经济特区的目的和意义。经济特区的创建有利于更好地吸收外资，引进技术，发展对外贸易，获得国际信息，为全国经济体制改革摸索出了经验，而且还有很大的政治意义。国外舆论认为："深圳这样的经济特区，在中国进行四个现代化建设方面的确是不可缺少的，但恐怕不能忽视这样一点：建立经济特区不仅从经济方面考虑，也有尚未公开的'政治意图'，原因是这四个特区都处

---

① 当代中国研究所：《中华人民共和国史稿》第4卷，人民出版社2012年版，第169页。

② 《邓小平文选》第3卷，人民出版社1993年版，第51页。

在离香港和台湾很近的沿海。"①

江泽民在1980年8月21日指出："经济特区吸收了世界上一些出口加工区的有益经验和通用做法，又有我国自己的特点。这是在社会主义制度下，在特定地区内，鼓励和利用外国投资、加快经济发展的一种特殊方式。"② 2000年11月14日，江泽民在《深圳经济特区建立二十周年庆祝大会上的讲话》中指出："实践证明，兴办经济特区这个具有远见卓识的创举，对推动我国改革开放和现代化建设的进程，丰富我们对建设有中国特色社会主义的认识，具有重要而深远的理论和实践意义。"③ 胡锦涛也阐述了兴办经济特区的意义，他说："兴办经济特区是党和国家为推进我国改革开放和社会主义现代化建设做出的一项重大决策，是中国共产党人和中国人民在探索中国特色社会主义道路上进行的一个伟大创举。""深圳经济特区创造了世界工业历史、城市化历史以及现代化历史上的奇迹，为中国的改革开放做出了巨大的贡献。"④

目前中国有6大经济特区，包括：1980年建立的深圳（2020平方公里）、珠海（1687.8平方公里）、汕头（2064平方公里）、厦门（1565平方公里），1988年建立的海南岛（33920平方公里，当时的中国最大的经济特区）。2011年10月8日，国务院正式发文在喀什建立经济特区（111794平方公里）。喀什的周边同塔吉克斯坦、吉尔吉斯斯坦、巴基斯坦、印度、阿富汗五国接壤，具有明显的区位优势，是迄今为止中国最大的经济特区。该经济特区是介于经济特区和其他特殊经济区的一种国家级试验区，实行全方位对外开放，充分发挥地缘区位优势，促进内地开放型产业向西部转移，形成我国与中南亚更密切的合作格局。

经济特区的设置体现了中国共产党人对传统社会主义模式的大胆突

---

① 《日本前外相宫泽访问深圳特区说：中国正在进行二十世纪的伟大尝试》，《参考消息》1984年8月9日。

② 《江泽民文选》第1卷，人民出版社2006年版，第1页。

③ 《十五大以来重要文献选编》，人民出版社2001年版，第1440页。

④ 胡锦涛：《在深圳经济特区建立30周年庆祝大会上的讲话》，新华网，2010年9月6日。

破，是符合时代发展的重大决策。时任新加坡国会议员白振华认为："中国经济特区的改革计划，是中国政府很有远见和务实的政治决定，这对中国长远的经济改革方向和发展来说，是很有利的，也是很好的。"[①] 世行考察小组认为"建立经济特区的初衷，一是作为对外开放的窗口和桥梁；二是作为经济改革的试验区"。[②]

第二，开放沿海港口城市。1984 年，根据邓小平"除现在的特区之外，可以考虑再开放几个港口城市"[③] 的意见，决定开放大连、秦皇岛、天津、烟台（含威海）、青岛、连云港、南通、上海、宁波、温州、福州、广州、湛江、北海（含防城港）14 个沿海港口城市。决定开放这 14 个沿海港口城市的原因是：这些沿海港口城市经济比较发达、科技教育水平较高、人口素质较高、基础设施较好、地理位置优越、交通便利。中央给予 14 个开放城市在外资建设项目、外汇使用、利用外资、三资企业、经济技术开发区等方面以较大的权力，有利于加大开放力度，增强经济活力。国际舆论认为，"开放整个海岸，意味着实际开放半个中国"，盛赞这个战略决策是新中国 35 年以来"采取的最大胆的行动"，"是中国从明朝以后第一次开放"。[④] 14 个沿海港口城市的开放，有利于加快利用外资和引进技术的步伐，促进了经济的发展，带动了内地的经济建设。开放的当年，"全年的工业总产值就比上年增长了 11.5%，其中签订的利用外资合同项目及协议金额相当于 1983 年以前五年的总和"。[⑤] 这充分显示了开放发展的优越性，为内陆城市的开放积累了经验，具有示范、辐射作用。

1985 年，根据邓小平等中央领导的意见，设置三个沿海经济开放区：长江三角洲、珠江三角洲、闽南厦漳泉三角地区。长江三角洲经济开发区处于长江下游平原，包括江苏部分县市和上海市所属县，具有经济实力强、工业基础雄厚、农业发达、人才集中、劳动力资源丰富、区

---

① 刘洪潮：《外国要人名人看中国（1989—1992）》，中共中央党校出版社 1993 年版，第 39 页。

② 同上书，第 300 页。

③ 《邓小平文选》第 3 卷，人民出版社 1993 年版，第 52 页。

④ 孙泽学：《中国通史》（当代卷），华中师范大学出版社 2008 年版，第 283—284 页。

⑤ 贺耀敏等：《春潮涌动——1984 年的中国》，中国工人出版社 2000 年版，第 108 页。

位优势明显、海外关系众多等优势；珠江三角洲地区和闽南厦漳泉三角地区具有同样的优势，地理位置优越、海洋气候宜人、资源丰富、华侨众多，有利于发挥自身的自然和华侨资源优势，为兴办三资企业提供了便利的条件。1988 年，中央将山东半岛和辽东半岛全部对外开放，同先前开放的 14 个沿海港口城市青岛、烟台、秦皇岛、大连等连成一片。这样，中国对外开放范围扩展到 270 个市和县，相当于沿海 14 个开放城市面积的 7 倍和人口的 5 倍多。到 1987 年，中国对外开放地区的工业总产值达 5452 亿元，占全国的 39.47%；农业总产值达 1156 亿元，占全国的 24.72%。①

1990 年，中央决定开放上海浦东，发挥上海作为长江流域龙头的作用，对长江三角洲有进一步的带动作用，同时，可以带动长江流域的开放发展。这样，上海浦东和长江三角洲互为倚重，促进了长江流域的经济发展。2013 年 8 月，国务院正式设立上海自由贸易区，顺应了开放发展的时代潮流，有利于促进开放型经济水平。

第三，开放沿江、沿边、内陆城市。20 世纪 90 年代，尤其是邓小平南方谈话后，中共十四大顺应时代发展要求，确立了社会主义市场经济体制。市场经济的开放性要求国内进一步加快开放，形成一个有机的市场体系；同时，经济特区、沿海港口城市、经济技术开发区的建设积累了丰富的经验、取得了显著的成效，对沿江、沿边、内陆城市产生了辐射作用，带动了这些地方城市的发展。在这种情形下，中央决定加快对沿江、沿边、内陆城市的开放力度，全方位、多元化的开放格局基本形成。

1991 年，中国开放满洲里、丹东、绥芬河、珲春 4 个北部口岸。1992 年，开放重庆、岳阳、武汉、九江、芜湖 5 个沿江城市和三峡库区；同时，开放哈尔滨、长春、呼和浩特、石家庄 4 个边境和沿海地区省会城市；开放黑河、二连浩特、伊宁、塔城、博乐、瑞丽、畹町、河口、凭祥、兴东等沿边城市，鼓励沿边城市发展边境贸易和与周边国家的经济合作；开放太原、合肥、南昌、郑州、长沙、成都、贵阳、西安、兰州、西宁、银川 11 个内陆省会城市。2000 年，伴随着西部大开

---

① 王伟光：《社会主义通史》第 8 卷，人民出版社 2011 年版，第 248 页。

发战略的实施，对外开放进一步扩大到广大西部地区。①

第四，实施“区域发展”国家战略。21 世纪初，尤其是中国加入世贸组织后，加大了开放力度，统筹兼顾，在前期经济特区、沿海开放城市、沿边沿江内地城市的开放格局的基础上，又实施了许多重大战略。这样，开放的范围遍及全国。2003 年，振兴东北地区等老工业基地、促进中部地区崛起、支持东部地区率先发展成为逐步推开的重点。2006 年 5 月 26 日，中国政府发布了《国务院推进天津滨海新区开发开放有关问题的意见》，正式批复把天津滨海新区作为全国综合配套改革实验区，提升京津冀乃至环渤海地区的国际竞争力，促进率先发展。此外还有：2009 年的海南国际旅游岛，打造海岛休闲度假旅游胜地；2009 年的海峡西岸经济区，是两岸人民交流合作先行先试区域；2011 年的中原经济区，是国家重要的粮食生产和现代农业基地，全国工业化、城镇化和农业现代化协调发展示范区；2011 年 1 月 4 日，国务院以国函［2011］1 号文件批复的《山东半岛蓝色经济区发展规划》，是“十二五”开局之年第一个获批的国家发展战略，也是我国第一个以海洋经济为主题的区域发展战略。此外，赣南等原中央苏区经济区、辽宁沿海经济带、北部湾经济区、南向国际大通道建设等区域规划都上升为国家战略。这些区域规划上升为国家发展战略，在原有开放格局的基础上，根据区域发展特色，突出重点发展，有利于进一步提高开放水平。

3. 完善开放型经济，提高开放水平

随着经济全球化的进一步深入，发展开放型经济成为世界各国的主流选择。改革开放以来，我国已经形成了全方位、多层次、宽领域的对外开放格局，已经搭建起了开放型经济的平台，但是我们仍然面临着许多问题，需要不断完善开放型经济，进一步提高开放水平。

胡锦涛指出：“我们必须树立全球战略意识，实施互利共赢的开放战略，着力转变对外贸易增长方式，全面提高对外开放水平，扬长避短，趋利避害，在更大范围、更广领域、更高层次上参与国际经济技术

---

① 《新中国 60 年报告：从封闭半封闭到全方位开放的伟大历史转折》（http：//www.hprc.org），2009 年 9 月 24 日。

合作和竞争，使对外开放更好地促进国内改革发展。”[①] 随着对外贸易的规模、结构、范围显著提升的同时，我国对外贸易方式较为粗放，“中国制造”的商品处在国际分工的低端，附加值不高；出口产品结构不合理，“高能耗、高污染、资源型”产品占较大比重；服务贸易发展滞后；贸易增长主要靠的是资源禀赋和劳动密集型产业的相比较优势；对外贸易效益不高。需要加快转变外贸增长方式，需要实施以质取胜的战略，不断优化商品结构，发展科技含量高、附加值高的高科技产品；努力发展服务贸易，抓住国际服务贸易转移的重要机遇，完善监管机制和促进体系。利用外资和对外投资本身就是开放型经济的重要内容，促进了中国开放型经济的发展，但是，我国利用外资的总体质量偏低，产业分布不理想，高科技含量项目比重低，投资地域不均衡，投资结构不合理；对外投资规模不大、合作方式单一、效益不高现象存在。完善开放型经济，必须“提高利用外资综合优势和总体效益，推动引资、引技、引智有机结合。加快走出去步伐，增强企业国际化经营能力，培育一批世界水平的跨国公司”。[②] 提高利用外资综合优势和总体效益是提高中国开放型经济水平的迫切需要。随着经济全球化的深入发展和我国经济实力的不断增强，中国原有的利用外资方式已不能完全适应我国经济发展的要求，必须在提高综合优势和总体效益上下工夫，不仅仅看量上的增长，关键是优势的发挥和效益上的提高，不仅仅是资金上的引入，更重要的是推动吸引资金与引进技术和智力三者有机结合。同时，随着我国对外投资的增加，实施“走出去”战略，要不断创新对外投资和合作方式，不断提高我国企业参与国际经济合作与竞争能力，不断增加投资规模，扩展投资区域分布，在现有投资集中在发展中国家的基础上，加大对发达国家的投资力度；投资行业要改变集中在贸易服务、小加工、能矿资源、家电轻纺等加工制造业结构不尽合理的情况，提高高端和领先产业的比重。

中共十七大报告提出了要“拓展对外开放的广度和深度，提高开

① 《十六大以来重要文献选编》(中)，中央文献出版社2006年版，第1097页。

② 胡锦涛：《坚定不移沿着中国特色社会主义道路前进　为全面建成小康社会而奋斗——在中国共产党第十八次全国代表大会上的报告》，人民出版社2012年版，第24页。

放型经济水平”，并提出完善“内外联动、互利共赢、安全高效”的开放型经济体系。[①] 中共十八大报告明确提出：“适应经济全球化新形势，必须实行更加积极主动的开放战略，完善互利共赢、多元平衡、安全高效的开放型经济体系。”[②] 两次报告对提高、完善开放型经济，进一步提高对外开放水平，做了明确的部署，符合经济全球化的新形势，符合时代发展的要求。“内外联动”主要是统筹好国内市场和国际市场，实现我国社会主义市场经济体系与世界市场体系的良性互动，把促进国内的经济又好又快地发展作为促进世界经济发展的动力，把世界经济发展作为促进国内经济结构调整的重要驱动，是实现开放型经济的立足点和切入点。“互利共赢”是完善开放型经济的目标。互利共赢理念已成为世界共识，我国走开放发展道路，坚持这个时代理念，在促进中国发展的同时，寻求与世界发展的利益交汇点，立足国家长远利益，坚持与他国共同发展，共享发展机遇，共获发展利益，在合作中共赢，不断拓展良好的国际环境，促进世界经济可持续发展。“多元平衡”就是“对外开放中要坚持统筹协调，注重良性互动，实现多元、平衡发展”。[③] 多元平衡是用科学发展观指导开放型经济体系建设的有效举措，在对外开放中必须贯彻统筹兼顾的根本方法，根据目前开放中存在的问题，统筹制造业与农业、服务业，协调并进；统筹出口与进口；统筹吸引外资与对外投资；统筹发达国家市场与发展中国家市场；统筹沿海开放与内陆开放，实现其间的良性互动、平衡发展，不断提高开放水平、质量。“安全高效”是完善开放型体系的保障。经济全球化既为中国开放发展提供了机遇，同时又产生了消极影响。我国对外开放必须按照“安全有效”的原则，建立有效的防御经济风险的机制，增强抵御经济风险的能力，在保证国家经济安全的前提下，不断提高开放型经济的效益，不断提高开放水平。

中国的开放发展道路，使中国由封闭走向开放，从国内走向世界。正如胡锦涛所说：“改革开放以来……认清了现在的世界是开放的世

---

① 《十七大以来重要文献选编》（上），中央文献出版社2009年版，第21页。

② 胡锦涛：《坚定不移沿着中国特色社会主义道路前进　为全面建成小康社会而奋斗——在中国共产党第十八次全国代表大会上的报告》，人民出版社2012年版，第24页。

③ 本书编写组：《十八大报告辅导读本》，人民出版社2012年版，第186页。

界，中国的发展离不开世界，中国要发展起来就必须对外开放……我们仍然必须坚持解放思想、实事求是的思想路线，正确把握当代世界发展的趋势，坚定不移地实行对外开放的基本国策，进一步走向世界。”①

① 《十五大以来重要文献选编》（上），人民出版社2000年版，第339页。

第四章　中国特色社会主义道路是创新发展道路

创新是时代特征。江泽民反复指出："创新是一个民族进步的灵魂，是国家兴旺发达的不竭动力。"① "也是一个政党永葆生机的源泉。"② 中国特色社会主义核心价值体系中明确提出，改革创新是时代精神。中国特色社会主义道路顺应市场经济、民主政治、新科技革命的时代发展要求，以我国国情为现实基础，解放思想，改革僵化体制，不断实现创新发展，是创新发展道路，体现了创新发展的时代特征。本章撮其要，就中国特色社会主义市场经济，中国特色社会主义民主政治，中国特色社会主义实行科教兴国、建设创新型国家战略等三个方面进行分析。

一　中国特色社会主义市场经济

中国特色社会主义市场经济，立足于社会主义初级阶段生产力不发达、市场经济发育不完善的国情，汲取了传统社会主义计划经济体制窒息生产力发展的教训，学习、借鉴了世界市场经济理论，顺应时代发展要求，打破了僵化封闭的计划经济体制，在世界经济发展史上，第一次实现了社会主义制度与市场经济的结合，是对马克思主义经济理论的创新。

---

① 江泽民：《论科学技术》，中央文献出版社 2001 年版，第 3—4、55 页；《江泽民文选》第 2 卷，人民出版社 2006 年版，第 237、392 页；《江泽民文选》第 3 卷，人民出版社 2006 年版，第 36 页。

② 《江泽民文选》第 3 卷，人民出版社 2006 年版，第 64、537 页。

（一）社会主义市场经济体制建立的必要性

1．马克思主义经典作家对社会主义经济体制的认识

马克思、恩格斯虽然没有使用“市场经济”的概念，但在《资本论》等著作中，通过对资本主义商品经济的阐述，分析了市场及其在经济发展中的作用、市场机制的运行、市场规律等。他们基于对资本主义商品经济的私有制属性所带来的痼疾的分析，对资本主义必然灭亡、共产主义必然胜利的信念，认为共产主义是建立在生产力高度发达的基础上的更高类型的社会，在他们为未来社会主义制度的设计中，否认了商品经济，具有时代的局限性。马克思、恩格斯对自由竞争时代的无政府状态进行了深刻的批判，认为它使社会劳动和生产资料不能得到合理安排和充分利用，常常带来严重的经济危机，实际情况也是如此。他们基于对资本主义私有制框架下市场经济所带来的种种问题，和对未来美好社会的向往，提出未来社会商品货币关系将消失，实行计划经济的主张。

马克思、恩格斯阐述了社会主义实行计划经济的必要性。马克思说：“要想得到和各种不同的需要量相适应的产品量，就要付出各种不同的和一定量的社会总劳动量。这种按一定比例分配社会劳动的必要性，决不可能被社会生产的一定形式所取消，而可能改变的只是它的表现方式，这是不言而喻的。”① 马克思在谈到未来“自由人联合体”时，设计了一个非商品化的、完全由计划调节的经济模式——“劳动时间的社会的有计划的分配，调节着各种劳动职能同各种需要的适当的比例。另一方面，劳动时间又是计量生产者在共同劳动中个人所占份额的尺度，因而也是计量生产者在共同产品的个人可消费部分中所占份额的尺度。”② 恩格斯在《反杜林论》一文中也明确提出了新社会中要消除商品生产的思想，他指出：“一旦社会占有了生产资料，商品生产就将被消除，而产品对生产者的统治也将随之消除。社会生产内部的无

---

① 《马克思恩格斯选集》第4卷，人民出版社1995年版，第580页。

② 《马克思恩格斯文集》第5卷，人民出版社2009年版，第96页。

政府状态将为有计划的自觉的组织所代替。”① “从此按照预定计划进行的社会生产就成为可能的了。”② 生产资料公有制是社会主义与资本主义的具有决定意义的差别。马克思、恩格斯在《共产党宣言》中强调：“共产主义的特征并不是要废除一般的所有制，而是要废除资产阶级的所有制……共产党人可以把自己的理论概括为一句话：消灭私有制。”③

客观来看，马克思、恩格斯对这种认识不仅具有逻辑上的合理性，而且已经部分地被资本主义发展所证实。当然，实践是检验真理的唯一标准，由于马克思、恩格斯所设想的理想社会是建立在生产力高度发达的基础之上的，而现实中建立的社会主义制度是建立在生产力发展水平较低的基础之上，与其判断的基础不同。另外，任何科学研究，都有理论假设和理论实践，他们进行理论设计的时候，社会主义尚未实践，作为一个理论模型只能建立在现实的基础之上，把商品经济等同于资本主义，更重要的是，他们虽然提出了“两个决不会”的思想，但是对资本主义容纳生产力的空间估计不足，对资本主义由于社会主义实践作为其对立面从反面推动资本主义进行自我完善、自我发展的能力估计过低。他们在进行理论创造和研究过程中，没有社会主义实践，故而把商品经济摒弃在社会主义之外，我们不必苛求前人。

2. 苏联社会主义计划经济模式的成败

列宁在十月革命前和苏维埃政权初期，也固守马克思、恩格斯的观点，是把商品生产和商品交换同资本主义剥削制度联系在一起，并将其作为与社会主义本质特征的“计划经济”相对立的东西。在1906年的《土地问题和争取自由的斗争》一文中，列宁在社会主义发展史上首次明确提出了“计划经济”的概念，明确地把“计划经济”与“市场经济”对立起来。他说：“只要还存在着市场经济，只要还保持着货币权力和资本力量，世界上任何法律都无法消灭不平等

① 《马克思恩格斯文集》第3卷，人民出版社2009年版，第564页。

② 同上书，第566页。

③ 《马克思恩格斯选集》第3卷，人民出版社1995年版，第286页。

和剥削。"[①]他在《什么是"人民之友"以及他们如何攻击社会民主党人?》中提出："要组织没有企业主的大生产，首先必须消灭商品的社会经济组织。"[②] 他在《十九世纪末俄国的土地问题》一文中说："至于社会主义，那么大家知道，它就是消灭商品经济。"[③] 作为实事求是的革命者，列宁根据时代和实践的要求，对社会主义的整个看法发生根本改变，提出"新经济政策"，主张大力发展商品经济，利用资本主义建设社会主义，制定了"新经济政策"，形成了诸多市场经济的思想。他强调要"研究市场"，经济发展要"以市场、商业为基础"；由自然经济到商品经济转化是一个不可逾越的社会历史障碍；市场经济并非是资本主义所独有的；市场经济是推动生产力发展的巨大动力；世界经济的统一性是商品经济发展的必然结果。[④] 这些市场经济的思想为中国共产党人建立"社会主义市场经济"奠定了思想基础。

由于对马克思主义经典作家关于"计划经济"的教条主义的认识，列宁去世后，斯大林推行认为计划经济是排斥商品和价值规律的，建立了社会主义计划经济体制工业化和农业集体化，不再实行新经济政策。苏联计划经济体制是作为没有宏观调控的市场经济的对立物产生的，曾经起过积极的作用。萨缪尔森在《经济学》教科书中解释"为什么学习苏联经济"时指出："同它的早期批评家所相信的东西相反，苏联经济迅速地增长，扩大了它的影响并且赢得了许多盟友。它成功地把自己从一个军事上的弱国，弱到 1918 年向德国乞求休战，变成了一个令整个世界感到害怕的超级大国。从经济学的观点来看，也许最有意义的教训是，命令经济是可以发挥机能的。命令是这样组织经济的，即国家拥有生产手段，利润不是主要的动力，而且主要决策是由行政上做出的——这种命令经济可以在很长的时期内运行良好。"[⑤] 美国学者奥肯在《平等与效率》一书中说："中央计划的

---

① 《列宁全集》第 13 卷，人民出版社 1987 年版，第 124 页。
② 《列宁全集》第 1 卷，人民出版社 1984 年版，第 212 页。
③ 《列宁全集》第 17 卷，人民出版社 1988 年版，第 111 页。
④ 高继文：《新经济政策研究》，中国人民公安大学出版社 2000 年版，第 25—27 页。
⑤ ［美］萨缪尔森：《经济学》，中国发展出版社 1992 年版第 12 版，第 1296 页。

社会主义国家已经证明，它们的实际国民生产总值能够生机勃勃地增长。”①

在苏联的社会主义实践中，把马克思、恩格斯关于计划经济的思想绝对化，而且不顾当时苏联的具体情况，在很长时期内排斥市场。马克思、恩格斯的设想毕竟是100多年以前的事，不可避免地带有某种历史局限性，教条主义地对待这些思想，思想上僵化，导致经济体制的封闭僵化，因此必定要走向歧路。斯大林无视时代发展的要求，排斥经济全球化，提出了两个世界平行市场的理论。他认为，社会主义阵营的出现使社会主义国家在经济上联合起来，使统一的无所不包的世界市场瓦解，形成了资本主义和社会主义两个平行的对立的市场。“两个平行市场”理论是在冷战背景下提出的，马歇尔计划实施以及北约集团的形成，造成社会主义世界与资本主义世界的对立与斗争，迫使社会主义国家为了自身生存而走上合作互助之路，并用以指导落后国家的社会主义建设。斯大林说：“第二次世界大战及其影响在经济方面的最重要的结果，应当认为是统一的无所不包的世界市场的瓦解。”② 针对中国和东欧社会主义国家的建立，他说：“中国和欧洲各人民民主国家脱离了资本主义体系，和苏联一起形成了统一的强大的社会主义阵营，而与资本主义阵营相对立。两个对立的阵营的存在所造成的经济结果，就是统一的无所不包的世界市场瓦解了，因而现在就有了两个平行的也是互相对立的世界市场。”③ 这一理论否认了社会主义与资本主义经济上的相互依赖关系，不能正确、全面地反映经济全球化时代背景下的世界经济发展的客观规律，它在外部封锁的情况下把社会主义国家的建设自我封闭起来，长远看，不利社会主义国家的发展。实际情况确实如此。

辩证唯物主义告诉我们，一切事物都有其产生发展的历史过程，都有其历史局限性，计划经济模式也是如此，计划经济虽在短期内曾经取得过辉煌的成就，但是不符合时代发展潮流。随着经济全球化和新科技

---

① ［美］阿瑟·奥肯：《平等与效率》，华夏出版社1999年版，第53页。

② 《斯大林文集》，人民出版社1985年版，第620页。

③ 《斯大林选集》（下），人民出版社1980年版，第561页。

革命的发展，僵化的计划经济体制已无法应对时代发展的需求，严重影响经济的发展。从以下数据中可以看出苏联社会主义经济体制的弊端。社会总产值和国民收入在各个五年计划期间的年均实际增长率的情况是：社会总产值，1966 年至 1976 年为 7.4%，1971 年至 1975 年为 6.6%，1976 年至 1980 年为 4.2%，1981 年至 1985 年为 3.3%，到 1990 年为 2%；国民收入增长率，1966 年至 1970 年为 7.8%，1971 年至 1975 年为 5.7%，1976 年至 1980 年为 4.3%，1981 年至 1985 年为 3.2%，到 1990 年为 4%。再从投资效益低和基金产值来看，每卢布生产性固定基金产出的国民收入，由 1960 年的 72 戈比，降为 1970 年的 54 戈比，1980 年又降至 40 戈比，到 1984 年只为 38 戈比。苏联的基金生产率，在 24 年里几乎降低了一半。[①] 捷克著名经济学家锡克认为，在高度集中的指令性计划经济体制下，是不会产生集约化发展的前提的，这种体制只适于粗放的生产增长，其结果是投资过多或生产增长的代价过高，材料消耗过多，技术和质量的发展严重受阻。[②] 一些俄罗斯学者在后来总结这两者的关系时说："要加速科技进步而不在经济上进行根本的改革，简直是不可思议的。"[③] "苏联解体最终表明，在现代经济中除市场竞争外没有其他选择。""中央计划经济缺少节约利用资源的制度保证。缺乏适当运行的价格机制和明确的、可实施的产权，意味着计划工作者缺乏估定相应短缺的手段，也缺少这样做的动机。对始终是'现实存在的社会主义'的特征的极大浪费和对人类需求的惊人冷漠，对市场经济所带来的技术革新的无法适应，以及被强加的所有国家中对自然环境的灾难性破坏，都不是偶然的缺点。这是纯属乌托邦的政治方案由中央计划代替市场进程的不可避免的副产品。"[④]

---

① 庞松、孙学敏：《与时俱进的中国》，中共党史出版社 2003 年版，第 5 页。

② ［捷克］奥塔·锡克：《社会主义的计划和市场》，王锡君等译，中国社会科学出版社 1982 年版，第 75 页。

③ ［俄］格·阿·阿尔巴托夫：《苏联政治内幕：知情者的见证》，徐葵等译，新华出版社 1998 年版，第 217 页。

④ 俞可平：《全球化时代的"马克思主义"》，中央编译出版社 1998 年版，第 169、170 页。

表 4－1　　计划经济与市场经济之间生活水平的比较

	人均 GNP（1988 年）（美元）	GNP 增长率（1965—1988 年）（%）	出生时的预期寿命（岁）	成人文盲率（%）
苏联式经济				
苏联	2660	4.0	70	<5
中国	330	5.4	70	31
匈牙利	2460	5.1	71	<5
市场经济				
美国	19840	1.6	76	<5
印度	340	1.8	58	57
意大利	13330	3.0	77	<5
埃及	660	3.6	63	56
瑞典	19300	1.8	77	<5

［美］斯蒂格利茨：《经济学》上册，梁小民、黄险峰译，中国人民大学出版社 2000 年第二版，第 857 页。

东欧社会主义国家照搬苏联社会主义经济模式，也出现了很多问题，但他们积极进行改革，曾经在改革过程中进行过某些引进市场机制的改革，取得了一定的经济成就。例如，匈牙利采取的经济与市场调节相结合的模式促进了经济的迅速均衡发展，1968—1972 年国民收入年增长率达 6.5%—7%。[①] 南斯拉夫采取市场经济的改革也带来了 20 世纪 50 年代到 70 年代中期经济的显著进步，增长率一度名列前茅。但是这些国家始终是在计划经济体制的框架内修修补补，没有突破计划经济体制，带有很大的局限性。频繁的经济危机和严重的经济困难使得社会主义制度的优越性难以体现。

新中国成立后，我国采取计划经济体制，其主要原因在于：我国没有社会主义建设的经验，苏联通过计划经济体制取得了巨大的社会主义成就，对中国具有很强的吸引力。社会主义建设初期，我们基本上是照抄照搬苏联社会主义模式。中国采取计划经济体制，在短期内曾使国民经济得以迅速恢复，建立了独立的、比较完备的国民经济体系和工业体系，人民生活水平得以提高，文化、医疗、科技事业得以发展，国际地

① 刘祖熙：《东欧剧变的根源与教训》，东方出版社 1996 年版，第 255 页。

位得以提高，国际环境得到改善。但是随着社会主义建设的实践，苏联社会主义模式暴露出了弊端。毛泽东在总结我国“一五”期间经济建设的经验教训，在分析苏联社会主义建设中的缺点错误时，指出：“最近苏联方面暴露了他们在建设社会主义过程中的一些缺点和错误，他们走过的弯路，你还想走？”① 他反复强调学习外国要与中国实际相结合，学习马克思列宁主义“要学的是属于普遍真理的东西，并且学习一定要与中国实际相结合”。② 传统的计划经济体制，是造成中国自我孤立的深刻原因。“苏联、中国几十年社会主义建设的实践证明，计划经济有明显弊病，容易造成集权、封闭、低效，难以促进科技进步和生产力发展。由于社会主义只能搞计划经济、搞市场经济就是复辟资本主义的传统观念根深蒂固，计划经济体制长期难以突破。”③ 在传统体制下，计划和市场处于绝对相互排斥的状态。指令性计划取代市场信息来指导决策、配置资源、平衡供求、协调比例。因而宏观和微观大一统，各自没有相对独立的机制。宏观直接通过微观来实行平衡，微观直接影响着宏观的平衡。只有每一个微观场合都符合中央指令性计划，宏观才可能达到平衡。长期以来，我们把社会主义经济制度等同于“公有制＋按劳分配＋计划经济”，把“商品经济”、“市场经济”“私营经济”等同于资本主义经济，看作社会主义的对立物，加以排斥、抵制甚至是消灭。我们把马克思提供的出发点当成了终点，当成了终极真理。在艰辛探索过程中，中国共产党人取得了许多有益的成果，如发展社会主义商品经济，利用价值规律；“可以消灭了资本主义，又搞资本主义”的重要思想，关于社会主义经济“三个主体，三个补充”的重要思想；提出社会主义工业化道路；制定了关于工业、商业和财政管理体制改革的方案；企业内部管理体制改革的“两参一改三结合”的制度”；等等。但是最终没有超越苏联模式，“我们过去照搬苏联搞社会主义的模式，带来很多问题。我们很早就发现了，但没有解决好”。④ “文化大革命”

---

① 《毛泽东文集》第7卷，人民出版社1999年版，第23页。

② 同上书，第42页。

③ 高继文：《时代发展与中国特色社会主义创新》，《山东师范大学学报》（人文社会科学版）2012年第4期。

④ 《邓小平文选》第3卷，人民出版社1993年版，第261页。

以极端的形式暴露了传统社会主义模式的极大弊端，酿成了自新中国成立以来最大的悲剧。在“文化大革命”期间，我国国民经济损失约5000亿元。这个数字相当于建国30年全部基建投资的80%，甚至超过了建国30年全部基建投资的80%。[①] 但是，正如恩格斯所指出的那样：“伟大的阶级，正如伟大的民族一样，无论从哪方面学习都不如从自己所犯错误的后果中学习来得快。”[②] 薄一波也说，“悲剧固然痛苦，但唯其痛苦，也就给人们留下最深远的反思，因而往往成为新思想、新事物孕育的重要契机。”[③] 历史经验表明，体制的转换，改革的成功，是以原有体制的危机为条件的。西方国家从没有宏观调控的市场经济向有宏观调控的市场经济过渡，就是经历了一系列危机才完成的。为此，美国学者布莱克说：“各种各样的利益集团是根深蒂固的，如不发生危机，那么要使政策发生根本性的、实质性的变化是困难的。在当代政治领导人能否完成从变革到高度现代化的过渡，在很大的程度上要看一次全国性危机能把牢固的既定政策削弱或打破到什么程度。”[④] 中国总结传统经济体制所带来的弊端，总结历史经验教训，突破苏联社会主义模式势在必行。中国建立社会主义市场经济体制，开辟中国特色社会主义是科学社会主义发展史上的伟大创举，其意义在苏联解体、东欧剧变之后，在世界社会主义总体处于低潮之际，更加显现。

（二）中国特色社会主义市场经济的创新发展

市场经济是人类创造的重要文明成果，是经济全球化的重要特征。“传统的观念认为，市场经济是资本主义特有的东西，计划经济才是社会主义经济的基本特征。”[⑤] 在人类社会发展史上，市场经济与资本主义相伴而生、相伴而长，最初以资本主义市场经济的形式存在于世上，

---

① 吴本祥：《中华人民共和国史》，高等教育出版社1999年版，第250页。

② 《马克思恩格斯文集》第1卷，人民出版社2009年版，第379页。

③ 薄一波：《若干重大决策与事件的回顾》（下），中共中央党校出版社1991年版，第874页。

④ ［美］西里尔·E. 布莱克等：《日本和俄国的现代化——一份进行比较的研究报告》，周师铭等译，商务印书馆1984年版，第431页。

⑤ 《江泽民论有中国特色社会主义（专题摘编）》，中央文献出版社2002年版，第62—63页。

一度被国内外理论界视为区分资本主义和社会主义的根本标志，是资本主义独特的经济体制。

在一个很长的历史时期中，无论是在社会主义国家，还是在资本主义国家，人们对市场经济的认识都存在很大的狭隘性、片面性，认为市场经济仅仅适合资本主义，只有资本主义才能搞市场经济，社会主义不能搞市场经济。传统的社会主义经济理论认为，计划经济是社会主义的本质特征，社会一旦占有生产资料，商品生产就将消除，社会将对全部的生产进行有计划的调节。西方主流经济理论也认为，只有在资本主义私有制基础上才能发展市场经济。新自由主义的代表人物米塞斯甚至提出，要么是市场经济，要么是社会主义，“二者必居其一”。[①] 这些认识，严重限制了人们的眼界。邓小平指出：“一个党、一个国家、一个民族，如果一切从本本出发，思想僵化，迷信盛行，那它就不能前进，它的生机就停止了，就要亡党亡国。”[②] “不打破思想僵化，不大大解放干部和群众的思想，四个现代化就没有希望。”[③] 为此，探索中国特色社会主义经济发展道路，必须首先要解放思想，实现经济体制的创新发展。

市场经济作为一种资源配置方式，它不是社会基本制度范畴，不具有姓“资”姓“社”的性质，但它又从来不是同社会基本制度相脱离而孤立存在的，同时它并不是资本主义的专利，而是人类共有的一种文明成果，既可为资本主义服务，也可以为社会主义服务，要看市场经济同哪一种社会制度相结合。我们应当从事实出发，从时代要求和中国国情出发，大胆吸收人类一切文明成果，不断推动马克思主义理论创新，从而把中国特色社会主义认识和建设提高到了前所未有的科学水平。学习资本主义搞市场经济，是我们学习人类一切文明成果的重大突破。值得一提的是，市场经济不等于资本主义的观点，一些西方有识之士也提出来了。例如，瑞典经济学家埃克隆德就提出：“计划经济和市场经济的纯粹模型都存在严重的缺陷。在实际中，市场经济被迫实行一系列调

---

① ［奥］米塞斯：《社会主义制度下的经济计算》，见外国经济学说研究会《现代外国经济学论文选》（第9辑），商务印书馆1986年版，第65—67页。

② 《邓小平文选》第2卷，人民出版社1994年版，第143页。

③ 同上。

节，同时计划经济也不得不通过市场机制缓解计划性。所以，实际上所有的经济都是某种形式的混合经济。既有计划因素，也含市场因素。”① “资本主义并非等于市场经济，因此，人们可以坚决地反对资本主义，但却不必因此而不要市场经济。同样，计划经济和社会主义也绝非是等同的。”“‘资本主义’和‘社会主义’的概念并非取决于市场经济的程度，而是由所有制状况决定的。计划经济和市场经济能以不同方式把资本主义和社会主义联系起来。”②

我国对社会主义市场经济的认识有一个逐步深入的过程。随着对世界经济发展认识的深入，对时代特征的正确把握，视野不断开阔，逐步认识到市场经济的优越性，摒弃了传统固有观念，在社会主义经济建设的实践过程中，鲜明地提出了社会主义市场经济思想，并进行了实践，取得了辉煌的成就。历史从哪里开始，思想就从哪里开始。下面，我们按照历史的轨迹，分析中国共产党人顺应时代发展要求，逐步确立社会主义市场经济体制的过程。

1979 年 2 月 22 日，李先念最早提出“市场经济”的概念，他说：“我同陈云同志谈，他同意，在计划经济前提下，搞点市场经济作补充，不是小补充，而是大补充。”③ 同年 3 月 8 日，陈云发表讲话，使用“市场调节”一词，认为：“整个社会主义时期，经济必须有两个部分：（1）计划经济部分（有计划按比例的部分）；（2）市场调节部分（即不做计划，让它根据市场供求的变化进行生产，即带有‘盲目’调节的部分）。”④ 这一改革的指导思想为传统计划经济体制打开了一个缺口，我国市场取向的改革，也正是从这里起步的。而且，这里所讲的市场调节部分，事实上就是按照市场规律调节的市场经济部分。

邓小平借鉴资本主义国家发展市场经济的经验，最早把市场经济从资本主义制度的属性中剥离出来，提出“社会主义的市场经济”概念，

① ［瑞典］克拉斯·埃克隆德：《瑞典经济：现代混合经济的理论和实践》，刘国来译，北京经济学院出版社 1989 年版，第 38 页。

② 同上书，第 42、43 页。

③ 《陈云年谱》（下卷），中央文献出版社 2000 年版，第 236 页。

④ 《陈云文选》第 3 卷，人民出版社 1995 年版，第 245 页。

为中国建立社会主义市场经济提供了理论基础。邓小平于1979年11月26日会见美国客人时谈道："说市场经济只存在于资本主义社会，只有资本主义的市场经济，这肯定是不正确的。社会主义为什么不可以搞市场经济，这个不能说是资本主义。我们是以计划经济为主，也结合市场经济，但这是社会主义的市场经济……社会主义也可以搞市场经济。同样地，学习资本主义国家的某些好东西，包括经营管理方法，也不等于实行资本主义。这是社会主义利用这种方法来发展社会生产力。把这当作方法，不会影响整个社会主义，不会重新回到资本主义。"① 邓小平在当时谈话以及后来在会见外宾及相关部门负责人时，有关"市场经济"的谈话没有及时公开发表，因而人们常常把1992年南方谈话作为邓小平对社会主义和市场经济结合关系的确认。

邓小平敏锐地把握了时代发展的大势，看到了苏联模式经济增长的潜力有耗尽之势，忽视市场机制的苏联、东欧社会主义国家经济发展缓慢，有宏观调控的市场经济给西方带来了几十年的稳定增长，重视市场作用的东亚四小龙正在崛起，尤其是在他访问了新加坡和日本后，这种感性认识更加强烈，因此，他深刻地总结了社会主义建设的历史经验，提出了要解决计划和市场的关系问题。

中国社会主义经济体制确立了"以计划经济为主，市场调节为辅"的原则。把市场调节作为计划经济的辅助手段，但也说明在借鉴西方市场调节的积极作用方面有了比较清醒的认识。1981年6月27日，《关于建国以来党的若干历史问题的决议》中提出："必须在公有制基础上实行计划经济，同时发挥市场调节的辅助作用。要大力发展社会主义的商品生产和商品交换。"② 邓小平在1982年10月同国家计委负责人谈话时说："社会主义同资本主义比较，它的优越性就在于能做到全国一盘棋，集中力量，保证重点。缺点在于市场运用得不好，经济搞得不活。计划与市场的关系问题如何解决？解决得好，对经济的发展就很有利，解决不好，就会糟。"③ 邓小平用世界的眼光，观察到了资本主义

---

① 《邓小平文选》第2卷，人民出版社1994年版，第236页。

② 《关于建国以来党的若干历史问题的决议（注释本）》，人民出版社1983年版，第64页。

③ 《邓小平文选》第3卷，人民出版社1993年版，第16页。

的新变化所呈现的市场机制的优越性，分析了社会主义的优缺点，就计划与市场的关系进行了思考，闪烁着向资本主义学习“市场运用”的思想光辉，并下定决心改革传统的经济体制。他在《在中华人民共和国成立三十五周年庆祝典礼上的讲话》中提出：“当前的主要任务，是要对妨碍我们前进的现行经济体制，进行有系统的改革。”[①] 1982 年，中共十二大正式提出“计划经济为主、市场调节为辅”的观点，并且指出：“正确贯彻计划经济为主、市场调节为辅的原则，是经济体制改革中的一个根本问题。”[②] 1984 年 9 月 9 日，时任国务院总理的赵紫阳在《关于经济体制改革中的三个问题的意见》中谈到计划经济体制时提出：“各项改革都牵涉到计划体制，这是经济体制的核心……根据多年和这一段的实践，反复考虑，建议把我国的计划体制概括为以下四层意思：（一）中国实行计划经济，不是市场经济。”[③] 同时提出：“社会主义经济是以公有制为基础的有计划的商品经济。”[④] 这说明我们对计划经济和市场经济的认识还局限在旧有的思维当中。

1984 年 10 月 20 日，中共十二届三中全会上通过《中共中央关于经济体制改革的决定》，文件指出：“正在世界范围兴起的新技术革命，对我国经济的发展是一种新的机遇和挑战，这就要求我们的经济体制，具有吸收当代最新科技成就，推动科技进步，创造新的生产力的更加强大的能力。因此，改革的需要更加迫切。”[⑤] 在这里，中国共产党深刻把握了新科技革命的时代潮流，为了体现新科技革命的时代要求，必须对我国的经济体制进行改革，从根本上改变束缚生产力的经济体制，认真研究我国经济的实际情况和发展要求，同时适应时代的要求，“必须吸收和借鉴当今世界各国包括资本主义发达国家的一切反映现代化生产规律的先进经营管理方法”。[⑥]《决定》同时破除了商品经济与计划经济的矛盾，对商品经济的作用做出了精辟的分析，在共产主义运动史上首

---

① 《邓小平文选》第 3 卷，人民出版社 1993 年版，第 70 页。

② 《十二大以来重要文献选编》（上），人民出版社 1986 年版，第 23 页。

③ 《十二大以来重要文献选编》（中），人民出版社 1986 年版，第 534—535 页。

④ 同上书，第 535 页。

⑤ 同上书，第 560 页。

⑥ 同上书，第 563 页。

次提出了建立有计划的商品经济的改革目标，在建立社会主义市场经济的进程中，具有里程碑的意义。根据历史经验和十一届三中全会以来的实践，该《决定》进一步概括出了“我国实行的是计划经济，即有计划的商品经济，而不是那种完全由市场调节的市场经济”。[①] 这一论断离市场经济又近了一步。邓小平对此进行高度评价，他说：“我的印象是写出了一个政治经济学的初稿，是马克思主义基本原理和中国社会主义实践相结合的政治经济学。”[②]

1985 年 10 月 23 日，邓小平在会见美国高级企业家代表团时说：“社会主义和市场经济之间不存在根本矛盾，问题是用什么方法更有力地发展社会生产力。我们过去一直搞计划经济，但多年的实践证明，在某种意义上说，只搞计划经济会束缚生产力的发展。把计划经济和市场经济结合起来，就更能解放生产力，加速经济发展。”[③] 邓小平把经济体制改革放在解放生产力的角度进行了认识，说明我们进行经济体制改革的目的是解放和发展生产力，这与经济文化落后的社会主义国家首先要解放和发展生产力的内在需求是一致的。

关于市场经济不是制度属性的问题，邓小平继续在用宽广的世界眼光观察世界，分析世界资本主义发达国家的经济建设经验，进一步思考中国的社会主义经济体制改革的走向。他于 1987 年 2 月 6 日同中央负责人谈话中，又一次谈道：“为什么一谈市场就说是资本主义，只有计划才是社会主义呢？计划和市场都是方法嘛。只要对发展生产力有好处，就可以利用。它为社会主义服务，就是社会主义的；为资本主义服务，就是资本主义的。好像一谈计划就是社会主义，这也是不对的，日本就有一个企划厅嘛，美国也有计划嘛，我们以前学苏联的，搞计划经济。后来又讲计划经济为主，现在不要再讲这个了。”[④] 这两句话主要是从发展生产力的角度，把市场经济同社会主义统一起来。在经济文化落后的社会主义初级阶段发展生产力必须借助市场的力量，否则，我们无法赶上世界经济迅速发展的步伐，更谈不上引领时代的发展。

---

① 《十二大以来重要文献选编》（中），人民出版社 1986 年版，第 569 页。

② 《邓小平文选》第 3 卷，人民出版社 1993 年版，第 83 页。

③ 同上书，第 148 页。

④ 同上书，第 203 页。

1987年，中共十三大报告正式提出："社会主义有计划商品经济的体制，应该是计划与市场内在统一的体制。"① "社会主义商品经济同资本主义商品经济的本质区别，在于所有制基础不同。建立在公有制基础上的社会主义商品经济为在全社会自觉保持国民经济的协调发展提供了可能，我们的任务就是要善于运用计划调节和市场调节这两种形式和手段，把这种可能变为现实。社会主义商品经济的发展离不开市场的发育和完善，利用市场调节决不等于搞资本主义。"② 报告对社会主义经济体制的内涵进行了界定，明确界定为计划和市场内在统一，并且阐述了所有制的不同是社会主义商品经济与资本主义商品经济的根本区别，看到了两者的本质不同，同时把对价值规律的应用放在一个基础的位置，说明了计划和市场适用的范围是全社会，并对新的经济运行机制进行了说明，对计划（实际上就是宏观调控）的手段进行了部署，对社会主义经济体制的认识有了进一步的提高。1989年，中共十三届五中全会提出："改革的核心问题，在于逐步建立计划经济同市场调节相结合的经济运行机制。计划经济和市场调节相结合的程度、方式和范围，要经常根据实际情况进行调整和改进。"③ 进一步明确了经济体制改革的市场取向。

邓小平对市场经济的属性问题继续思考，对资本主义市场经济具有计划的特点进行了阐述，对于搞市场经济必须了解世界市场信息，把握世界经济前沿的重要性做了阐述，提出：要从理论上搞清资本主义与社会主义的区别并不在于市场经济，从宏观上提出了计划和市场经济相结合的必要性，从中国领导层面，进一步统一思想，要吸取资本主义市场经济的经验，破除在姓"社"姓"资"问题上的思想禁锢。1990年12月24日，邓小平同中央负责人进行谈话时，指出："我们必须从理论上搞懂，资本主义与社会主义的区分不在于是计划还是市场这样的问题。社会主义也有市场经济，资本主义也有计划控制。资本主义就没有控制，就那么自由？最惠国待遇也是控制嘛！不要以为搞点市场经济就

---

① 《十三大以来重要文献选编》（上），人民出版社1991年版，第26页。

② 同上。

③ 《十三大以来重要文献选编》（中），人民出版社1991年版，第701页。

是资本主义道路，没有那么回事。计划和市场都得要。不搞市场，连世界上的信息都不知道，是自甘落后。”① 1991 年 1 月 28 日至 2 月 18 日，邓小平在上海和同时任上海负责人朱镕基谈到计划与市场问题时，指出：“不要以为，一说计划经济就是社会主义，一说市场经济就是资本主义，不是那么回事，两者都是手段，市场也可以为社会主义服务。”②

以上是对中国共产党对于经济体制改革的理论和实践进行了简要的梳理。苏联解体标志着经济体制问题关乎生产力的解放、经济社会发展问题，关乎执政党的生死存亡。1992 年年初，邓小平在“南方谈话”中进一步指出：“计划多一点还是市场多一点，不是社会主义与资本主义的本质区别，计划经济不等于社会主义，资本主义也有计划；市场经济不等于资本主义，社会主义也有市场。计划和市场都是经济手段。”③这个精辟论断，振聋发聩，意义深远。把计划和市场都作为经济手段与社会制度剥离开来，而且也提出了判断经济体制好坏的标准就是要看是否有利于社会主义生产力的发展。从根本上解除了把计划经济和市场经济看作属于社会基本制度范畴的思想桎梏，使我们在对计划与市场关系问题上的认识有了新的重大突破，为社会主义与市场经济的结合奠定了理论基础，破除了斯大林社会主义模式 70 多年的禁区，这是对传统马克思主义的一大突破，也是世界经济思想史及世界经济史的一大突破。④

邓小平南方谈话后，社会主义市场经济便呼之欲出了。中共十四大前，江泽民在中央党校发表的“6・9”重要讲话时说：“在党的十四大报告中，总得最后确定一种大多数同志都赞同的有关经济体制的比较科学的提法”，“我个人的看法，比较倾向于使用‘社会主义市场经济体制’这个提法”。⑤ 江泽民在党的历史上第一次提出“社会主义市场经济”的提法，得到了邓小平的高度评价。1992 年 6 月 12 日，邓小平在

① 《邓小平文选》第 3 卷，人民出版社 1993 年版，第 164 页。

② 《中国特色社会主义理论体系形成与发展大事记》，中央文献出版社 2011 年版，第 204 页。

③ 《邓小平文选》第 3 卷，人民出版社 1993 年版，第 373 页。

④ 马立诚：《当代中国八种社会思潮》，社会科学文献出版社 2012 年版，第 15 页。

⑤ 《江泽民思想年编（一九八九——二〇〇八）》，中央文献出版社 2010 年版，第 82—83 页。

住地同江泽民谈话，赞成使用“社会主义市场经济”的提法。他说：“实际上我们是这样做，深圳就是社会主义市场经济。不搞市场经济，没有竞争，没有比较，连科学技术都发展不起来。产品总是落后，也影响到消费，影响到对外贸易和出口。”[①] 1992 年 10 月 12 日，江泽民在中共十四大报告明确提出：“我国经济体制改革确定什么样的目标模式，是关系整个社会主义现代化建设全局的一个重大问题。这个问题的核心，是正确认识和处理计划与市场的关系。”[②]“实践的发展和认识的深化，要求我国经济体制改革的目标是建立社会主义市场经济体制，以利于进一步解放和发展生产力。”[③] 至此，我国经济体制改革终于取得了历史性的突破。把市场经济同社会主义基本制度结合起来，这在马克思主义发展史上是第一次。

1993 年 11 月 14 日，中共十四届三中全会通过《中共中央关于建立社会主义市场经济体制若干问题的决定》，中共十五大、中共十六大、中共十六届三中全会、中共十七大、中共十八大中共十八届三中全会对社会主义市场经济建设都进行了进一步的部署和深化。中国把社会主义市场经济建设作为参与经济全球化、进行社会主义建设的重要途径，取得了辉煌的成就，充分显示了社会主义制度的优越性。

中国特色社会主义最大的创新，是由实行高度集中的计划经济体制转向了实行社会主义市场经济体制。这是时代发展的要求，是用改革创新的时代精神进行改革开放的结果。结合市场经济这一时代潮流，创造性地提出建设社会主义市场经济体制，进行社会主义建设，体现了中国特色社会主义道路的时代特征。我国经济体制改革的目标是建立社会主义市场经济体制。社会主义市场经济，是人类历史上尚无成功先例的重大制度创新，它的提出也是马克思主义经济理论的重大创新。江泽民在中共十六大报告中，用两个“历史性”来评价社会主义市场经济，他说：“在社会主义条件下发展市场经济，是前无古人的伟大创举，是中国共产党人对马克思主义发展做出的历史性贡献，体现了我们党坚持理

---

① 《邓小平年谱（1975—1997）》（下），中央文献出版社 2004 年版，第 1347—1348 页。

② 《江泽民文选》第 1 卷，人民出版社 2006 年版，第 225 页。

③ 同上书，第 226 页。

论创新、与时俱进的巨大勇气。由计划经济体制向社会主义市场经济体制的转变，实现了改革开放新的历史性突破，打开了我国经济、政治和文化发展的崭新局面。"①

英国诺丁汉大学当代中国学院院长姚树洁指出："中国当然有独特的发展模式，从经济上讲，中国的市场和计划结合得很不错。比如说经济发展中制订五年计划就很有效。有一个五年计划就像走路时有了目标，可以更清晰地规划一些大项目，而英国就没有这样的计划，每年只能靠预算来规划，效果就差得多。"② 石仲泉认为，"这个伟大的创造，破解了世界近现代史上无数政治家、理论家苦苦求索的最大难题。它的理论价值不亚于马克思发现剩余价值论。它的实践价值，我国这些年快速、持续发展的震惊世界的成就则是最好的诠释"。③ 美国经济学家萨缪尔森评论中国特色社会主义市场经济时说："中国过去长期实行的是苏联模式的中央计划经济，它造成了普遍的效率低下并使大批国有企业亏损。但是，如果实行完全的自由市场经济，那也是非常大的错误，我认为应该保持政府在经济中的重要角色。在这一点上，社会主义市场经济这一提法中的'市场'一词，应在政府离开问题百出的旧经济体制的时候得到合理的平衡。从这个意义上说，社会主义具有真正的意义，它和过去旧的斯大林主义概念完全不同。"④他认为，中国实行的社会主义市场经济，就是"企图把市场活力以及承认道义和分配方面的考虑、承认干预市场对经济迅速发展的需要结合起来"。⑤ 日本大木一训在《如何评价当前中国经济的发展》一文中说："中国在一定范围内将资本主义经济的部分要素引入国民经济中，建立了混合经济体系，这是为了吸纳经济的高速增长，建立富有活力的社会主义社会。"⑥ 德国汉学

① 《江泽民文选》第3卷，人民出版社2006年版，第532页。

② 《"中国成功秘诀就在中国人身上"——专访姚树洁教授》，《参考消息》2009年10月8日。

③ 石仲泉：《毛泽东哲学与新中国60年》，《湘潭大学学报》（哲学社会科学版）2009年第5期。

④ 俞可平：《全球化时代的"社会主义"》，中央编译出版社1998年版，第335页。

⑤ 同上书，第336页。

⑥ 张利军、郭敏：《日本学者关于中国当前经济发展的集中代表性观点》，《国外理论动态》2005年第4期。

家和民族学家南因果对新华社记者说，中国走社会主义市场经济之路是没有先例的，中国和其他国家过去建设社会主义的实践有很大不同，包括国际环境的不同。“中国的这种探索到目前为止成果和贡献很大。而在今天的复杂情况下坚持社会主义社会道路是光荣和了不起的。”① 戈尔巴乔夫认为，邓小平的经济思想具有世界性的价值。“邓小平的最主要的成就就是经济改革。这是邓小平在世界共产主义实践中，创造性地把共产主义意识形态同市场经济结合起来的先例。邓小平不是职业经济学家，但他所提出的具有独创性的经济思想不仅影响中国的命运，而且影响现代国际市场的发展（包括西方市场），他在这方面的成就把他列入约翰·凯恩斯或米尔顿·弗里德曼的行列中，后两人曾经强有力地影响了世界各国领导人的思想。”②

（三）中国特色社会主义市场经济的创新性特征

1. 多种所有制并存的市场经济

多种所有制并存是当今世界经济体制的时代特征。当今世界各国，无论社会主义国家，还是资本主义发达国家，在经济体制中的所有制结构绝不仅仅是单一的公有制或私有制，而是出现了多种制并存的时代特征。资本主义市场经济坚持以资本主义私有制为主体，其他所有制为补充的形式。比如，美国的市场经济被学术界称为“盎格鲁－撒克逊”模式。在美国，所有制是以私有制经济为主体，以国家所有制经济和合作所有制经济为补充的所有制形式。国家所有制经济类似我国的公有制经济，是美国经济不可或缺的重要组成部分，“一战”前就已存在，战后发展规模有所扩大，且领域主要集中在电力、铁路、邮政等基础设施、公用事业以及尖端工业部门，由政府直接管理和控制，“在增加就业、反通货膨胀、引导私人企业实施投资计划化、为私人企业提出基础设施和基础工业、发展尖端科技等方面起到积极作用”。③ 合作社所有制主要集中在农业部门，目前美国5/6农民参加了合作社。德国的资本

---

① 《海外专家看中国建立市场经济体制20年》，新华网，2012年6月13日。

② 转引自成龙：《海外马克思主义中国化理论研究》，广东人民出版社2009年版，第355页。

③ 陈秀山：《比较经济学概论》，中国人民大学出版社1992年版，第185页。

主义市场经济模式又称“莱茵模式”，不同于美国，是典型的社会市场经济模式，在其所有制结构里，以私有制为主体，同时还有国家掌握的国有企业，也是所有制并存的所有制经济。国家通过掌握国有企业来影响私有制占统治地位的国民经济。其他国家，如英国、日本等国家亦是如此。

中国在进行社会主义市场经济建设过程中，顺应时代发展的要求，在实践的基础上，吸收了西方发达国家市场经济的成果，打破了单一的计划经济体制，单一的社会主义公有制被以社会主义公有制为主体、多种所有制共同发展的所有制结构所代替。社会主义市场经济与资本主义市场经济的根本区别在于经济体制的主体是公有制还是私有制。邓小平反复强调：“社会主义的经济是以公有制为基础的。”① “在改革中，我们始终坚持两条根本原则，一是以社会主义公有制经济为主体，一是共同富裕。”② “我们允许个体经济发展，还允许中外合资经营和外资独营的企业发展，但始终以社会主义公有制为主体。”③ 针对种种淡化社会主义性质和肢解社会主义市场经济完整概念的模糊认识和错误倾向，江泽民对社会主义市场经济的本质特征做了进一步的阐述。1992 年 7 月，江泽民指出：“我们要搞的市场经济是社会主义市场经济，社会主义这几个字不能去掉……经济上坚持公有制为主体的多种形式的所有制结构，绝不能搞私有化；坚持按劳分配为主体的多种分配形式，通过一部分人先富起来，最终达到共同富裕。这是我们的基本制度和基本政策。我们要搞的市场经济是同我们的社会主义制度紧密联系并结合在一起的，因而具有自身的本质特征，所以我们把它叫作社会主义市场经济。”④ 江泽民在 1995 年 4 月发表《迈向二十一世纪的当代中国》一文中指出：“在社会主义条件下搞市场经济，世界上还没有先例，这是一个伟大的试验和艰辛的创造，许多规律性的东西我们还不熟悉。西方发达国家发展市场经济的那些合乎市场一般规律的成功经验和合理做法，

---

① 《邓小平文选》第 2 卷，人民出版社 1994 年版，第 167 页。

② 《邓小平文选》第 3 卷，人民出版社 1993 年版，第 142 页。

③ 同上书，第 110 页。

④ 《江泽民论有中国特色社会主义（专题摘编）》，中央文献出版社 2002 年版，第 68 页。

我们正在积极学习和借鉴。但从根本上说，中国建立社会主义市场经济体制，还是要坚持从中国实际出发，在实践中不断探索，走出一条自己的路。”①

中国特色社会主义市场经济体制是同社会主义基本制度结合在一起的，既具有世界市场经济的一般特征，又同时具有服务于社会主义的特殊性，体现了一般性与特殊性的统一。社会主义市场经济则是在社会主义公有制为主体的基础上，由社会主义国家政策、计划宏观调控的、市场在资源配置上起基础性作用的经济形式。社会主义市场经济体制除具有一般市场经济的共同特征外，其本质上亦不同于资本主义市场经济体制。江泽民提出了社会主义市场经济体制的基本特征：“一是在所有制结构上，坚持以公有制经济为主体，个体经济、私营经济和其他经济成分为补充，多种经济成分共同发展；二是在分配制度上，坚持以按劳分配为主体，其他分配方式为补充，允许和鼓励一部分地区、一部分人先富起来，逐步实现共同富裕，防止两极分化；三是在经济运行机制上，把市场经济和计划经济的长处有机结合起来，充分发挥各自的优势作用，促进资源优化配置，合理调节社会分配。”② 社会主义条件下的市场经济，公有制是市场主体中的主要组成部分，也是国家实现宏观调控的主要执行者。江泽民说：“重要的是要使国有经济和整个公有制经济在市场竞争中不断发展壮大，始终保持公有制经济在国民经济中的主体地位，充分发挥国有经济的主导作用。如果失去公有制经济的主体地位和国有经济的主导作用，也就不可能建设有中国特色的社会主义。”③

在社会主义经济建设中，我们要牢牢把握社会主义公有制的主体地位，充分发挥非公有制经济的积极作用，既要避免走僵化封闭的计划经济体制的老路，又要避免按照新自由主义的观点，实行私有化，走改旗易帜的邪路。江泽民在中共十六大报告中提出：要坚持和完善社会主义基本经济制度，要做到两个“毫不动摇”：“第一，必须毫不动摇地巩固和发展公有制经济。发展壮大国有经济，国有经济控制国民经济命

---

①《江泽民论有中国特色社会主义（专题摘编）》，中央文献出版社 2002 年版，第 66 页。

②《江泽民文选》第 1 卷，人民出版社 2006 年版，第 203 页。

③《十四大以来重要文献选编》（中），人民出版社 2005 年版，第 1366 页。

脉，对于发挥社会主义制度的优越性，增强我国的经济实力、国防实力和民族凝聚力，具有关键性作用。集体经济是公有制经济的重要组成部分，对实现共同富裕具有重要作用。第二，必须毫不动摇地鼓励、支持和引导非公有制经济发展。个体、私营等各种形式的非公有制经济是社会主义市场经济的重要组成部分，对充分调动社会各方面的积极性、加快生产力发展具有重要作用。"①"两个毫不动摇"的思想，坚定了社会主义市场经济的社会主义制度属性，同时增进了中国经济活力，促进了生产力发展，有助于促进经济社会又好又快发展。

我国的社会主义市场经济体制的本质属性是社会主义制度。江泽民明确指出："我们搞的市场经济，是同社会主义基本制度紧密结合在一起的。如果离开了社会主义基本制度，就会走向资本主义……'社会主义'这几个字是不能没有的，这并非多余，并非'画蛇添足'，而恰恰相反，这是'画龙点睛'。所谓'点睛'就是点明我们市场经济的性质。""西方市场经济符合社会化大生产，符合市场的一般规律，毫无疑义，我们要积极学习和借鉴，这是共同点；但西方市场经济是在资本主义制度下搞的，我们的市场经济是在社会主义制度下搞的，这是不同点，而我们的创造性和特色也就体现在这里。"② 这就决定了社会主义市场经济的宏观调控需要把"国有经济和整个公有制经济在市场竞争中不断发展壮大，始终保持公有制经济在国民经济中的主体地位，充分发挥国有经济的主导作用"。③中共十八届四中全会进一步强调："公有制为主体、多种所有制共同发展的基本经济制度，是中国特色社会主义制度的重要支柱，也是社会主义市场经济体制的根基。……必须毫不动摇地巩固和发展公有制经济，坚持公有制主体地位，发挥国有经济主导作用。"④

理论界有少数人对我国的经济制度持怀疑乃至否定的态度。一种观点囿于传统社会主义理念，动不动就要问一问姓"社"、姓"资"问题，把中国出现的腐败、贫富差距加大等现象归罪于市场经济，抹黑非公有制经济。一种观点引用西方新左派"反对资本权势，反对政治权

① 《江泽民文选》第 3 卷，人民出版社 2006 年版，第 547—548 页。
② 《江泽民论有中国特色社会主义（专题摘编）》，人民出版社 2002 年版，第 69 页。
③ 《江泽民文选》第 1 卷，人民出版社 2006 年版，第 441 页。
④ 《十八大以来重要文献选编》（上），中央文献出版社 2014 年版，第 515 页。

势，批判市场经济”的要义，认为中国所面临的问题是市场经济的消极面造成的，否定全球化，不赞成中国加入世贸组织。一种信奉新自由主义。新自由主义在经济上主张自由化、私有化，否定政府的宏观调控，全面否定公有制、否定社会主义制度，主张资本主义全球化。国内新自由主义思潮，以西方经济学为圭臬，以资本主义经济制度为蓝本，主张私有制而否定公有制，从而在根本上否定我国现行的基本经济制度。新自由主义给俄罗斯、拉丁美洲、泰国等地区和国家造成了严重的灾难。对于私有化政策，俄罗斯外交政策和国防委员会的评价是完全否定的，“今天事情已经明朗，私有化进程从一开始就爱为犯罪资本所‘控制’，不仅成为最重要的‘洗钱’手段，而且也是使整个俄罗斯犯罪化程度加深的最重要工具。正是私有化的这种性质，为政府，首先是那些直接执行私有化的部门腐败大泛滥提供了便利”。[①] 经济领域，国民生产总值急遽下降，现代工业国变成原材料附庸国。从 1991 年苏联解体到 20 世纪末，俄罗斯国内生产总值比 1990 年下降了 52%，而 1941—1945 年的卫国战争期间仅仅下降了 22%；同期工业生产减少了 64.5%；农业生产减少了 60.4%，卢布贬值，物价飞涨 5000 多倍。一些现代化航空航天企业改行生产简单的日用品。1990—2001 年间，科技领域就业人数从 250 万人下降到 80 万，大量高素质人才到美国、西欧甚至发展中国家就业或谋生。从一定意义上讲，俄罗斯已变为西方欧美发达国家甚至新兴国家的原材料附庸国。[②]

对新自由主义给世界带来的灾难。斯蒂格利茨曾分析道：“在世界银行工作后，我发现我们的姐妹机构国际货币基金组织正在推动世界各国对各自的社会安全制度实施私有化。从一个公共制度转变成一个私有制度困难重重，存在着大量预算方面的限制。国际货币基金组织忽视了这些限制，这是在阿根廷和玻利维亚所出现的主要问题之一……在东亚、拉美、俄罗斯和非洲，我们目睹了它们是怎样把事情弄得更糟糕的情况。”马来西亚没有听从劝告、韩国经验丰富，恢复最快，而服药的

---

① 转引自谭虎娃《马克思设想的社会主义经济特征与当代改革》，人民出版社 2009 年版，第 191 页。

② 李慎明：《居安思危——苏共亡党二十年的思考》，社会科学文献出版社 2011 年版，第 9 页。

泰国和印度尼西亚表现最差。“获得了国际货币基金组织更多关注、更多药物的那些病人，它们的病愈速度事实上是否更迅速呢？答案却是不。”① 我们承认“市场在资源配置中起决定性作用”，② 特别是在竞争性资源的配置方面具有很大的优势，但在我国，市场经济是在国家宏观调控的前提下发挥作用，不能所有的资源都完全由市场来配置。我们要注重按市场经济规律办事，但是不能以市场原教旨主义为圭臬，陷入“市场万能论”，更不能把泛市场化，把市场经济的原则引入到社会的各个领域。人类经济社会发展表明，市场经济容易失灵，它在宏观经济综合平衡上，在竞争垄断的关系上，在资源和环境保护、特别是在社会分配公平方面，也存在其固有的不可克服的局限性和功能缺陷，而这些局限和缺陷是靠自身难以去消除的。所以，市场经济绝不是什么解决所有经济社会问题的灵丹妙药。

在我们有些人的思想意识里，仍有意无意地、自觉不自觉地拿西方尤其是美国的模式来衡量中国的发展，虽然由于美国的次贷危机而引发的全球性经济危机已经证明新自由主义的失败，已经标志着“华盛顿共识”的终结，虽然有的国际组织，比如世界银行组织也还继续向中国推销新自由主义的价值观念，给中国的改革开放开一服毒药方，但一些人仍崇信“市场原教旨主义”，主张政府干预的存在必然导致效率的低下，主张政府应把一切交给市场，可以完全依靠市场化来提供公共产品和公共服务。美国学者大卫·科茨十分中肯地给中国提建议：中国“如果说在前进中有什么危险的话，我感到，危险主要来自新自由主义思潮的扩展，这一思潮正在为越来越多的人所接受。按照新自由主义思潮的观点，中国的继续发展必须打破政府对资本和商品流通的有效控制，把企业建立在私有制基础上。我认为这是错误的，要知道，美国的自由主义模式不会给中国带来什么好处”。③

在世界各国应对国际金融危机冲击中，中国一枝独秀，率先实现经济回升，受到国际社会的广泛称赞。2008—2011 年的四年间，中国国

---

① 程恩富、顾海良：《海派经济学》（第 8 辑），上海财经大学 2005 年版，第 48—50 页。

② 《十八大以来重要文献选编》（上），中央文献出版社 2014 年版，第 513 页。

③ 《一位美国学者对苏联解体的分析》，《真理的追求》2000 年第 7 期。

内生产总值年均增长 9.6%，总量跃居世界第二；货物进出口总额年均增长 15.3%，占世界比重由 2008 年的 7.9% 上升为 2010 年的 9.8%；农村居民人均纯收入年均增长 9.7%，城镇居民人均可支配收入年均增长 8.6%，人民生活持续改善。与西方国家经济复苏缓慢、欧债危机蔓延、劳资关系紧张相比，这份成绩单充分显示了社会主义市场经济的优越性。①

我们需要借鉴其他国家的一些好的做法，进一步完善社会主义市场经济。亚洲四小龙在第二次世界大战后，根据各自的国情或区情不同，及时把握时代潮流，抓住发展机遇，制定了符合本国或本区的实际情况的发展策略，采取独特的经济发展模式，完成了经济腾飞，有许多经验值得我们学习。邓小平在领导中国改革开放的过程中，特别注意亚洲四小龙的经验。它们都推行政府主导型的市场经济体制。除香港外，都有一个新权威主义的政府，在经济上，以市场发展、市场运行机制为原则，政府发挥其培育和完善市场的作用形成了“硬政府，软经济”的模式。韩国和台湾地区标榜实行“有计划的市场经济”；新加坡一直强调政府要干预经济，韩国、中国台湾、新加坡都实行经济社会发展计划来进行对市场经济的干预。

中国在国有企业改革中，吸收借鉴了资本主义企业中微观经济运行的重要形式即股份制。股份制是适应市场经济和社会化大生产发展要求的一种资本形式和经营方式。中国共产党人把“股份制”从资本主义市场经济中剥离出来，为社会主义市场经济所用，体现了中国吸收人类文明成果的开放性胸怀和理论创新的巨大勇气。马克思、恩格斯生活的时代，股份制作为私有制和市场经济的产物在西方资本主义国家兴起。针对股份制的争论，邓小平在南方谈话中指出：“证券、股市这些东西究竟好不好，有没有危险，是不是资本主义独有的东西，社会主义能不能用？允许看，但要坚决地试。”② 中共十五大明确指出：“不能笼统地说股份制是公有还是私有，关键看控股权掌握在谁手中。国家和集体控

---

① 国防大学中国特色社会主义理论体系研究中心：《新自由主义与国际金融危机》，《人民日报》2012 年 6 月 7 日。

② 《邓小平文选》第 3 卷，人民出版社 1993 年版，第 373 页。

股，具有明显的公有性，有利于扩大公有资本的支配范围，增强公有制的主体作用。”① “一切反映社会化生产规律的经营方式和组织形式都可以大胆利用。要努力寻找能够极大促进生产力发展的公有制实现形式。股份制是现代企业的一种资本组织形式，有利于所有权和经营权的分离，有利于提高企业和资本的运作效率，资本主义可以用，社会主义也可以用。”② 中共十六大报告提出，除极少数必须由国家独资经营的企业外，积极推行股份制，使之成为公有制主要实现形式，发展混合所有制经济。中共十七大报告提出，以现代产权制度为基础，发展混合所有制经济。中共十八届四中全会进一步提出：“积极发展混合所有制经济”，并明确地把“国有资本、集体资本、非公有资本等交叉持股、相互融合的混合所有制经济”界定为“基本经济制度的重要实现形式”。③

2. 共同富裕的市场经济

经典马克思主义作家把“共同富裕”写在自己的旗帜上。马克思认为，在新的社会制度中，“社会生产力的发展将如此迅速，以致尽管生产将以所有的人富裕为目的，所有的人的可以自由支配的时间还是会增加”。④ 列宁指出：“只有社会主义才可能广泛推行和真正支配根据科学原则进行的产品的社会生产和分配，以便使所有劳动者过最美好的、最幸福的生活。”⑤ 毛泽东于1955年7月第一次提出“共同富裕”的概念，他认为，只有实行合作化，“在农村中消灭富农经济制度和个体经济制度，使全体农村人民共同富裕起来”。⑥

从我国社会主义改革的实践来看，中国共产党人对“共同富裕”问题进行了全面阐述。在新中国成立以后的前三十年的社会主义建设中，由于缺乏经验，教条式地理解马克思主义经典作家的思想，对经济社会发展规律重视不够，搞平均主义，造成了共同贫穷的局面。邓小平深刻总结这一时期的经验教训时指出：“我们坚持走社会主义道路，根

① 《江泽民文选》第2卷，人民出版社2006年版，第20页。
② 同上书，第20页。
③ 《十八大以来重要文献选编》（上），中央文献出版社2014年版，第515页。
④ 《马克思恩格斯文集》第8卷，人民出版社2009年版，第200页。
⑤ 《列宁选集》第3卷，人民出版社1995年版，第546页。
⑥ 《毛泽东文集》第6卷，人民出版社1999年版，第437页。

本目标是实现共同富裕，然而平均发展是不可能的。过去搞平均主义，吃‘大锅饭’，实际上是共同落后，共同贫穷，我们就是吃了这个亏。”[①] 传统计划经济体制下，个人收入分配实际上是平均主义，既不可能有效率，实际上也有失公平。资本主义市场经济，虽然也讲效率与公平，但实际上偏重于效率，结果是有利于提高效率，但容易导致收入分配差距过大乃至两极分化。邓小平反复讲，社会主义的基本原则是共同富裕，并把它作为社会主义与资本主义的区别。他说：“社会主义与资本主义不同的特点就是共同富裕，不搞两极分化。”[②] 邓小平把“共同富裕”作为社会主义本质，他指出：“社会主义最大的优越性是共同富裕，这是体现社会主义本质的一个东西。”“社会主义的本质，是解放生产力，发展生产力，消灭剥削，消除两极分化，最终达到共同富裕。”[③] 邓小平在中国共产党的理论发展史中，第一次把共同富裕界定在社会主义本质中，把“防止两极分化，逐步实现共同富裕”，“把人民的当前利益与长远利益、局部利益与整体利益结合起来”[④] 当成中国特色社会主义的重要目标。另一方面，由于社会主义制度具有集中力量办大事和全国一盘棋的优势，因而使社会主义市场经济的宏观调控更有可能和条件实现自己的目标。正如江泽民所说：“消灭贫困，实现共同富裕，是社会主义的本质要求和社会主义优越性的体现……发展社会主义市场经济体制，既要追求资源配置的效率目标，也要兼顾公平原则，更要对贫困地区采取有效的扶持政策。”[⑤] 中国特色社会主义市场经济“既可以发挥市场经济的优势，又可以发挥社会主义制度的优越性，在处理市场机制和宏观调控、当前发展和长远发展、效率和公平等关系方面，应该比西方国家做得更好、更有成效”。[⑥] 胡锦涛在党的十八大报告中，把促进全体人民的共同富裕界定在中国特色社会主义道路的科学内涵中，并指出：“必须坚持走共同富裕的道路。共同富裕是中国特色

---

① 《邓小平文选》第 3 卷，人民出版社 1993 年版，第 155 页。
② 同上书，第 123 页。
③ 同上书，第 373 页。
④ 《江泽民文选》第 1 卷，人民出版社 2006 年版，第 227 页。
⑤ 江泽民：《论社会主义市场经济》，中央文献出版社 2006 年版，第 166 页。
⑥ 《江泽民文选》第 1 卷，人民出版社 2006 年版，第 467 页。

社会主义的根本原则。”[①]比中共十七大报告更进一步提出其价值诉求。党的十八大以来，习近平强调中国“坚定不移走共同富裕的道路”。[②]

社会主义初级阶段，建设社会主义市场经济，必须实行按劳分配为主体、多种分配形式并存的分配制度，这是在社会主义市场经济下逐步实现“共同富裕”的有效途径。余金城曾分析：“社会主义者看重市场经济，首先是因为它的效率机制。这一点与资产阶级并无根本区别。然而，市场经济的效率机制有两种相互关联的社会后果：一是优胜劣汰—两极分化；一是促劣变优—共同富裕。社会主义应该取的显然不是前者，而是后者。”[③] 共同富裕是社会主义市场经济运行的最终目的。坚持社会主义市场经济改革方向，必须坚持共同富裕原则。如果导致两极分化，改革就算失败了。社会主义市场经济，从根本上说是实现劳动人民的共同富裕，在发展市场经济的过程中，必须高度重视和努力避免出现两极分化。

中国特色社会主义市场经济是共同富裕的市场经济，它能够避免传统计划经济的“大锅饭”、平均主义，也能够避免资本主义发达国家两极分化现象。共同富裕的市场经济体现了社会主义本质，体现了“公平、公正”的社会主义核心价值观，其价值取向能够为其他国家做出示范，能够引领世界市场经济建设的时代潮流。在计划经济体制下，我国的所有制结构是单一的，全社会采取单一的所有制关系，使社会经济发展失去了动力。改革开放以来，我们进行了所有制关系的调整，实现了由单一所有制向多种所有制结构的转变，建立起了以公有制为主体、国有经济为主导，非公有制经济大量发展的所有制结构。整个社会的所有制结构分为公有制经济和非公有制经济。公有制经济中包括全民所有制、集体经济和混合所有制经济。非公有制经济包括私营经济、个体经济和外资经济。收入分配体制在市场经济下运行的目标是实现公平和效率的结合，效率是通过资源配置来实现的，公平是通过一定的收入分配

---

① 胡锦涛：《坚定不移沿着中国特色社会主义道路前进 为全面建成小康社会而奋斗——在中国共产党第十八次全国代表大会上的报告》，人民出版社2012年版，第15页。

② 《习近平谈治国理政》，外文出版社2014年版，第4页。

③ 余金城：《社会主义的东方实践——解读马克思主义基础理论的现代形态》，上海三联书店2005年版，第137页。

体制来实现的。在市场经济的一般意义上，为了实现社会公平，收入分配领域采取按生产要素贡献和市场效率分配。各种不同的生产要素都具有一定的要素价格，它是由生产要素在经济活动中的贡献决定的。由于各种生产要素的供求状况或稀缺程度不同，运用过程中的市场效率不同，所以，要素价格是不断变化的。生产要素所有者的收入水平，取决于要素价格水平。它的具体表现形式主要包括劳动工资收入、资本利息收入、土地（房产）租金收入和企业利润（狭义的）收入。按生产要素贡献和市场效率进行收入分配，也就是按它们的市场成果进行分配，可以刺激经济主体实现生产要素最佳组合、有效利用、努力在市场竞争中提高自己的市场效率，以实现受益的最大化，从而保证资源配置效率。在社会主义市场经济条件下，由于生产资料所有制结构的多元化，收入分配体制采取按劳分配、按生产要素贡献分配和市场效率分配相结合的分配体制。为了实现社会公平，保证社会稳定，还要通过税收、社会保障制度进行收入再分配。初次分配遵循要素贡献和市场效率原则，再次分配遵循社会公平和社会稳定原则。

改革开放以来，尤其是确立社会主义市场经济体制以来的一个时期，出现了重生产力发展而轻社会主义价值取向的倾向，重效率而轻公平，重资本利益而轻劳动利益，出现了收入分配不公和收入差距过大的趋势。比如，中国全国居民收入的基尼系数，2003 年是 0.479，2004 年是 0.473，2005 年 0.485，2006 年 0.487，2007 年 0.484，2008 年 0.491。然后逐步回落，2009 年 0.490，2010 年 0.481，2011 年 0.477，2012 年 0.474。[①] 为了实现共同富裕，必须正确处理好效率与公平的关系，避免出现“拉美陷阱”。中国在社会主义实践过程中，对于公平与效率之间关系的处理上，有一个逐渐认识的过程。中共十四届三中全会提出通过的“效率优先、兼顾公平”的原则，把效率置于优先地位，同时在对公平的态度上是“兼顾”。此后，这一原则一直是政府制定政策的主导原则，中共十五大报告中坚持了这一提法。但实际实践中，出现了优先太优，兼顾不到位的现象，所以在中共十六大上，在提出

① 《统计局首次透露近十年基尼系数，称收入差距大亟待改革》，中国经济网，2013 年 1 月 18 日。

“坚持效率优先、兼顾公平”的分配原则的同时，强调了“再分配注重公平，加强政府对收入分配的调节职能”。[①] 中共十六届三中全会虽然仍然沿用“效率优先、兼顾公平”的提法。2005 年 10 月，《关于制定国民经济和社会发展第十一个五年规划的建议》中从构建社会主义和谐社会的角度，提出中国要“更加注重社会公平，使全体人民共享改革发展成果”。[②] 中共十七大报告中提出：“初次分配和再分配都要处理好效率和公平的关系，再分配更加注重公平。逐步提高居民收入在国民收入分配中的比重，提高劳动报酬在初次分配中的比重。”[③] 胡锦涛在中共十八大报告中在处理效率与公平的关系上，比十七大报告更进一步。他说：“初次分配和再分配都要兼顾效率和公平，再分配更加注重公平。”[④] 这些要求把实现共同富裕问题更加系统化和具体化了，充分体现了中国共产党对建立公平社会、实现共同富裕的不懈追求。

3. 宏观调控的市场经济

宏观调控的市场经济是时代的潮流，“有宏观调控的市场经济是 20 世纪最伟大的人类文明成果之一”。[⑤] 宏观调控是社会化大生产的市场经济的客观要求，在社会化大生产条件下，人们的交往日益扩大，经济交往联系相关性强，生产社会化程度高，与此相适应的社会矛盾也呈现出复杂多变的情况，为平衡利益的不均衡性，必须进行宏观调控。

“有国家宏观调控的市场经济体制为多数国家所选择”[⑥]，从世界历史和实践来看，主要发达国家都实行了宏观调控的市场经济体制。20 世纪 30 年代资本主义全球经济危机时，社会主义的苏联采取的计划经济，避免了危机，成为世界上“风景这边独好”的亮丽风景线。英国著名历史学家埃里克·霍布斯鲍姆曾分析说：“非共产主义的政治家和

---

① 《江泽民文选》第 1 卷，人民出版社 2006 年版，第 550 页。

② 《十六大以来重要文献选编》（中），中央文献出版社 2006 年版，第 1064 页。

③ 《十七大以来重要文献选编》（上），中央文献出版社 2009 年版，第 30 页。

④ 胡锦涛：《坚定不移沿着中国特色社会主义道路前进　为全面建成小康社会而奋斗——在中国共产党第十八次全国代表大会上的报告》，人民出版社 2012 年版，第 36 页。

⑤ 薛汉伟、王建民：《制度设计与变迁——从马克思到中国的市场取向改革》，山东大学出版社 2003 年版，第 59 页。

⑥ 高继文：《时代发展与中国特色社会主义创新》，《山东师范大学学报》（人文社会科学版）2012 年第 4 期。

知识分子曾排着队去莫斯科探寻‘计划’的秘密，这种计划使苏联免遭西方备受折磨的大衰退。”[①] 美国罗斯福“新政”采取主张国家宏观调控的“凯恩斯主义”，开始从自由放任的市场经济走向宏观调控的市场经济。尽管西方国家在20世纪70年代以后发生了“滞胀”，这并不是由于宏观调控市场经济的失灵，而在于国家过度干预市场经济的结果。后来，20世纪80年代美国总统里根、英国首相撒切尔夫人又重新拾起了自由主义的“牙慧”，克林顿、小布什政府采取新自由主义政策，导致了2007年美国次贷危机引发的世界金融危机，标志着新自由主义的终结。从危机后美国政府所采取的政策来看，宏观调控的市场经济在某种程度上回归。西班牙工人社会党活动家阿奉索·盖拉认为：“如果对最近一个世纪工业世界的进程进行更严格的、客观的分析，就可以说，在漫长的历史道路上，社会主义在与资本主义伟大古典作家所提出的经济和社会模式进行政治战斗时，已取得了道义上和政治上的胜利。今天，谁也不敢真正维护自由贸易资本主义和前社会主义和资本主义理论家与实践家所依据的特殊道德前提。甚至最固执的新保守主义的理论家也坚信，在当前社会中上述模式绝对行不通。”[②] 第二次世界大战以后，西方发达国家对经济都实行了宏观调控的市场经济，其干预力度甚至超过了社会主义国家。几乎所有发达国家都有进行宏观调控的专门计划机构，日本有企划厅，法国有计划委员会，瑞典、加拿大等都有类似的计划机构。除中国香港以外，亚洲四小龙都提出了经济发展的“有计划”、“市场经济”，都非常重视政府在发展市场经济中扮演十分重要的角色，通过制订经济发展计划的方式，为本国或本地区的发展创造条件。韩国实行“有计划的市场经济”，制定了经济发展规划。韩国实行了五年计划，新加坡实行了四年计划、六年计划或十年计划。同时，由于韩国发展市场经济的基础较为薄弱，客观上要求发挥政府的主导作用，以培育和完善市场经济，成为政府主导型市场经济。“二战”后，日本的经济得以迅速恢复和发展，与搭上美国发展的便车有莫大的

---

① ［英］埃里克·霍布斯鲍姆：《从历史看社会主义的未来》，《马克思主义与现实》1998年第2期。

② ［西班牙］阿奉索·盖拉：《旧的和新的社会主义》，见中共中央编译局国际发展与合作研究所：《未来的社会主义》，中央编译局出版社1994年版，第53页。

关系，但从经济体制来看，经济计划是日本市场经济发展的杠杆和政府干预的重要手段，日本在实行计划方面比西方其他发达国家力度更强，成绩亦更显著。东南亚各国，都实行市场经济，与西方发达国家的市场经济不同，它们的共同特点就是强调集体协调。“这一集体协调的特点，是人们习惯于在市场之外直接协调彼此的经济行为……在市场之外从事这种直接协调的集体，如政府、企业、社团、家庭等，其内部常常具有自上而下的等级式组织结构。在这种集体协调的市场经济的社会中，人们习惯于把政府与企业之间的关系看成上级与下级之间的等级关系。因此，这种集体协调的市场经济，有的论者称之为‘政府主导型的市场经济’或‘计划指导下的市场经济’。”①

宏观调控是现代市场经济的共性。中国现在处于社会主义初级阶段，经济文化落后且不平衡，市场经济发展的程度也不平衡，这就决定了中国渐进式改革的有序性。东、中、西部区域市场经济发展程度有极大的差别，要想实现科学发展，必须实施宏观调控，有助于保持经济增长的科学性、持续性，实现经济结构的优化和经济总量的平衡。江泽民指出：“我们要建立的社会主义市场经济体制，就是要使市场在社会主义国家宏观调控下对资源配置起基础性作用，使经济活动遵循价值规律的要求，适应供求关系的变化；通过价格杠杆和竞争机制的功能，把资源配置到效益较好的环节中去，并给企业以压力和动力，实现优胜劣汰；运用市场对各种经济信号反应比较灵敏的优点，促进生产和需求的及时协调。同时也要看到市场有其自身的弱点和消极方面，必须加强和改善国家对经济的宏观调控。”② 前摩根士丹利亚洲区主席史蒂芬·罗奇认为：“中国在管理经济方面的表现仍远远胜过多数人对它的肯定。中国甚至在宏观政策战略方面给世人上了一课，这一课是世界其他地区应该聆听的。”③

市场经济的正常有序运行，既要发挥市场这只“看不见的手”对资源配置的基础性调节作用，又要发挥政府这只“看得见的手”对宏

---

① 马涛：《儒家传统与现代市场经济》，复旦大学出版社 2000 年版，第 134—135 页。

② 《江泽民文选》第 1 卷，人民出版社 2006 年版，第 226—227 页。

③ ［美］史蒂芬·罗奇：《向中国学习宏观调控》，《人民日报》2012 年 3 月 13 日第 3 版。

观经济的调控作用。世界经济发展史表明，市场不是万能的，离开政府的宏观调控，就有可能“市场失灵”，因为完全公平环境下运行的市场经济只是理论上的存在，市场不能自己解决宏观经济总量失衡的问题；市场的运行往往基于短期利益而做出决策；资本具有牟利的本性，无利可图的公共产品的生产，必须由政府宏观调控，市场的盲目性还容易导致垄断的出现和产业结构的不合理。中国在进行社会主义市场经济建设过程中，出现了“市场经济万能论”，要市场、不要计划，盲目迷信西方的新自由主义，萨缪尔森本人针对中国部分人误解他的《经济学》，感到有必要提个醒。他在《经济学》第16版中译本出版之际，颇不平常地写了一封致中国读者的信，批评新自由主义代表人哈耶克和弗里曼，指出他们不注意市场失灵。萨缪尔森信中提到“各种‘市场失灵’：垄断、寡头、经济周期波动、股市崩溃、投机泡沫、金融危机、收入和财富分配不公，等等”。其中“垄断、寡头”说的是微观经济无效率；“经济周期波动、股市崩溃、投机泡沫、金融危机”说的是宏观经济不稳定，特别是金融危机和经济危机；“收入和财富分配不公”说的是社会不公平。由此推之，要想解决微观经济无效率、宏观经济不稳定、社会不公平这三大问题，就必须进行政府干预，实行增进效率、保持稳定、促进公平的三大系列政策。①

社会主义市场经济与资本主义市场经济相比，其本质是不同的。资本主义市场经济是在私有制基础上建立的市场经济，其宏观调控的目的是维护垄断资产阶级的利益，虽然在一定程度上缓和了阶级矛盾，但是我们不能为其假象所迷惑，要深刻认识到资本主义一些新的表象背后的东西。社会主义市场经济的宏观调控，可以借鉴西方发达国家比较成熟的调控手段，根据科学发展观的“统筹兼顾”这一根本要求，用经济杠杆调节经济利益，实现积极协调发展的目标，可以用法律手段规范经济活动；可以用行政手段直接干预和控制经济活动，但不干预具体经济体运营。社会主义市场经济的宏观调控，是建立在社会主义公有制基础之上的，其根本目的是“把人民的当前利益与长远利益、局部利益与

---

① 李吴、易风：《西方经济思潮新动向》，载李慎明《世界社会主义跟踪研究报告（2010—2011）——且听低谷新潮声（之七）》，社会科学出版社2011年版，第57—58页。

整体利益结合起来，更好地发挥计划和市场两种手段的长处”。[①] 习近平提出“强调科学的宏观调控，有效的政府治理，是发挥社会主义经济体制优势的内在要求。”[②] 社会主义市场经济是宏观调控的市场经济，体现了有效的宏观调控手段，体现了市场经济的时代特点，引领了时代的潮流。

二　中国特色社会主义民主政治

中国特色社会主义民主政治建设必须坚持中国特色社会主义政治发展道路，“关键是要坚持党的领导、人民当家做主、依法治国有机统一，以保证人民当家做主为根本，以增强党和国家活力、调动人民积极性为目标，扩大社会主义民主，发展社会主义政治文明。”[③] 建设社会主义政治文明是人类最高的民主政治形式，体现了民主政治的时代潮流，呈现民主政治的创新特征。

（一）发展社会主义民主政治是社会主义的本质要求

民主是社会文明进步的重要标志，是人类不懈追求的价值目标。从资本主义民主到社会主义民主，是民主政治发展的一个飞跃。社会主义民主的本质和核心是人民当家做主，真正享有管理国家和社会事务的权利。发展社会主义民主政治，是社会主义的本质要求，是无产阶级政党始终不渝的奋斗目标。马克思、恩格斯在《共产党宣言》中提出工人成为统治阶级后，要“争得民主”。[④] 列宁非常重视发展社会主义民主，认为“没有民主，就不可能有社会主义”[⑤]，“胜利了的社会主义如果不实行充分的民主，就不能保持它所取得的胜利”[⑥]，强调要“彻底发展民主，找出彻底发展的种种形式，用实践来检验这些形式等”。[⑦]

---

① 《江泽民文选》第1卷，人民出版社2006年版，第227页。
② 《习近平谈治国理政》，外文出版社2014年版，第75页。
③ 《十八大以来重要文献选编》（上），中央文献出版社2014年版，第89页。
④ 《马克思恩格斯文集》第2卷，人民出版社2009年版，第52页。
⑤ 《列宁选集》第2卷，人民出版社1995年版，第782页。
⑥ 同上。
⑦ 《列宁专题文集（论马克思主义）》，人民出版社2009年版，第250页。

中国共产党人深刻把握民主政治是时代的要求，民主政治是其孜孜以求的奋斗目标。在成立之初，中共二大就将“统一中国为真正的民主共和国”作为政治纲领之一提出；毛泽东明确提出：新民主主义革命的目的就是建立一个人民民主的共和国，他还说：“中国缺少的东西固然很多，但是主要的就是少了两件东西：一件是独立，一件是民主。这两件东西少了一件，中国的事情就办不好。”[①] 在回答黄炎培提出的中共如何打破“兴勃”、“亡忽”的历史周期律问题时，毛泽东坚定地说出了找到了一条跳出周期律的新路“就是民主”。[②] 新中国的建立，开启了中国人民真正享有民主的新纪元。1954 年第一部宪法就规定：中华人民共和国的一切权利属于人民，人民依法享有管理国家和社会事务的权利，并把“人民民主专政”作为国体。在实现社会主义民主政治的进程中有过曲折和失误，甚至发生了“文化大革命”那样严重破坏社会主义民主和法制的全局性错误。

十一届三中全会后，中国共产党总结“文化大革命”的教训，很快就恢复并健全了一系列民主制度，社会主义民主政治建设取得了重大的成就，并对社会主义民主政治建设的规律有了进一步的认识。邓小平指出，“没有民主就没有社会主义，就没有社会主义的现代化。”[③] 这是关于社会主义民主政治历史地位的精辟论断。胡锦涛在中共十七大报告首次提出“人民民主是社会主义的生命。发展社会主义民主政治是我们党始终不渝的奋斗目标”。[④] 从民主作为社会主义的生命的高度来表明人民民主对于社会主义的重要性，并指出：“社会愈发展，民主也愈发展。”[⑤] 胡锦涛在中共十八大报告中指出：“人民民主是我们党始终高扬的光辉旗帜。”[⑥] 习近平提出：“人民民主是社会主义的生命。没有民

① 《毛泽东选集》第 2 卷，人民出版社 1991 年版，第 731 页。

② 金冲及：《毛泽东传（1893—1949）》（下），中央文献出版社 1996 年版，第 835 页。

③ 《邓小平文选》第 2 卷，人民出版社 1994 年版，第 168 页。

④ 《十七大以来重要文献选编》（上），中央文献出版社 2009 年版，第 22 页。

⑤ 同上书，第 26 页。

⑥ 胡锦涛：《坚定不移沿着中国特色社会主义道路前进　为全面建成小康社会而奋斗——在中国共产党第十八次全国代表大会上的报告》，人民出版社 2012 年版，第 25 页。

主就没有社会主义，就没有社会主义的现代化，就没有中华民族伟大复兴。”① 这样就把人民民主作为社会主义的本质界定下来。

社会主义民主是迄今人类历史上最高类型的民主政治。虽然社会主义民主批判地继承了资本主义民主的某些原则、观念与形式，与其有一定的历史联系，但是，两者存在着本质的区别。资本主义民主是建立在私有制基础之上的，是为资产阶级利益服务的，是少数人享有的民主，它的实质是资产阶级的统治，是资产阶级利益和意志的表现；而社会主义民主是建立在社会主义公有制基础之上，并为其服务的，它是绝大多数人享有的民主，是工人阶级和广大人民群众利益和意志的表现。我们必须划清社会主义民主与民主社会主义、资本主义民主的界限，结合中国实际发展社会主义民主政治。邓小平早就指出：“关于民主，我们大陆讲社会主义民主，和资产阶级民主的概念不同。西方的民主就是三权分立，多党竞选，等等。我们并不反对西方国家这样搞，但是我们中国大陆不搞多党竞选，不搞三权分立、两院制。”② 江泽民也强调指出：“社会主义民主是最广大的人民民主，它同少数人享有的资本主义民主有着本质的不同。我们在建设社会主义民主政治的过程中，必须始终坚定不移地走自己的路。不能搬用西方的那一套政治模式，如果搬用那一套，非乱不可。”③ 虽然我们不搞三权分立这样的形式，但是其内含的分权制衡原则、完备的监督制度是防止权力过分集中、权力寻租、权力被滥用的有效规则，我国应加以学习、有效借鉴。

（二）中国特色社会主义民主政治的创新发展

1. 建设社会主义政治文明是中国特色社会主义道路的重要目标

“社会主义政治文明”是中国吸收人类政治文明成果，结合我国传统文化和民主政治建设实际而提出来的，是具有时代意义的一个创新概念，其主要的内涵是中国共产党以马克思主义为指导，领导全国各族人民所形成的与经济基础相适应的在民主政治上的一种进步过程、进步状

---

① 习近平：《在庆祝全国人民代表大会成立60周年大会上的讲话》，《人民日报》2014年9月6日第2版。

② 《邓小平文选》第3卷，人民出版社1993年版，第220页。

③ 《江泽民文选》第1卷，人民出版社2006年版，第357页。

态以及所取得的积极成果的总和。

2001年1月10日，江泽民在与出席全国宣传部长会议的代表座谈时，第一次提到政治文明问题，指出："法治属于政治建设、属于政治文明，德治属于思想建设、属于精神文明。"① 在这个讲话中，江泽民提出了三个重要概念即"法治"、"政治文明"、"德治"，为我国后来提出"依法治国"和"以德治国"打下了基础。2002年5月31日，江泽民在中央党校发表的重要讲话中，又提出："发展社会主义民主政治，建设社会主义政治文明，是社会主义现代化建设的重要目标。"② 这是中国领导人在世界政治发展史上第一次使用"社会主义政治文明"的概念，为世界民主政治做出了不可磨灭的贡献。2002年7月，江泽民提出了中国特色社会主义是全面发展的社会主义，把政治文明同我国早就提出的其他两个文明并列在一起，他说："建设有中国特色社会主义，应该是我国经济、政治、文化全面发展的进程，是我国社会主义物质文明、政治文明、精神文明全面建设的进程。"③ 同年11月，江泽民在中共十六大报告把政治文明建设列为全面建设小康社会的重要目标："发展社会主义民主政治，建设社会主义政治文明，是全面建设小康社会的重要目标。"④ 在中共全国代表大会文件中，第一次对建设社会主义政治文明做出明确部署，并将它与社会主义物质文明、精神文明一起定为中国特色社会主义道路的三大布局。社会主义政治文明凸显了政治文明的中国特色和时代特色，体现了社会主义本质，汲取了中国传统民主政治思想，吸收了人类优秀政治文明成果，总结了我国改革开放以来社会主义民主政治建设的经验，顺应了民主发展的时代发展要求，引领了世界民主政治发展新发展。它进一步深化了对中国特色社会主义事业的规律性认识，进一步拓展了中国特色社会主义道路。

第一，社会主义政治文明的提出具有深刻的理论意义。长期以来，我们对于社会主义物质文明和精神文明论述较多，对与它们密切相关同时相对独立的社会主义政治文明缺少科学、准确的概括。1844年，马

---

① 《江泽民文选》第3卷，人民出版社2006年版，第200页。

② 《十五大以来重要文献选编》（下），人民出版社2003年版，第2416页。

③ 《江泽民文选》第3卷，人民出版社2006年版，第490页。

④ 同上书，第553页。

克思曾经使用过“政治文明”的概念，他说：“执行权力。集权制和等级制。集权制和政治文明。”① 他是把政治文明作为“现代国家”所取得的成果而提出的，但只是一个写作提纲里的内容，没有来得及对此进行专门的研究。此后，从列宁、毛泽东到邓小平都从不同的角度论述过社会主义政治制度、社会主义民主制度、社会主义法制、社会主义政治体制改革等问题，涉及了社会主义政治文明的部分内容，但没有将其明确地概括为“社会主义政治文明建设”。中国共产党人提出社会主义政治文明的科学论断，丰富和发展了人类政治文明的思想，为马克思主义社会主义民主政治建设的思想宝库增添了新的内容，对马克思主义民主政治理论有了进一步创新和发展。

第二，社会主义政治文明的提出具有重要的现实意义。改革开放以来，在中国特色社会主义道路上，我国社会主义建设事业成就辉煌，国民经济持续快速健康发展，人民生活总体达到小康水平；社会主义经济、政治、文化、社会、生态建设成效显著；党的建设科学化水平不断提高。与此同时，我国的人民代表大会制度、共产党领导的多党合作和政治协商制度、民族区域自治制度、基层群众自治制度等基本政治制度得以进一步完善，但是仍然需要在坚持基本政治制度的前提下，对于一些好传统、好经验、好做法，需要及时转化为具体制度，这样才能促进社会主义政治制度的发展，进一步拓展中国特色社会主义政治道路，充分体现社会主义制度的优越性。这些都需要通过加强社会主义政治文明建设来解决。

第三，社会主义政治文明的提出具有深远的历史意义。首先，它是社会主义民主政治建设的历史性突破。社会主义政治文明被提高到中国特色社会主义道路的总体布局进行建设，受到前所未有的高度重视，使我们能够更加自觉地遵循人类文明和社会主义民主政治建设的规律，推进我国的政治体制进一步改革，推动社会主义民主政治建设的深入发展，使社会主义政治发展道路焕发新活力。其次，赋予全面建成小康社会以崭新的内容。发展社会主义民主政治，建设社会主义政治文明，就是要在中国共产党的领导下，更加完善社会主义民主，更加完善社会主

① 《马克思恩格斯全集》第42卷，人民出版社1979年版，第238页。

义法制，全面落实依法治国基本方略，切实尊重和保障人民的权益。这是全面建成小康社会、加快推进社会主义现代化建设的重要目标和保证。这就赋予了全面小康社会新内容，对其建成提出了新的标准、新的要求。

2. 社会主义民主政治建设必须立足社会主义初级阶段

江泽民指出："民主建设是一个过程，它的发展程度，又同一定的经济文化状况相关联。"[①] 民主作为政治上层建筑，其实现程度和实现形式，在任何时候都要受到社会经济、文化状况的制约。新中国成立60多年以来，我国的社会主义民主政治建设虽然有曲折，但也取得了巨大的成就。我国还处于并将长期处于社会主义初级阶段，这是我国最大的国情，任何建设都不能脱离国情，与此相适应，现阶段的社会主义民主政治建设，不能不带有社会主义初级阶段的特点。

（1）中国特色社会主义民主政治建设的制约因素

第一，从生产力发展水平和经济状况看，我国现阶段生产力发展的低水平、不平衡、多层次和经济相对落后的状况，决定了整个社会还缺乏发达的社会主义民主所需要的雄厚的物质基础，决定了广大人民群众还必须用更多的时间和精力去从事物质生产活动，而没有更多的时间和精力直接从事民主政治活动。马克思曾说："物质生活的生产方式制约着整个社会生活、政治生活和精神生活的过程。"[②] 只有生产力发展了，物质生活极大丰富了，生产方式符合生产力的发展，才能为广大人民群众充分实现民主权利创造充裕的物质条件。邓小平从促进经济体制改革的角度论述了政治体制改革的必要性。他说："现在经济体制改革每前进一步，都深深感到政治体制改革的必要性。不改革政治体制，就不能保障经济体制改革的成果，不能使经济体制改革继续前进，就会阻碍生产力的发展，阻碍四个现代化的实现。"[③] 经济体制改革的目的是发展生产力，那么政治体制改革也就是为了保障经济建设、促进生产力的发展。

---

① 《江泽民论有中国特色社会主义（专题摘编）》，中央文献出版社2002年版，第321页。

② 《马克思恩格斯文集》第2卷，人民出版社2009年版，第591页。

③ 《邓小平文选》第3卷，人民出版社1993年版，第176页。

第二，从政治思想方面看，我国现实生活中遗存着较多的封建主义残余。封建制度在我国延续长达两千多年，封建主义思想积淀深厚，影响久远。马克思曾在《哥达纲领批判》中，阐述了第一阶段的共产主义社会，“它不是在它自身基础上已经发展了的，恰好相反，是刚刚从资本主义社会中产生出来的，因此它在各方面，在经济、道德和精神方面都还带着它脱胎出来的那个旧社会的痕迹”。[①] 中国脱胎于比资本主义更落后的半殖民地半封建社会，旧社会的痕迹就更加鲜明。对此，邓小平提出了肃清封建残余的任务，他说：“我们进行了二十八年的新民主主义革命，推翻封建主义的反动统治和封建土地所有制，是成功的，彻底的。但是，肃清思想政治方面的封建主义残余影响这个任务，因为我们对它的重要性估计不足，以后很快转入社会主义革命，所以没有能够完成。”[②] 肖枫在分析社会主义国家建设指导思想上的历史教训时，概括为“低估了资本主义，造成了总的指导思想上急于求成”；“高估了社会主义，导致不自觉地重新陷入乌托邦”；“看近了共产主义，造成建设实践中超越发展阶段”；“忽视了封建主义，使社会主义发生了严重扭曲”；“教条主义与封建主义的特殊结合害了社会主义”。[③] 随着改革开放的日益扩大，西方某些脱胎旧社会的政治价值观念也同我们尚未完成的肃清封建主义残余交织在一起，对人们产生了消极影响，成为发展社会主义民主的严重障碍。这一切都增加了社会主义初级阶段民主政治建设的艰难性和复杂性。

第三，从文化教育水平和民主意识的培养看，改革开放以来，我国的教育科学文化事业和社会民主生活有了相当的发展，人们的精神面貌发生了根本变化。但民族文化素质仍然不高，文盲、半文盲人口仍占相当比重，虽然民主意识觉醒，但是相当多数的公民还缺乏相应的参与管理国家和社会事务的意识和能力，社会主义民主还不能达到很高的水平。当大多数人还不能充分意识到自己的民主权利和责任的时候，就难以形成高度民主的社会要求和社会氛围。

---

① 《马克思恩格斯文集》第 3 卷，人民出版社 2009 年版，第 434 页。

② 《邓小平文选》第 2 卷，人民出版社 1994 年版，第 335 页。

③ 肖枫：《社会主义：转折与创新》，当代世界出版社 2003 年版，第 275—287 页。

第四，从事物发展的规律来看，社会主义民主制度的健全和完善，还需要经过一个探索和实践的过程。从世界各国的政治发展史可以看出，任何完善的民主政治都不是一劳永逸、一蹴而就的，都经历了一个相对漫长的发展过程。资本主义民主经历了300余年历史的发展，才形成了较为完善的议会制度、选举制度和法律制度。我国的民主建设才走过60余年的路程，虽然已显示出巨大的优越性，但仍需不断地发展和完善。

总之，社会主义民主政治建设需要一个逐步积累、完善和提升的过程，需要从我国的具体国情出发，在中国共产党的领导下，有步骤、有秩序、有目的地逐步推进。现阶段需要吸收人类政治文明成果，不断健全、完善社会主义民主制度；根据时代发展，尤其是网络民主的蓬勃兴起，不断丰富民主参与的形式；需要规范民主行为，在宪法和法律的框架内，使公民有序参与政治，保障人民依法享有民主选举、决策、管理和监督等的权利和自由；吸收人类尊重和保障人权的文明成果，全面推进我国的人权建设，使人民享有广泛而又切实的人权。社会主义事业愈发展，社会主义民主愈发展。我们应该高举民主的旗帜，不断推进中国特色社会主义民主政治建设。

（2）中国特色社会主义民主政治建设的有效途径

发展社会主义民主政治，建设社会主义政治文明，是时代发展对中国社会主义民主政治建设的要求，符合民主政治的时代要求，也是保障其他建设的要求。改革开放以来，对中国特色社会主义政治发展道路进行了创造性的探索。江泽民在中共十六大报告中提出：发展社会主义民主政治“最根本的是要把坚持党的领导、人民当家做主和依法治国有机统一起来”。[①] 建设社会主义政治文明，必须以社会主义初级阶段为现实出发点，不断总结民主政治建设的实践经验，同时，“借鉴人类政治文明的有益成果，绝不照搬西方政治制度的模式”。[②] 美国《外交》杂志载文指出，中国从不将自己的政治制度包装成普世通用的典范。“中国模式”的意义在于，从实践上证明了良政的模式是多元的，各国

---

① 《江泽民文选》第3卷，人民出版社2006年版，第553页。

② 同上书，第554页。

都能找到适合本国的政治制度。历史不会终结于西方民主制度，一个更精彩的时代正缓缓拉开帷幕。[①] 英国威斯敏斯特大学著名中国问题专家戴雨果（Hugo de Burgh）教授认为，“中国如果要走西欧国家的老路，推行选举民主，可能会遭遇更多问题”。他说：“民众参与民主并非仅能通过投票选出一个政治阶级来实现，还有其他途径可供选择，我希望中国能够探索出适合自己的道路。”[②]

胡锦涛在中共十六届二中全会上把能否将三者统一起来界定为社会主义政治文明区别于资本主义政治文明的本质特征。他指出：“推进政治文明建设，最根本的是要坚持党的领导、人民当家做主和依法治国的有机统一。这是我们推进政治文明建设必须遵循的基本方针，也是我国社会主义政治文明区别于资本主义政治文明的本质特征。”[③] 胡锦涛在中共十七大报告中提出了“扩大社会主义民主，建设社会主义法治国家，发展社会主义政治文明”。[④] 建设和发展的不同在于，发展是在建设的基础上进一步突出其新的建设和发展。中共十八大报告强调提出制度建设的重要性，并对建设提出了原则方向。“要把制度建设摆在突出位置，充分发挥我国社会主义政治制度优越性，积极借鉴人类政治文明有益成果，绝不照搬西方政治制度模式。”[⑤] 坚持三者的有机统一，是我们推进社会主义民主政治建设的根本内容，既体现了社会主义政治文明的中国特色，也体现了其区别于资本主义政治文明、符合时代发展要求的时代特色。“为世界上其他国家正确处理政党、民主、法制之间的关系提供了一种选择或可参照的模式，是当代中国对世界政治文明发展的贡献。”[⑥]

---

① 《专家认为中国经济改革将助推世界经济》，《人民日报》2013 年 3 月 4 日第 3 版。

② 《“中国梦”一定会变为现实》（http：//news. xinhuanet. com/world/2013 - 03/19/c_ 124474164. htm）。

③ 《十六大以来重要文献选编》（上），人民出版社 2005 年版，第 146 页。

④ 《十七大以来重要文献选编》（上），中央文献出版社 2009 年版，第 22 页。

⑤ 胡锦涛：《坚定不移沿着中国特色社会主义道路前进　为全面建成小康社会而奋斗——在中国共产党第十八次全国代表大会上的报告》，人民出版社 2012 年版，第 25—26 页。

⑥ 席文启、仲计水：《中国特色社会主义政治文明对世界政治文明的贡献》，《新视野》2008 年第 1 期。

第一，党的领导是中国特色社会主义最本质的特征，是社会主义法治最根本的保证。① 中国共产党是中国特色社会主义建设事业的领导核心，其领导地位是由其高举中国特色社会主义旗帜、走中国特色社会主义道路、为全体人民的自由而全面发展的终极目的所决定的，由其理论上的科学性、纲领上的正确性和组织上的先进性所决定的。其领导地位是历史形成的，中国近代以来面临着民族独立、人民解放和国家富强、共同富裕这两大历史任务，谁能够完成历史和时代赋予的历史责任，谁就能赢得历史和人民的选择，而在长期革命、建设和改革实践过程中，中国共产党敢于担当，在旗帜、道路、精神状态、目标方面都走在了时代的前列，完成了民族独立和人民解放的历史任务，带领人民走在实现国家繁荣富强、人民共同富裕的路上。中国共产党人反复强调坚持中国共产党领导对于我国政治体制改革的重要性。邓小平强调指出："我们的政治体制改革是有前提的，即必须坚持四项基本原则。"② "中国由共产党领导，中国的社会主义现代化建设事业由共产党领导，这个原则是不能动摇的；动摇了，中国就要倒退到分裂和混乱，就不可能实现现代化。"③ 江泽民指出："在中国这样的大国，要把十一亿人民的思想和力量统一起来建设社会主义，没有一个由具有高度觉悟、严明纪律和自我牺牲精神、真正代表和团结人民群众的党来领导，是根本不可能的。"④ 苏联解体的一条教训就是：共产党蜕化变质，放弃了对国家发展、社会改革的领导权，最后由改革转变为改向，在没有外来侵略的情况下丢失了共产党的执政地位。戈尔巴乔夫曾经友善地提醒中国："我深深地体会到，改革时期，加强党对国家改革进程的领导，是所有问题的重中之重。在这里，我想通过我们的惨痛失误来提醒中国朋友：如果党失去对社会和改革的领导，就会出现混乱，那将是非常危险的。我们在没有做好准备的情况下，使苏联社会大开放。在残酷的国际竞争下，国内工业

---

① 《中共中央关于全面推进依法治国若干重大问题的决定》，人民出版社 2014 年版，第 5 页。

② 《邓小平文选》第 3 卷，人民出版社 1993 年版，第 332 页。

③ 《邓小平文选》第 2 卷，人民出版社 1994 年版，第 267—268 页。

④ 《江泽民论有中国特色社会主义（专题摘编）》，中央文献出版社 2002 年版，第 569 页。

受到了极大的打击。极少数人一夜暴富，敛财数额之巨仅次于美国的大亨，而赤贫的人数却远远超过了苏联时期。”[①] 苏联亡党亡国的教训惨重，警钟长鸣。中国领导人邓小平、江泽民、胡锦涛、习近平反复谈我们要汲取苏共亡党亡国的惨痛教训，在社会主义政治文明的建设中，一定要牢记教训，旗帜鲜明地坚持中国共产党的领导。这是一条政治原则，不可动摇。

第二，人民当家做主是社会主义民主政治的本质要求和社会主义政治文明建设的核心内容。社会主义民主作为一种国家形态和政治制度，是建立在生产资料社会主义公有制基础上的新型的民主政治，它决定了社会主义是人民自己的事业，是人民充分发挥主体作用、自觉参与和实现自己利益与国家社会利益相结合的事业，决定了人民是社会主义民主的主人，也是社会主义建设事业的主人。没有完善的人民民主的政治制度，没有人民对社会主义事业的广泛参与，现代化建设就无法顺利进行。社会主义民主政治建设也就失去了发展的根本动力。胡锦涛在中共十八大报告中提出八项基本要求，其中第二条就是“必须坚持人民主体地位”。中共十八届四中全会把坚持“人民主体地位”作为实现“建设中国特色社会主义法治体系，建设社会主义法治国家”[②] 总目标必须坚持的原则。正因为人民当家做主是社会主义的本质要求，所以发展社会主义民主的首要任务就是必须以科学发展观为统领，以人为本，坚持人民主体地位，始终把人民当家做主作为改革的出发点和归宿，立足于人民的一切，一切为了人民、依靠人民。

第三，依法治国是基本方略。法治是当代世界文明国家治理国家的基本途径和基本手段，是人类文明和进步的重要标志。国家治理只有以法治为基础，才能具有至上的权威和可靠的保障。为了从制度和法律上保证中国特色社会主义基本纲领的贯彻实施，使国家权力始终在阳光下运行，始终遵循人民的要求、体现人民的意志和意愿、保证人民的民主权利，使我们坚定不移地沿着中国特色社会主义道路前进，必须依法治

---

① 李慎明：《2006 年：世界社会主义跟踪研究报告》，社会科学文献出版社 2007 年版，第 365 页。

② 《中共中央关于全面推进依法治国若干重大问题的决定》，人民出版社 2014 年版，第 4 页。

国。中共十八届四中全会第一次对“依法治国”进行了全面部署，并明确了“依法治国”方略的地位。“依法治国，是坚持和发展中国特色社会主义的本质要求和重要保障，是实现国家治理体系和治理能力现代化的必然要求。”①

制度化程度是中国民主政治建设成熟的衡量标志之一。“制度化和程序是获取价值观和稳定性的一种进程。”② 毛泽东在 1956 年 2 月 14 日，提出了一个重要观点：“解决制度问题比解决思想问题更重要，更带有根本性质。”“光从思想上解决问题不行，还要研究解决制度问题。人是生活在制度之中，同样是那些人，实行这种制度，人们就不积极，实行另外一种制度，人们就积极起来。”③ 他就法制建设提出许多重要思想：“宪法就是一个总章程，是根本大法。”④ 中共八大也提出：“我们必须进一步加强人民民主的法制，巩固社会主义建设的秩序。”⑤ 邓小平在总结“文化大革命”之所以会发生的教训时指出：“单单讲毛泽东同志本人的错误不能解决问题，最重要的是一个制度问题。毛泽东同志说了许多好话，但因为过去一些制度不好，把他推向了反面。”⑥“我们过去发生的各种错误，固然与某些领导人的思想、作风有关，但是组织制度、工作制度方面的问题更重要。”“不是说个人没有责任，而是说领导制度、组织制度问题更带有根本性、全局性、稳定性和长期性。”⑦ 邓小平十分强调和重视法制建设，他指出：“我们的民主制度还有不完善的地方，要制定一系列的法律、法令和条例，使民主制度化、法律化。”⑧

中国共产党吸收人类政治文明成果，借鉴西方资本主义国家“法治”经验，提出了依法治国方略。1996 年 2 月，江泽民在中央政治局

---

① 《中共中央关于全面推进依法治国重大问题的决定》，人民出版社 2014 年版，第 1—2 页。

② ［美］亨廷顿：《变化社会中的政治秩序》，三联出版社 1989 年版，第 12 页。

③ 逄先知、金冲及：《毛泽东传》（上），中央文献出版社 2003 年版，第 472 页。

④ 《毛泽东文集》第 6 卷，人民出版社 1999 年版，第 328 页。

⑤ 《建国以来重要文献选编》（第 9 册），中央文献出版社 1994 年版，第 351 页。

⑥ 《邓小平文选》第 2 卷，人民出版社 1994 年版，第 297 页。

⑦ 同上书，第 333 页。

⑧ 同上书，第 359 页。

举办的法制讲座上，首次明确地提出“依法治国”是党和政府管理国家和社会事务的重要方针。[①] 3 月写进《国民经济和社会发展“九五”计划和 2010 年远景目标纲要》。1997 年 9 月中共十五大报告正式提出：“依法治国，是党领导人民治理国家的基本方略，是发展社会主义市场经济的客观需要，是社会文明进步的重要标志，是国家长治久安的重要保障。”[②] 并提出“依法治国，建设社会主义法治国家”的目标。[③] “建设社会主义法治国家”与“建设社会主义法制国家”，“治”与“制”的一字之差，反映了中国共产党人对中国特色社会主义民主政治建设认识上的深化。1999 年 3 月，九届全国人大二次会议通过的宪法修正案把“依法治国，建设社会主义法治国家”写进宪法，使之由执政党的意志上升为全国人民的意志，以根本大法的形式确立了依法治国的治国方略和建设社会主义法治国家的重要目标。中共十八大报告进一步指出：“法治是治国理政的基本方式”，要“全面推进依法治国”。习近平在《在首都各界纪念现行宪法公布施行 30 周年大会上的讲话》中强调指出：“依法治国是党领导人民治理国家的基本方略，法治是治国理政的基本方式，要更加注重发挥法治在国家治理和社会管理中的重要作用，全面推进依法治国，加快建设社会主义法治国家。”[④]

依法治国方略的实施，在具体的制度上我们可以借鉴人类先进文明成果，作为依法治国的基础。借鉴西方政治文明成果，毛泽东早在 1954 年制定新中国第一部宪法时曾研究、学习资本主义宪法，并且谈道：“讲到宪法，资产阶级是先行的。英国也好，法国也好，美国也好，资产阶级都有过革命时期，宪法就是他们在那个时候开始搞起的。我们对资产阶级民主不能一笔抹杀，说他们的宪法在历史上没有地位。”[⑤] 改革开放以来，我们在学习西方政治文明成果方面，做了不少的尝试，并且取得了成功。比如，健全我国法律制度，保障来华投资者的合法权益方面，邓小平就提出：“我们全国人民代表大会通过了《中

① 《江泽民文选》第 1 卷，人民出版社 2006 年版，第 511 页。

② 《江泽民文选》第 2 卷，人民出版社 2006 年版，第 29 页。

③ 同上书，第 28 页。

④ 《习近平谈治国理政》，外文出版社 2014 年版，第 138 页。

⑤ 《毛泽东文集》第 6 卷，人民出版社 1999 年版，第 326 页。

外合资经营企业法》。当然，这个法律通过以后，据国际反映，认为还不充分。这方面我们还缺乏经验，以后还要逐步充实起来。我们希望外国朋友不要等我们法律完备以后再同我们合作。在合作中，逐步使我们的《中外合资经营企业法》完备起来。"[①] 在民主的具体形式和程序方面，我们可以借鉴西方民主中的比较成熟的具体形式和程序，如在完善干部选人制度，我们可以吸收其好的做法。邓小平早在1979年就谈道："我们说资本主义社会不好，但它在发现人才、使用人才方面是非常大胆的。它有个特点，不论资排辈，凡是合格的人就使用，并且认为这是理所当然的。"[②] 必须借鉴西方国家有关选拔人才的先进做法改革我们的选拔制度，其中"关键是要健全干部的选举、招考、任免、考核、弹劾、轮换制度，对各级各类领导干部（包括选举产生、委任和聘用的）职务的任期，以及离休、退休，要按照不同情况，做出适当的、明确的规定"。[③] 1984年10月，邓小平提出建立退休制度，"这一点，也要学发达国家。有些第三世界国家解决得也比较好"。[④]

西方国家在法治实践上已经积累了丰富的经验，尤其在市场监管、政府法制、司法公正、公共服务上，建立了完善的法律体系，对社会的发展起到极为重大的推动和保障作用。人权理论及其保障制度，是民主法治的逻辑起点，是构建政治文明的基本要素，已成为人类普遍追求的基本价值。它最早产生于西方社会，在这方面，西方国家以及国际社会已经建立了内涵丰富的理论体系和实践体系。我们顺应世界潮流，学习借鉴了西方人权理论与实践。1991年中国政府发表的《中国人权状况白皮书》将"人权"概念引入民主政治生活中，2004年3月十届全国人大二次会议通过宪法修正案，正式将"国家尊重和保护人权"条款写入宪法。注重加紧人权立法，注意同《世界人权宣言》等我国加入或参加起草的人权公约接轨，积极参与国际人权领域的合作。另外，在选举制度方面，需要学习其选举程序，学习其直接选举的经验，完善间接选举制度等；在司法制度、监督制度、公务员制度等方面，其所包含

---

① 《邓小平思想年谱（1975—1997）》，中央文献出版社1998年版，第155页。

② 《邓小平文选》第2卷，人民出版社1994年版，第225页。

③ 同上书，第331页。

④ 《邓小平文选》第3卷，人民出版社1993年版，第92页。

的民主政治的共性的东西，都值得我们批判地吸收。

现代法治国家的确立，是人类社会进步和政治文明的重要标志。依法治国是人类千年民主政治发展的结晶，反映了人类政治文明发展的规律，是人类创造的共同财富。中国的“依法治国”治国方略积极汲取了西方政治文明的优秀成果，体现了中国共产党对人类政治发展规律的认识，是建设社会主义民主政治、实现人民当家做主的基本保证，是进行社会主义建设、保证社会主义全面建设正常运行的客观需要，对于维护社会稳定和国家长治久安具有重要的保障作用。

三 中国特色社会主义实行科教兴国、建设创新型国家战略

科技是推动人类社会进步的革命性杠杆。每一次科技革命，都是一个国家、民族发展的机遇，谁能够率先把握科技革命，站在科技革命的时代前列，谁就能领先世界，引领时代的发展。这是被人类社会发展史反复揭示的规律。历史已证明：科技革命与社会主义运动密切相关，直接影响了社会主义从空想到科学、从理论到实践、从高歌行进到低潮中奋进。中国共产党人顺应新科技革命的时代潮流，提出“科技是第一生产力”的思想，在借鉴世界经验的基础上，结合我国实际，提出“科教兴国”、“建设创新型国家”战略，符合时代发展的要求，体现出中国特色社会主义道路的创新发展的时代特征。

（一）利用科技进步推动经济发展

1．改革开放前，我国科技发展的得与失

新中国成立后，以毛泽东为代表的中国共产党人敏锐地抓住了新科技革命的时代特征，提出：“把党的工作的重点放在技术革命上去，这个问题必须引起全党注意。”[①] 通过分析世界先进国家的发展道路，毛泽东深刻认识到中国加快发展科学技术的必要性、迫切性，他在一些讲话中表露了这种紧迫感，并且用宽广的世界眼光分析世界先进国家的经

① 《毛泽东文集》第7卷，人民出版社1999年版，第350—351页。

验，指明中国需要学习经验，赶上先进国家。在阅读苏联《政治经济学教科书》的谈话中，毛泽东强调："资本主义各国、苏联，都是靠采用最先进的技术，来赶上最先进的国家，我国也要这样。"① 20世纪60年代，中国面临苏美霸权主义的打压，处在国际反华反社会主义势力的敌视下，这使得毛泽东的这种紧迫感愈加强烈。毛泽东一再强调："如果不在今后几十年内，争取彻底改变我国经济和技术远远落后于帝国主义国家的状态，挨打是不可避免的。""我们应当以有可能挨打为出发点来部署我们的工作，力求在一个不太长的时间内改变我国社会经济、技术方面的落后状态，否则我们就要犯错误。"② 改革开放前，我国先后制定了两个科学技术长远发展规划，把科学技术现代化纳入到了国家的总体战略之中，从而带动了中国的原子能、电学、半导体、自动化、计算机技术、航空和火箭技术等新兴科学技术的发展，并促进了一系列新型工业部门的诞生和发展，极大地促进了我国科学技术的发展，缩短了与先进国家的差距。此外，我们还取得了"两弹一星"这样的标志性成果，抢占了科技发展制高点，在尖端科技领域的某些方面达到或接近世界先进水平。邓小平曾说："六十年代我国的科学技术水平同世界水平差距不大，一九六四年我国爆炸了原子弹，这是科研水平的集中表现。"③ 这一时期，我国与世界发达国家的科技水平虽有差距，但是不是很大，由于我国对新科技革命的把握没有始终如一，没有清晰地看到世界科技突飞猛进的发展，工作重心转移到阶级斗争，科技发展水平之间的差距也逐渐地由本来已经缩小的差距反而扩大了。正如邓小平所说："这十几年来，世界有了突飞猛进的发展，差距就拉得很大了。同发达国家相比较，经济上的差距不止是十年了，可能是二十年、三十年，有的方面甚至可能是五十年。"④"文革"十年中，中国科技事业的发展受到极大挫折，这是我们年轻的共和国为成长付出的沉重代价。

2. 树立科学的科技观，促进经济发展

改革开放前，邓小平就能够把握新科技革命的时代特征，认真贯彻

---

① 《毛泽东文集》第8卷，人民出版社1999年版，第126页。

② 同上书，第340—341页。

③ 《邓小平思想年编（1975—1997）》，中央文献出版社2011年版，第78页。

④ 《邓小平文选》第2卷，人民出版社1994年版，第132页。

毛泽东提出的“向科学进军”、“打好技术革命这一仗”的思想。他在继承毛泽东提出的“不搞科学技术，生产力无法提高”[①] 的思想基础上，逐渐对新科技革命和科技本身有了更加明晰的认识。

改革开放以后，邓小平自觉把握新科技革命的时代特征，正视了与世界发达国家的差距，树立了正确的科技观，确立了“科技是第一生产力”的思想。他在1975年5月21日主持国务院办公会议上指出：“搞社会主义建设，不能不搞生产，不能不搞科学技术。我们强调劳动生产率，强调科学技术，不能算作‘唯生产力’。”[②] 邓小平在这个讲话中，破除了把科学技术看作“唯生产力”的谬论，是提出“科技是第一生产力”的思想源泉。1975年9月，邓小平在同国务院政治研究室负责人谈话中指出：“在自然科学研究中，现在对基础理论不重视，只搞应用研究，这样要赶超世界水平不行。”[③] 指出了赶超世界水平必须重视基础理论研究。1975年，邓小平在听取胡耀邦汇报中国科学院的工作时，特别肯定了《汇报提纲》中关于“科学技术也是生产力”的观点，还明确指出“科学技术叫生产力，科技人员就是劳动者”。[④]

在1978年的全国科学大会上，邓小平认真总结了新中国成立后科技发展的经验教训，用世界眼光观察世界，明确了中国与世界的差距，认为我们的“科学技术与世界先进水平的差距愈拉愈大”[⑤]，认为我们首先要解决“对科学技术是生产力的认识问题”[⑥]，“科学技术是生产力，这是马克思主义历来的观点。早在一百多年以前，马克思就说过机器生产的发展要求自觉地应用自然科学，并且指出：‘生产力中也包括科学。’现代科学技术的发展，使科学与生产的关系越来越密切了”。[⑦] 他深刻把握了科技革命这一时代特征，认为：“现代科学技术正在经历着一场伟大的革命。近三十年来，现代科学技术不只是在个别的科学理

---

① 《毛泽东文集》第8卷，人民出版社1999年版，第351页。

② 《邓小平思想年编（1975—1997）》，中央文献出版社2011年版，第18页。

③ 同上书，第25页。

④ 《邓小平文选》第2卷，人民出版社1994年版，第34页。

⑤ 同上书，第86页。

⑥ 同上。

⑦ 同上书，第87页。

论上、个别的生产技术上获得了发展，也不只是有了一般意义上的进步和改革，而是几乎在各门科学技术领域都发生了深刻的变化，出现了新的飞跃，产生了并且正在继续产生一系列新兴科学技术。现代科学为生产技术的进步开辟道路，决定它的发展方向。”① 邓小平看到了中国与其他国家，尤其是日本的差距。“拿中国来说，五十年代在技术方面与日本差距也不是那么大。但是我们封闭了二十年，没有把国际市场竞争摆在议事日程上，而日本却在此期间变成了经济大国。”② 在立足自身落后的基础上，他认为科学技术本身没有阶级性，既可以为资产阶级服务，也可以为无产阶级服务，并提出学习西方先进技术，赶超先进，赶上世界先进水平。他说：“学习先进，才有可能赶超先进。提高我国的科学技术水平，当然必须依靠我们自己努力，必须发展我们自己的创造，必须坚持独立自主、自力更生的方针。但是，独立自主不是闭关自守，自力更生不是盲目排外。科学技术是人类共同创造的财富。任何一个民族、一个国家，都需要学习别的民族、别的国家的长处，学习人家的先进科学技术。我们不仅因为今天科学技术落后，需要努力向外国学习，即使我们的科学技术赶上了世界先进水平，也还要学习人家的长处。”③ 为了达到向西方学习的目的，必须有人才做基础，要建设宏大的又红又专的科学技术队伍，其基础是教育。他说：“我们国家要赶上世界先进水平，从何着手呢？我想，要从科学和教育着手。”④ 邓小平于 1983 年 10 月 1 日为景山学校题词：“教育要面向现代化，面向世界，面向未来。”⑤ 这样就把科技与教育联系在一起，科教都要面向世界，吸收西方先进成果，赶上世界先进水平。从中共十二大以来历次党的代表大会，都明确确定了教育的优先发展地位。中共十二大把科学和教育“作为经济发展的战略重点”⑥，中共十三大报告进一步强调：“把发展科学技术和教育事业放在首要位置，使经济建设转到依靠科技进步和提

---

① 《邓小平文选》第 2 卷，人民出版社 1994 年版，第 87 页。
② 《邓小平文选》第 3 卷，人民出版社 1993 年版，第 274 页。
③ 《邓小平文选》第 2 卷，人民出版社 1994 年版，第 91 页。
④ 同上书，第 48 页。
⑤ 《邓小平文选》第 3 卷，人民出版社 1993 年版，第 35 页。
⑥ 《十二大以来重要文献选编》（上），人民出版社 1986 年版，第 16 页。

高劳动者素质的轨道上来。”①

正是对科技、教育战略地位重要性的认识，邓小平对科技在经济社会中的作用做了深刻的思考。1988 年，他明确提出“科学技术是第一生产力”的思想。他说：“世界在变化，我们的思想和行动要随之而改变……马克思讲过科学技术是生产力，这是非常正确的，现在看来这样说可能不够，恐怕是第一生产力。”② 邓小平关于“科学技术是第一生产力”的思想包含着丰富的内涵：第一，科学技术对经济发展起第一位变革作用。现代科学技术已经广泛渗透到经济社会活动中，渗透到生活的各个环节，成为推动经济发展的决定性因素。科学技术不只是使经济在量上即规模和速度上迅速增长，同时，也使经济发生质的飞跃，在经济结构、劳动结构、产业结构、经营方式等方面发生了变革。科学技术已经成为经济发展最重要的变革力量。第二，科学技术在生产力诸要素中起着第一位的作用。第二次世界大战以来，科学技术以空前的规模和速度进入生产领域，使得现代物质生产力成为一个复杂的体系。在这个复杂的体系中，它自身不但直接体现为生产力，而且它同时还对其他诸因素起作用，比如提高劳动者的素质，促进生产工具和生产工艺的进步，扩大了劳动对象的来源和种类，从而成为推动社会生产力的重要力量。第三，现代科技使管理日趋现代化、科学化。在社会生产力的发展中，使物的要素和人的要素进行有机结合，而管理是使潜在生产力转变为现实生产力的关键。科学技术与经济的广泛结合，使得管理成为生产力的重要范畴。生产管理是科学，也是知识，是技术。科学、技术、管理并称为现代经济发展的三个重要因素。

邓小平的“科技是第一生产力”的思想，具有重大意义。第一，它是对马克思主义关于生产力和科技关系学说的重大发展。在改造自然的活动中，人类的智慧和能力是以科技来体现的，对社会发展起决定作用的劳动生产率的提高是以科学技术的不断发展为前提的。马克思关于科学技术是生产力的论点代表了当时对生产力和科学认识的最高水平，当时的科学技术对生产过程有着很大的依赖性，而今天，科学技术的发

---

① 《十三大以来重要文献选编》（上），人民出版社 1991 年版，第 17 页。

② 《邓小平文选》第 3 卷，人民出版社 1993 年版，第 275 页。

展，它所产生的巨大作用，我们应有新的认识。第二，它是对当代世界社会经济发展规律和趋势的崭新概括。“二战”以后，科学技术的发展日新月异，呈现出许多新的特点和变化趋势。科学技术在社会经济发展中的地位空前提高，在社会生产力诸要素中起的决定性作用日益显著。科技发展的规模和速度空前提高，对社会物质生产、精神生活、生活方式、思维方式等都产生了重要影响，已成为现代生产力和社会经济发展的最重要的促进因素和支持力量，是提高一个国家综合国力和国际地位的重要因素。第三，它是对我国改革开放和现代化建设实际的深刻总结。通过总结社会主义建设历史经验和我国改革开放的社会主义实践，我们深刻认识到科技强国、科技兴国的深刻道理，为后来我国提出“科教兴国”、“建设创新型国家”战略奠定了理论基础。

3. 制定科技发展规划，赶上世界发展

根据邓小平的科技思想和新科技革命的时代特征，中国政府制定科技规划借以来迎接挑战和机遇，赶上世界发展。罗兹曼在其所著的《中国的现代化》一书中曾对中国的科技发展规划给予很高的评价。他认为，发展规划“是中国为使其科研工作赶上世界水平的一项重大决策”，并认为国家拨给的约占国民生产总值的1%的经费虽然落后于其他国家，但是不可小看，其原因“一是中国的国民生产总值本身很庞大，其1%用于投资科研，绝对数颇为可观；其二是其他与中国人均国民生产总值水平相仿的国家，还没有哪个能舍得拿出1%来系统地投资于科研”。①

1977年，中国制定了《1978—1985年全国科学技术发展规划纲要》，对自然资源、农业、工业、国防、交通运输业、海洋、环境保护、医药、财贸、文教等27个领域和基础科学、技术科学两大门类的科学技术研究任务做了全面安排，确定了108个项目作为全国科学技术研究的重点。“实现了这个规划，就可以说是我国部分重要科学技术领域接近或达到70年代的世界先进水平，使差距缩小到10年左右，从而为后来15年全面赶超打下了坚实的基础。② 全国科学技术大会以后，

---

① ［美］吉尔伯特·罗兹曼：《中国的现代化》，江苏人民出版社1995年版，第659页。

② 陈述：《改革开放重大事件和决策述实》，人民出版社2008年版，第27—28页。

国家科委等有关部门为了促进科技发展，制定了科技组织、人员管理、物资供应、档案工作和成果奖励等方面政策、法律、法规达50多个，极大地促进了科技的发展，部分成果迅速赶上世界水平。从1978年恢复全国科技成果登记制度以后，截至1985年年底，经国家科委正式登记并在《科学技术研究成果公报》上公布的国内首创的国家级成果共有8000多项。据对1981—1985年期间近10万项科技成果的初步统计分析，在9845项科技成果中达到国际先进水平的科技成果占5.3%，达到国内先进水平的占35.5%。①

1982年国家计委和国家科委联合召开会议，研究制定了《1986—2000年科学技术发展规划》。在规划制定过程中，邀请了德国、日本、欧共体、美国等国家的知名人士和工程技术专家座谈，从中了解国际发展趋势和一些国家发展中的经验教训，对我国规划的制定起到了很好的参考作用。《规划》提出了科学技术发展的5个方面：传统产业方面，依靠科技进步，把经济发达国家20世纪七八十年代已经普遍采用了的先进技术逐步在我国普及，使我国工农业生产转移到新的技术基础上来；研究开发一批新兴技术领域，包括生物技术、微电子信息技术、新材料技术、新一代自动化技术、航天技术、核能技术等，建立若干技术密集的新兴产业；切实安排好国家重点建设项目的前期科研工作和建设汇总的重大技术关键攻关，使重点建设项目能够建立在先进的技术基础上；搞好重要技术的引进和消化，以及重要的科技成果特别是军转民重大技术的推广应用；从科学技术的长期发展着眼，安排好一批基础研究项目。《规划》包括27个行业和新型领域15年发展规划的轮廓、12个领域的技术政策、15年发展规划纲要和“七五科技发展计划”。各部门还制定了行业科技发展和技术改造中长期规划大纲。每个专项由国内外发展现状、奋斗目标和战略方针等部分组成。

为了遵循科技发展规律，促进科技发展，中共中央于1985年3月13日颁布《关于科技体制改革的决定》，提出：“我们应当按照经济建设必须依靠科学技术，科学技术工作必须面向经济建设的战略方针，尊

① 中华人民共和国科学技术部：《中国科技发展60年》，科学技术文献出版社2009年版，第118页。

重科学技术发展规律，从我国的实际出发，对科学技术体制进行改革。”[①] 要在运行机制、组织结构、人事制度等方面进行改革，以克服单纯依靠行政手段管理的弊病，运用经济杠杆和市场的手段来进行调节。1986 年 3 月 3 日，王大珩、王淦昌、杨嘉墀、陈芳允四位著名科学家给邓小平、胡耀邦写信，提出了中国要跟踪世界高技术发展的建议。在邓小平的大力支持和推动下，同年 11 月，中共中央批准《高新技术研究发展计划纲要》（即“863 计划”）。这个计划选择对中国未来经济和社会发展有重大影响且能跟踪世界水平的生物技术、航天领域、信息技术、新材料技术、先进防御技术、自动化技术和能源技术等一些领域作为突破口，进行重点研究，体现了邓小平提出的“中国必须在世界高科技领域占有一席之地”[②]的要求。

国家还部署实施科技攻关计划，星火计划，设立国家自然科学基金、建立高新技术产业开发区、科技工作形成了面向经济建设主战场，发展高新技术产业、加强基础科学研究等三个层面的总体部署。这些规划的实施，使得我国科技发展取得了很大的成功。如星火计划，“‘八五’期间共建立了 45 个国家级星火计划密集区和 71 个区域性支柱产业，全国安排各级星火计划项目 38946 项。截至 1995 年年底，星火计划累计投入达 769. 6 亿元”[③]，极大地促进了农业生产的迅速发展。“863”计划也取得了巨大的成功，截至 1995 年年底，已全面完成设置的目标，“共取得研究成果 1200 多项，获国家级奖励或省部级奖励 567 项，达国际水平 540 项，获专利 244 项”。[④] 许多关键技术获得突破，达到了国际水平，缩小了我国在一些关键技术领域与国际先进水平的差距。表4 -2为 20 世纪 80 年代中国主要科技计划的具体情况。

---

① 《十二大以来重要文献选编》（中），人民出版社 1986 年版，第 663 页。

② 《邓小平文选》第 3 卷，人民出版社 1993 年版，第 279 页。

③ 中华人民共和国科学技术部：《中国科技发展 60 年》，科学技术文献出版社 2009 年版，第 171 页。

④ 同上，第 176 页。

表4－2　　20世纪80年代中国主要科技计划

起始年份	计划名称	重点领域与主题
1983	国家科技攻关计划	促进农业发展、加快传统工业技术更新、加强重大装备研制、鼓励开拓新兴领域、提高生态环境和医疗卫生水平。
1985	星火计划	抓一批短、平、快科技项目促进地方经济振兴。
1986	863计划	生物、航天、信息、激光、自动化、能源、新材料、海洋技术。
1988	国家重点新产品计划	促进新产品开发和科技成果转化及产业化。
1988	火炬计划	发展高新技术产业开发区，重点发展新材料、生物技术、电子信息技术、光机电一体化、新能源、高效节能与环保。

资料来源：中华人民共和国科学技术部（http://www. most. gov. cn/index. htm）；中国科技创新网（http://www1 zgk jcx1 com）。

（二）实施“科教兴国战略”

20世纪90年代，面对新科技革命和知识经济的发展，世界各国为迎接时代挑战，纷纷制定本国的科技发展战略。以江泽民为核心的第三代领导集体，在全面落实“科学技术是第一生产力”思想的基础上，确立了“科教兴国”战略。

制定科技发展战略是时代潮流。世界资本主义发达国家，美国、日本、欧盟、韩国等国家，为应对新科技革命所带来的全球科技竞争愈演愈烈的态势，顺应时代发展要求，都制定了适合本国的科技发展战略。我国制定科教兴国战略也是在时代发展的背景下，顺应时代而采取的科技战略。美国为保持其在科技领域中的领先地位，引领新科技革命潮流，1983年制定的“战略防御计划”旨在进行以高技术为基础的军事研究，一直坚持至今。1993年，又实施“信息高速公路计划”，抓住了新科技革命的核心，执信息革命之牛耳，其要旨在于把建设信息高速公路作为美国科技战略的关键部分，作为国家最优先的任务实施。欧盟在1984年开始实施“科技框架计划”，以应对新科技革命所带来的科技竞争，实现科技水平的提高和促进经济社会的发展，至今，已先后实施了7个计划。在世界科技革命的浪潮中，日本较早窥到其征兆，表现出了对科技发展的自觉性和敏感性。1980年3月，日本政府提出“技术立国”，发挥政府组织功能，调整科技政策，确立研究开发组织体制。同时，集中力量建立和办好技术密集区、研究学园城市，大量增加科研与设计试验费用，加紧智力开发，大力发展教育事业。随着实践的深入，进入20世纪90年代后，日本尝到了重技术而轻基础研究造成科技后劲不足的苦头，于1994年提出“科学技术创造立国”的战略，旨在加强基础研究，促进科技转换，提高国家的创新能力。随着知识经济已初见端倪，日本又于2002年提出“知识产权立国”战略，以知识产权创新为中心，来提高日本的经济竞争力。日本这三个战略的实施，无不体现其连续的带有时代特征的科技发展战略。韩国面对新科技革命的浪潮，20世纪80年代也相继提出了“尖端技术立国”战略、“走向2000年的科技发展战略”，90年代提出了到2010年、2025年的长远科技规划。

以江泽民为代表的中国共产党人深刻认识到新科技革命是时代特征，明确了中国与世界发达国家的差距，把接近和赶超世界先进水平作为中国的紧迫任务。他说：“现代科学技术正在经历着深刻的革命，大力发展我国的科学技术，从总体上逐步缩短同发达国家的差距，努力接近和赶上世界先进水平，是摆在全党全国各族人民面前的一项紧迫任务。”[①] 而要实现这一目标的途径就是实施“科教兴国”战略。该战略是中国特色社会主义道路的重要组成部分，体现了鲜明的时代特征。1991年7月1日，江泽民在纪念中国共产党七十周年讲话时提出，为了应对国际竞争，我们必须“更加自觉地把经济建设转到依靠科技进步和提高劳动者素质的轨道上来”。[②]1992年，江泽民在中共十四大报告中提出：“科学技术是第一生产力，振兴经济首先要振兴科技。只有坚定地推进科技进步，才能在激烈的竞争中取得主动。”[③] “必须把教育摆在优先发展的战略地位，努力提高全民族的思想道德和科学文化水平，这是实现我国现代化的根本大计。”[④] 在这一论述中，明确了科技对于振兴经济的重要性，提出了教育处于优先发展的战略地位，是实现现代化的根本大计。科技与教育相结合，共同促进社会主义建设。这种

---

① 《十三大以来重要文献选编》（中），人民出版社1991年版，第781页。

② 《十三大以来重要文献选编》（下），人民出版社1993年版，第1647页。

③ 《江泽民文选》第1卷，人民出版社2006年版，第232页。

④ 同上书，第233页。

思想为“科教兴国战略”的提出奠定了思想基础。

1995年5月26日，江泽民在全国科学技术大会上，首次把实施“科教兴国战略”作为一项重大部署而提出来，并阐述了其科学内涵：“全面落实科学技术是第一生产力的思想，坚持教育为本，把科技和教育摆在经济社会发展的重要位置，增强国家的科技实力及向现实生产力转化的能力，提高全民族的科技文化素质，把经济建设转到依靠科技进步和提高劳动者素质的轨道上来，加速实现国家繁荣强盛。”① 同年，中共十四届五中全会提出，实施“科教兴国战略”是加速我国社会主义现代化建设的重要方针之一。次年，在八届全国人大四次会议上确定“科教兴国战略”是我国的基本国策。

实施“科教兴国战略”，具有重要的意义。第一，“科教兴国战略”顺应了时代潮流，反映了科技、教育与经济社会发展的内在规律，有利于解放和发展生产力，提高我国经济社会发展的质量和水平。第二，“科教兴国战略”为我国在新的时代条件下进行现代化建设、加速经济和社会发展、缩小与发达国家发展的差距指明了有效途径，是保证实现全面建成小康社会、实现两个一百年战略目标顺利实现的正确抉择。第三，“科教兴国战略”构建了一个以科技进步作为运行的动力和过程、以增强科技实力作为运行的基础、以科技和经济的结合作为运行的基本结构、以高科技文化素质的劳动者作为运行主体的推进国家整体发展的新运行机制。

实施“科教兴国战略”后，我国“九五”期间科技、教育事业获得快速发展，863计划等一系列重大科技规划进一步实施，同时启动了“973”计划②、211工程。973计划、《面向21世纪教育振兴行动计划》等一系列国家级科技教育计划，直接推动科技教育的发展，我国科技事业实现了新的跨越。科技创新能力不断增强，载人航天飞船、基因组研究等高科技领域取得突破性进展，许多重点和关键领域接近或达到世界先进水平。科技对经济社会的贡献率不断增大。“1978—2001年，我国

① 《江泽民文选》第1卷，人民出版社2006年版，第428页。

② 973计划：1998年实施，为贯彻科教兴国战略而制定的围绕重点领域、瞄准科学前沿和重大科学问题、开展创新的基础研究的国家重点基础研究发展计划。

科技进步对经济增长率的贡献率为19.8%，2002年达到40%。”① 我国的高新技术产业也获得了蓬勃的发展，日益成为拉动经济增长、促进社会进步的重要力量。“1991—2001年，我国高新技术产业的工业总产值从3000亿元左右增加到1.8万亿元左右，年均增长20%以上。高新技术产业在国民经济构成中所占比例由10年前的1%左右提高到目前的15%左右。”②

（三）确定“建设创新型国家”战略

以胡锦涛为总书记的党中央深刻把握新科技革命的时代特征，提出了“建设创新型国家”的战略，这不仅是提高我国国际竞争能力的战略需要，也是我国顺应历史潮流，应对新科技革命的发展而提出来的。

胡锦涛着眼于经济全球化的国际环境、科技日新月异的发展趋势和我国科技发展面临的机遇与挑战，对科技的认识更加深入。他提出“科学技术是第一生产力，是推动人类文明进步的革命力量”③ 的论断，并且着重指出了新科技革命的进程中，科学技术是综合国力的中心。他说：“当今时代，人类正在经历一场全球性的科技革命，知识创新迅速发展，科技进步日新月异，科学技术越来越成为综合国力竞争的核心，我们比以往任何时候都更需要加快科技进步和创新的步伐。”④ 同时，胡锦涛又阐述了科技发展必然会引发重大创新，必将引起世界范围内的深刻变革，引起国际格局的重大调整，他指出：“未来科学技术引发的重大创新，将会推动世界范围内生产力、生产方式以及人们生活方式进一步发生深刻变革，也将会进一步引起全球经济格局的深刻变化和利益格局的重大调整。”⑤这就要求中国立足时代发展要求，把创新作为国家战略提到议事日程，以便在未来的竞争中能够站在时代前列，引领时代发展。

---

① 白春礼．落实科教兴国战略的思考［EB/OL］http：//www．people．com．cn/GB/keji，2004－10－24．

② 吴晓敏等：《中国共产党关于知识分子问题的理论与实践》，江西人民出版社2007年版，第166页。

③ 《十六大以来重要文献选编》（下），中央文献出版社2008年版，第184页。

④ 《十六大以来重要文献选编》（上），中央文献出版社2005年版，第490页。

⑤ 《十六大以来重要文献选编》（中），中央文献出版社2006年版，第112页。

以胡锦涛为总书记的党中央自中共十六大以来，进一步认识到新科技革命对创新的要求，制定了“建设创新型国家”战略。2005 年 10 月，胡锦涛在十六届五中全会上明确提出了“坚持自主创新，建设创新型国家”[①] 的重大战略。为了贯彻十六届五中全会精神，2006 年 1 月 9 日，胡锦涛在全国科学技术大会上作了题为“坚持走中国特色自主创新道路，为建设创新型国家而努力奋斗”的报告。在报告中，在提出了十六字指导方针：“自主创新、重点跨越、支撑发展、引领未来”，设置了总体目标是：“到二〇二〇年，使我国的自主创新能力显著增强，科技促进经济社会发展和保障国家安全的能力显著增强，基础科学和前沿技术研究综合实力显著增强，取得一批在世界具有重大影响的科学技术成果，进入创新型国家行列，为全面建设小康社会提供强有力的支撑。”[②] 为建设创新型国家指明了方向。同时，还第一次为建设创新型国家设定了具体时间表：到 2020 年，“用 15 年的时间使我国进入创新型国家行列”[③]。在报告中，胡锦涛指出了建设创新型国家战略的重大意义是“事关社会主义现代化建设全局的重大战略决策”。[④]“建设创新型国家战略”的重要地位事关中国特色社会主义事业的全局，起到“牵一发而动全身”的作用。

2006 年 1 月 26 日，颁布了《中共中央、国务院关于实施科技规划纲要增强自主创新能力的规定》，提出：“建设创新型国家，核心就是把增强自主创新能力作为发展科学技术的战略基点，走出中国特色自主创新道路，推动科学技术的跨越式发展……大力推进理论创新、制度创新、科技创新，不断巩固和发展中国特色社会主义伟大事业。”[⑤] 2006 年 2 月 9 日，颁布《国家中长期科学和技术发展规划纲要（2006—2020 年）》，确定了科技发展规划的指导方针、发展目标和总体部署，并对能源、水和矿产资源、环境、农业、制造业、交通运输业、信息产业及现代服务业、人口与健康、城镇化与城市发展、公共安全、国防 11 个

---

① 《十六大以来重要文献选编》（中），中央文献出版社 2006 年版，第 1094 页。

② 《十六大以来重要文献选编》（下），中央文献出版社 2008 年版，第 187 页。

③ 同上书，第 195 页。

④ 同上书，第 187 页。

⑤ 同上书，第 237 页。

重点领域、62个优先主题做了详尽的部署，生物技术、信息技术、新材料技术、先进制造技术、先进能源技术、海洋技术、激光技术、空天技术8类前沿技术及22项有限发展的具体安排，对学科发展、基础研究、科学前沿问题、面向国家重大战略需求的基础研究、重大科学研究计划等四类基础研究进行研究引导，对科技体制改革与国家创新体系建设、若干重要政策和措施等配套措施做了要求。综观这个规划，紧紧抓住了新科技革命中各个领域的前沿问题，对事关中国经济社会发展的重大问题进行了部署，为建设创新型国家制定了全面、可行的路径，对我国到2020年的科技发展起到引路导航的作用。

在中共十七大报告中，胡锦涛进一步强调要“提高自主创新能力，建设创新型国家，这是国家发展战略的核心，是提高综合国力的关键；要坚持走中国特色自主创新道路，把增强自主创新能力贯彻到现代化建设各个方面”。[①] 胡锦涛在中共十八大报告重申：到2020年，“科技进步对经济增长的贡献率大幅上升，进入创新型国家行列”。[②] 这也是全面建成小康社会的目标之一。习近平也提出：“增强自主创新能力，最重要的就是要坚定不移地走中国特色自主创新道路，坚持自主创新，重点跨越、支撑发展、引领未来发展的方针，加快创新型国家步伐。”[③]

实施“建设创新型国家战略”以来，成就突出、成效显著。其中载人航天和载人潜水实现重大突破，是两大标志成果。载人航天领域在继承以前的成果的基础上，2012年，我国成功实现了“神九”与“天宫”的交会对接，“成为世界上第三个完整掌握载人航天基础技术的国家，被国际舆论赞为‘中国迈向航天大国跨越性的一步’”。[④] “蛟龙”号载人潜水器是自主集成研制的深海载人潜水器，设计深度为7000米。2011年7月31日，我国第一台自行设计的、“863计划”重大专项——“蛟龙”号载人潜水器到达深度5182米，是我国进入载人深潜技术的

---

① 《十七大以来重要文献选编》（上），中央文献出版社2009年版，第17页。

② 胡锦涛：《坚定不移沿着中国特色社会主义道路前进 为全面建成小康社会而奋斗——在中国共产党第十八次全国代表大会上的报告》，人民出版社2012年版，第12页。

③ 《习近平谈治国理政》，外文出版社2014年版，第121页。

④ 《时代考验：机遇与挑战——党的十六大以来经验与启示述评之二》，http：//news. xinhuanet. com/politics/2012－10/29/c_ 113525756. htm。

世界先进国家之列的重要标志。2012 年 6 月 27 日，其最大下潜深度达到 7062 米，我国深海装备和深海技术实现重大突破。“神九”与“天宫”交会对接、“蛟龙”号下潜突破 7000 米大关，实现了中国人的“可上九天揽月，可下五洋捉鳖”梦想。中国加大了科研投入，为建设创新型国家奠定坚实的资金和物质基础。目前，中国科研方面的投入总量位居世界第二。我国社会研究开发投入占国内生产总值的比重有了大幅度提升，2000 年比重为 0.90%；2008 年为 1.44%；2010 年为 1.76%；2011 年为 1.84%[①]；2012 年，“全年研究与试验发展（R&D）经费支出 10240 亿元，比上年增长 17.9%，占国内生产总值的 1.97%”[②]，接近国际上创新型国家的 2% 的标准。就此指标来看，我国行将成为创新型国家，我国“到 2020 年，全社会研究开发投入占国内生产总值的比重提高到 2.5% 以上”。[③] 从国际上公认的科学研究具有标志性成果的“高被引论文”来看，“中国‘高被引论文’数量占总量的比率从 2001 年的 1.85% 增加到 2011 年的 11.3%，这一比率已居全球第 4”。[④]

① 《世界统计年鉴（2011）》（http://www.stats.gov.cn/tjsj/qtsj/gjsj/2011）。

② 《中华人民共和国 2012 年国民经济和社会发展统计公报》（http://news.xinhuanet.com/politics/2013-02/23/c_114772758.htm）。

③ 《国家中长期科学和技术发展规划纲要（2006—2020）》（http://www.gov.cn/jrzg/2006-02/09/content_183787.htm）。

④ 《我国“高被引论文”位列世界前茅》，《光明日报》2012 年 8 月 19 日第 1 版。

第五章　中国特色社会主义道路的时代价值

中国特色社会主义道路是世界发展道路的有机组成部分，顺应时代潮流，反映时代要求，引领时代发展，具有鲜明的中国特色和时代特征。时刻体现时代的精神风貌，具有时代价值，对于当代世界社会主义运动、发展中国家、人类发展具有重要的意义。郑必坚指出："世界上最大的社会主义发展中国家——中国能够实现现代化，就可断言社会主义的成功。并且定能对世界市场的深化和拓展，对世界经济格局的变动和进步，对经济全球化和国际格局多极化，对世界和平和发展，做出新的更大贡献。"①

一　中国特色社会主义道路对当代世界社会主义运动的意义

（一）中国特色社会主义道路为当代社会主义运动注入了活力

俄国十月革命的成功，使世界上出现了第一个社会主义国家，在世界上产生了深刻的影响，极大地鼓舞了各国无产阶级的斗志，社会主义运动在世界上蓬勃发展，凯歌行进，社会主义制度先后在欧洲、亚洲、拉丁美洲等地区的 14 个国家中建立和发展，实现了社会主义从一国到多国的发展，形成了一个强大的社会主义阵营。其中陆地总面积占世界的 1/4 以上，人口总量约占世界的 1/3，国民收入约占世界的 1/3。但

① 郑必坚：《思考的历程——关于中国和平发展道路的由来、根据、内涵和前景》，中共中央党校出版社 2006 年版，第 67 页。

是由于苏联解体、东欧剧变，苏联模式最终失败，其根本原因“在于理论、体制和政策僵化陈旧，落后于时代发展和人民的要求。这导致了经济发展和人民生活改善缓慢，综合国力衰退，共产党和社会主义失掉了民心”。[①] 世界社会主义运动开始陷入低潮，世界社会主义国家由15个锐减到5个，在世界上224个国家和地区（其中国家为193个，地区为31个）中所占比例仅为38.6∶1。弗朗西斯·福山在其所著《历史的终结和最后的人》中宣称：历史的终结行将来临，未来将是自由市场经济和议会民主政体全球化的时代，而社会主义和作为其政纲基础的马克思主义在这种全球化语境中已没有其位置。随着中国特色社会主义取得的巨大成就，在西方金融危机和经济危机中席卷全球之际，西方学者批判福山的“历史终结论”，指责这一错误理论对西方思想起了有害的作用，并告诫奥巴马和西方要重读福山，正确看待历史和现实。由于中国特色社会主义巨大成功的客观事实，使福山本人对自己的观点进行修正。他说：“客观事实证明，西方自由民主可能并非人类历史进化的终点。随着中国崛起，所谓‘历史终结论’有待进一步推敲和完善。人类思想宝库需为中国传统留有一席之地。”[②]

中国特色社会主义道路是在世界社会主义运动处于低潮的背景下探索成功的，“既是对斯大林模式社会主义的否定，也是对中国传统社会主义实践模式的突破。中国特色社会主义的成就说明，社会主义不断创新理论和发展模式，与时代特征和各国国情相结合，就会有强大生命力；也说明苏联的失败不是社会主义的失败，只是落后于时代的建设社会主义僵化模式的失败”。[③]

中国特色社会主义的成功经验，既避免了资本主义未充分发展所带来的灾难和苦痛，又借助世界市场经济吸收资本主义的一切文明成果，并大大加快了现代化的进程，为世界社会主义运动注入了活力。邓小平指出：“我坚信，世界上赞成马克思主义的人会多起来的，因为马克思

---

① 高继文：《时代发展与中国特色社会主义创新》，《山东师范大学学报》（人文社会科学版）2012年第4期。

② 《中央公论杂志》2009年第9期。

③ 高继文：《时代发展与中国特色社会主义创新》，《山东师范大学学报》（人文社会科学版）2012年第4期。

主义是科学……从一定意义上说，某种暂时复辟也是难以完全避免的规律性现象。一些国家出现严重曲折，社会主义好像被削弱了，但人民经受锻炼，从中吸取教训，将促使社会主义向着更加健康的方向发展。因此，不要惊慌失措，不要认为马克思主义就消失了，没用了，失败了。哪有这回事！"[①]"只要中国社会主义不倒，社会主义在世界将始终站得住。"[②]"中国只要这样搞下去，旗帜不倒，就会有很大影响。"[③]

匈牙利《外交政策》杂志主编包拉日·约瑟夫把世界社会主义运动的命运同中国的社会主义命运结合起来，认为其成败取决于中国。他说："今后在世界范围内社会主义的命运如何，将在很大程度上取决于中国能否在顺应人民意志的情况下，建立一种对其他国家人民也有吸引力的现代社会主义，这是中国的一项重大的历史使命和责任。在这方面中国将继续发挥其历史性的作用。"[④] 德里克提出"后社会主义"，认为中国特色社会主义"既是对传统社会主义种种弊端的扬弃，又是对资本主义的大规模吸收，它提供了一条可以取代资本主义的发展道路，但又不遵从传统的社会主义理论模式，而是带有本国的特色"。[⑤] 越共前总书记农德孟表示：中国在"改革开放中所取得的巨大成就和宝贵经验，为进一步丰富关于社会主义和走社会主义道路的理论以及巩固对社会主义的信心做出了贡献。我们坚信，在过去80年取得的成就基础上，中国共产党和兄弟的中国人民将继续取得更大的成就，成功地把中国建设成为一个繁荣的国家，国际地位和作用将日益提高，为本地区和世界的和平、稳定、合作与发展事业做出应有的贡献"。[⑥]

古巴共和国外交部部长布鲁诺·罗德里格斯·帕里利亚认为："新中国60年来的发展历程证明，有中国特色的社会主义不仅取得巨大成功，而且成为包括古巴在内的其他国家学习的典范。"新中国成立60

---

① 《邓小平文选》第3卷，人民出版社1993年版，第382—383页。

② 同上书，第346页。

③ 同上书，第320页。

④ 刘洪潮：《外国要人名人看中国（1989—1992）》，中共中央党校出版社1993年版，第149页。

⑤ 李百玲：《德里克论全球现代性中的中国特色社会主义》，《中国特色社会主义研究》2008年第6期。

⑥ 《越共总书记农德孟高度评价中共八十年光辉历程》，《光明日报》2001年7月2日。

年，在经济和社会层面都取得巨大成就，为推进人类和世界的进步做出了卓越贡献。“为此，古巴认真学习了中国改革开放政策，将中国的成功归结于中国有着本土特色的、革新的社会主义体制，中国共产党团结人民所行使的强有力的领导，以及中国领导人在道义上的威信。古巴将把中国的成功的社会主义经验作为重要的借鉴来学习。”[①]

在21世纪的今天，回顾历史，总结经验，展望未来，我们用世界眼光观察世界，积极参与到全球化的历史进程中，对于我们正在从事的中国特色社会主义伟大事业，更加充满豪情壮志、更加信心满怀。中国特色社会主义道路为世界社会主义注入了活力，得到了世界许多专家、共产党和国家领导人的认可。

齐普拉科夫提出，中国的改革为世界提供了新动力，他说：“中国的改革进展不仅从理论上，而且还从实践上为当今世界社会主义的发展趋势提供了新的动力。”[②] 雅科夫列夫认为，中国特色社会主义“不仅扭转了20世纪后期世界社会主义陷入低潮的趋势，而且必将对21世纪社会主义的发展产生不可估量的影响”。[③] 保加利亚著名理论家尼·波波夫教授认为：“中国目前选择并实践的模式，是唯一可以挽救和建设社会主义的模式，是唯一正确的充满希望之路。”[④]利洛夫认为：“中华人民共和国是现代社会主义的旗手，它创造的经验具有无法估量的历史意义。”中国特色社会主义道路的国际意义，“不仅要从它迄今为止所取得的成就去评价，而且要看到它对未来所产生的历史性影响和所担负的责任。换言之，可以这样表述：中国和越南的社会主义改革在很大程度上决定了21世纪世界范围内社会主义的前途。”[⑤] 越南共产党曾这样

---

① 《古巴外长：以中国为典范建立新型社会主义国家》，《中国青年报》2009年9月8日。

② 金羽、李惠让、温乐群：《海外人士心中的邓小平》，红旗出版社1993年版，第21页。

③ 转引自刘苍劲、吕志、陈松林：《中国特色社会主义理论与实践研究》，中国人民大学出版社2011年版，第257页。

④ 刘洪潮、蔡光荣：《外国要人名人看中国（1989—1992）》，中共中央党校出版社1993年版，第111页。

⑤ ［保］利洛夫：《文明的对话：世界地缘政治大趋势》，马细谱等选译，社会科学文献出版社2007年版，第1、305页。

评价中国特色社会主义对世界社会主义运动的广泛影响："从国际上说，改革开放事业的成功挽救并发展了社会主义，这是世界社会主义革命运动发展史上具有划阶段意义的贡献……中国建设社会主义的成功，是向世界人民证明社会主义优越性的生动实例，也是批驳各种敌对势力一切歪曲和诋毁论调、恢复进步人类对社会主义前途信心的雄辩证据。"① 老挝人民革命党中央总书记、国家主席朱马利强调："中国经济的强劲飞跃式发展，有力地推动了本地区的繁荣和稳定，也是老挝革命事业取得胜利的重要条件和积极因素。"② 老挝国家总理通辛认为："老挝吸取了中国不少经验。"③ 法国前部长、中国问题专家阿兰·佩雷菲特认为："过去是只有社会主义才能救中国。现在是只有中国才能救社会主义。"④

（二）中国特色社会主义道路为世界其他社会主义国家提供了经验

中国特色社会主义道路是和平发展的道路、开放发展的道路、创新发展的道路、科学发展的道路，取得了辉煌的成就，为当今其他社会主义国家提供了宝贵的经验。邓小平以睿智的眼光很早就洞察了这一点，他指出："我们的改革不仅在中国，而且在国际范围内也是一种实验，我们相信会成功。如果成功了，可以对世界上社会主义事业和不发达国家发展提供某些经验。"⑤ 布热津斯基也认为："在中国发生的事情来越引人注目，越来越重要，不仅对与它相邻的国家是这样，甚至对远隔重洋的大陆也是如此。如果中国以其 10 多亿人口，能够成功地建设一个政治上可行、从全社会来看又比较富足的国家，它必然日益成为全球注意的焦点，不论它是否希望如此。那些急不可待地想寻求适合本国样板的较贫穷的国家必然对中国趋之若鹜，即使中国不从意识形态角度阐述

---

① 刘苍劲、吕志、陈松林：《中国特色社会主义理论与实践研究》，中国人民大学出版社 2011 年版，第 257 页。

② 《专访老挝人民革命党中央总书记、国家主席朱马利》，新华网，2011 年 9 月 21 日。

③ 《老挝总理：老挝吸取了中国不少经验》（http：//news. cntv. cn/20110314/112896. shtml）。

④ 顾海良：《马克思主义的历史命运》，吉林人民出版社 1996 年版，第 615 页。

⑤ 《邓小平文选》第 3 卷，人民出版社 1993 年版，第 135 页。

和宣传中国模式的意义。”①

1. 指导思想上的借鉴

中国特色社会主义道路的核心是：“一个中心”、“两个基本点”。以经济建设为中心是兴国之要；坚持四项基本原则是立国之本，是我国社会主义建设事业取得胜利的政治前提和根本保证。四项基本原则对改革开放和现代化建设主要起着三方面的政治保证作用：一是保证有一个坚定正确的政治方向；二是保证有一个团结稳定的环境；三是保证有统一的意志和统一的行动。邓小平当时针对“文革”后，极少人借否定“文革”来否定党的领导，造成部分人思想混乱的形势下，坚定地提出：“中央认为，我们要在中国实现四个现代化，必须在思想政治上坚持四项基本原则。这是实现四个现代化的根本前提。”②“如果动摇了这四项基本原则中的任何一项，那就动摇了整个社会主义事业，整个现代化建设事业。”③ 并多次论述了坚持四项基本原则的重要性，“四项基本原则的核心是走社会主义道路，社会主义是人类历史发展的必然趋势。只有社会主义才能救中国，只有社会主义才能发展中国”。④ 坚持四项基本原则的正确性和科学性已被20世纪八九十年代东欧剧变所证实。东欧剧变、苏联解体的重要教训之一，就是放弃了马克思主义指导，继续坚持僵化的体制，结果使得本来已经相当严重的各种矛盾进一步激化，最后酿成了执政党纷纷下台、社会主义改革变为改向。

中国特色社会主义坚持四项基本原则。“坚持社会主义道路、坚持人民民主专政、坚持中国共产党的领导、坚持马克思列宁主义毛泽东思想这四项基本原则，是我们的立国之本。”⑤ 中国矢志不渝地坚持中国特色社会主义道路，体现了道路自信；坚持人民民主专政的国体及由此建立的社会主义政治制度，体现了制度自信；坚持中国共产党的领导不动摇，体现了执政自信；坚持马列主义毛泽东思想和中国特色社会主义

① ［美］兹比格涅夫·布热津斯基：《大失控与大混乱》，潘嘉玢、刘瑞祥译，中国社会科学出版社1994年版，第206—207页。

② 《邓小平文选》第2卷，人民出版社1994年版，第164页。

③ 同上书，第173页。

④ 《邓小平文选》第3卷，人民出版社1993年版，第311页。

⑤ 《十三大以来重要文献选编》（上），人民出版社1991年版，第15页。

理论体系为指导，体现了理论自信，对社会主义国家具有借鉴价值。时任哈萨克斯坦社会党主席叶尔蒂斯巴耶夫认为："中国改革之所以成功，很重要的原因是由于中国坚持四项基本原则。四项基本原则是相互关联的，缺一不可，但中国共产党的领导这一条是根本的，舍此，也就谈不上别的了。"① "四项基本原则加改革开放是对马克思主义的独创性发展；中国共产党拯救了社会主义在全世界的威望。邓小平的四项基本原则是20世纪国际共产主义运动最伟大的贡献。"②

中国坚持四项基本原则得到了其他社会主义国家的认同并学习。越南共产党学习了"四项基本原则"，并有所创新，它们提出坚持改革，必须坚持"五项原则"，即改革不能脱离社会主义、改革必须依靠马列主义理论（越共八大把"胡志明思想"列入指导思想）、改革必须坚持党的领导、建设社会主义民主、改革对外关系使爱国主义与无产阶级国际主义和社会国际主义相结合，加快改革步伐，建设有越南特色的社会主义。老挝革命党提出要以经济建设为重，坚持"六项基本原则"，即坚持社会主义、马列主义、党的领导、集中原则基础上的民主、人民民主专政、爱国主义与国际主义相结合。古巴借鉴中国的"四项基本原则"，提出在改革的同时强调以马蒂思想和马列主义为指导，"誓死捍卫马克思列宁主义"、"誓死捍卫社会主义"，坚持"三不放弃"，即不放弃革命原则、不放弃人民政权、不放弃为民造福的目标。③ 卡斯特罗强调："革命永远不会放弃自己的原则，永远不会放弃我国人民斗争换来的成果，永远不会放弃自己的理想和目标，绝不屈服于帝国主义。主权是不能出卖和拿出来谈判的，革命决不放弃建设由我们人民自己选择的社会、经济和政治制度的权利。"④

2. 社会主义发展阶段的影响

在社会主义运动史上出现过超越发展阶段而使社会主义遭遇挫折的

---

① 刘洪潮：《外国要人名人看中国（1989—1992）》，中共中央党校出版社1993年版，第110页。

② 同上书，第110—111页。

③ 赵明义：《当代社会主义》，山东大学出版社2001年版，第201页。

④ 肖枫、季正矩：《关于古巴社会主义革命和建设若干问题的思考》，《当代世界与社会主义》2005年第1期。

惨痛教训。中国对基本国情的认识，对社会主义初级阶段的科学把握，是中国特色社会主义道路的总依据。一位国际友人曾这样评价社会主义初级阶段的意义，他说："有些国家搞的社会主义是天上的思想，或者说是一种梦想。梦是人人都可以做的，但总有梦醒的时候，与现实是两回事。邓小平提出社会主义初级阶段，使社会主义从天上回到地上。中国搞的是实实在在的社会主义，是植根于中国大地的社会主义。"① 中国对社会主义发展阶段的深刻把握，直接影响了其他社会主义国家对本国国情的判断、对社会主义所处阶段的认识。

1986 年，老挝党四大提出老挝的社会主义处于"向社会主义过渡的初级阶段"。1989 年 11 月，在老挝人民革命党召开的四届七中全会上有了重新的判断，认为老挝目前不具备建设社会主义的物质基础，"仍处在建设和发展人民民主制度，为进入社会主义创造必要条件的历史阶段"。② 1991 年的五大、1996 年的六大、2001 年的七大继续重申了这一提法，2006 年八大进一步提出："为了最终实现社会主义目标，根据老挝国情特点，老挝需要很长的实践，经历很多的发展过程，目前，老挝的革命建设仍然处于向社会主义过渡时期。"③ 2011 年，九大报告坚持了这一点。

越南共产党于 1986 年在越共六大上提出，越南是一个农业国，生产力水平低，经济落后；越南处于"向社会主义过渡的初级阶段"、"由于我们是从小生产起步，跨越资本主义发展阶段而直接走上社会主义的，因此，我国的过渡时期必定是长期而且充满困难的。"④ 此后，越共一直坚持"向社会主义过渡的初级阶段"这一提法。该国情阶段认识是清晰的，但从理论上讲，无疑是一个悖论。该论断阐明的是"向社会主义过渡"的初级阶段，直接推出的一个阶段就是越南还没有进入社会主义阶段，类似于我们在 1953 年提出的社会主义过渡时期，但从实践的角度来看，越共又进行社会主义实践，虽然认识到这个过渡

① 刘美殉：《中国特色社会主义》，清华大学出版社 2004 年版，第 136 页。

② 王伟光：《社会主义通史》第 7 卷，人民出版社 2011 年版，第 238—239 页。

③ 高放：《科学社会主义理论与实践》，中国人民大学出版社 2008 年版，第 191 页。

④ 吴彬康：《八十年代世界共产党代表大会重要文件选编》（上），中国广播电视出版社 1989 年版，第 225 页。

时期是一个漫长的拥有多个路段，有所谓的大过渡、小过渡的认识，不免会产生理论上的误区。

朝鲜劳动党认为，社会主义社会是“过渡性的社会”，可分为“不完全、完全胜利的社会主义”两个发展阶段。朝鲜正处于“争取社会主义的完全胜利”的阶段。[①] 古巴共产党对社会发展阶段的认识有反复，理论上认识不如中国、老挝、越南认识的清醒。古巴认为，古巴目前处于全面建设社会主义的阶段，这是一个长期的过程，要建成社会主义，需要几代人的努力。

3. 建立本国特色社会主义的启迪

列宁曾经论述了社会主义社会发展的普遍规律与各国发展的具体道路的辩证关系。他认为，进行社会主义建设，不存在一个什么统一的模式，也没有一个先验的公式，而是要适合不同国家的具体情况。他强调：“尤其需要独立地探讨马克思的理论，因为它所提供的只是总的指导原理，而这些原理的应用具体地说，在英国不同于法国，在法国不同于德国，在德国又不同于俄国。”[②] 新中国成立以后，由于没有建设社会主义的经验，我们基本上是照抄照搬苏联社会主义模式的，中国共产党人虽然发现了其弊端，试图实现马克思主义中国化的第二次结合，并进行了艰辛的探索，但是最终没有超越，反而酿成了“文化大革命”的惨剧。“文化大革命”以极端的形式暴露了传统社会主义模式的弊端，迫使中国不得不放弃苏联社会主义模式。邓小平论述改革的必然性时，指出：“过去我们搬用别国的模式，结果阻碍了生产力的发展，在思想上导致僵化，妨碍了人民和基层积极性的发挥。”[③] 中国在改革开放后，突破了传统社会主义模式，开辟了中国特色社会主义道路，是科学社会主义发展史上的伟大创举，其意义在苏联解体、东欧剧变之后，在世界社会主义总体处于低潮之际，更加显现。

中国在提出改革开放的决策后，取得了辉煌的成就，为其他社会主义国家提供了借鉴。中国的改革开放为当今的世界社会主义运动提供了

---

① 崔桂田：《当代社会主义发展模式比较研究》，山东人民出版社2005年版，第105页。

② 《列宁专题文集·论马克思主义》，人民出版社2009年版，第96页。

③ 《邓小平文选》第3卷，人民出版社1993年版，第237页。

借鉴。“中国的改革进展不仅从理论上，而且还从实践上为当今世界社会主义的发展趋势提供了新的动力。”① 越南、朝鲜、古巴、老挝四国结合东欧剧变的教训、基于本国国情的认识，借鉴中国特色社会主义建设的经验，反思本国社会主义建设的理论与实践，从本国国情出发，进行了不同形式、不同程度的改革，探索符合本国实际的具有本国特色社会主义发展道路。

越南提出“革新开放”的社会主义道路。越共原中央理论委员会主席阮德平认为：“中国共产党主张中国特色的社会主义，越南共产党主张符合条件和特点的社会主义及社会主义道路。”② 1986 年，越共六大决定实施“全面革新开放”。越南仿照中国的农村联产承包责任制，于 1988 年通过了“10 号决议”，正式实施农户承包制度。随着农业进一步发展，鼓励和支持农村庄园经济的发展，极大地调动了农民的积极性。推进国有企业改革，1986 年全面破除“包给制”，实行安全的自主经营，1989 年全面放开价格，后来又确立了股份制国有企业改革的方向和目标，同时积极扶持非公有制经济的发展。金融改革上，1988 年进行金融体制改革，建立国营、合营银行等更多种成分的金融系统，建立中央银行与商业银行二级银行制度，改革税率政策，对农业实行政策性利率。实行全方位的对外开放，积极融入世界经济体系，着力提高越南经济的国际化水平，目前越南已同 170 多个国家建交，与 120 多个国家和地区有经贸关系。

朝鲜坚持走“主体的社会主义”，即“朝鲜式社会主义”道路，在国内建立经济开发区；对外主张吸收外资。古巴的社会主义改革强调从本国国情出发，走有本国特色的社会主义道路。古巴在社会主义改革道路的选择上有清醒的认识，既不学苏东国家毁灭社会主义制度的错误做法，也不完全照搬照抄中国特色社会主义道路，而是从古巴的实际出发，实行有古巴特色的稳步的改革开放，推行稳中求进的改革开放战略。卡斯特罗曾指出：我们“需要进行有益于国家经济发展的改革与

---

① 金羽、李惠让、温乐群：《海外人士心中的邓小平》，红旗出版社 1993 年版，第 21 页。

② 转引自李慎明《社会主义：理论与实践》，社会科学出版社 2001 年版，第 52 页。

开放，但是这要在社会主义原则范围内进行”。[①]

老挝推行“有原则的全面革新”。1986 年 11 月，老挝人民革命党在四大上提出了“革新开放”的战略方针，使各方面的建设事业出现了新气象。1991 年 3 月，老挝人民革命党召开五大，重申了革新开放必须坚持的六项原则，确认“老挝正处在继续建设和发展人民民主制度为逐步走向社会主义创造起码因素的阶段”，制定了“有原则的全面革新路线”。1996 年 3 月召开的六大继续坚持五大提出的“有原则的全面革新路线”，确立了党的基本路线是以老挝人民革命党为领导核心，继续建设和发展人民民主制度，为逐步进入社会主义创造条件，并制定了从 1996 年分别至 2000 年及至 2020 年经济社会发展目标。2001 年 3 月，老挝人民革命党召开七大，强调要以解除人民贫困为首要任务，领导国家走出不发达国家的行列，改变落后的生活方式。

4. 经济体制改革的启示

中国吸收人类文明成果，把市场经济从制度属性剥离出来，对经济体制进行改革，建设中国特色社会主义市场经济。在所有制上，建立了以社会主义公有制为主体，多种所有制为补充的所有制形式，对其他社会主义国家产生了影响。除了朝鲜继续坚持计划经济外，其他社会主义国家均采取了市场经济趋向的社会主义经济体制，所有制形式由原来的“一大二公”，逐渐成为一主多元的模式。

越南确立了“社会主义定向的市场经济”体制。1979—1986 年，越共开始从中央计划经济向市场经济转变，并最终在越共六大时承认了市场经济的客观存在；1989 年越共六届六中全会提出“发展多种所有制经济是一项长期政策”；越共八大更进一步指出“商业化生产与社会主义没有冲突，是人类取得的成就，在建设社会主义的过程中和之后都有存在的必要”；2001 年越共九大提出了“社会主义定向的市场经济”的经济体制改革目标模式，要发展多种所有制形式、多种经济成分和多种经营管理方式。越南的所有制形式是包括了国有经济、合作经济等六种成分在内的多种所有制经济，其分配形式实行按劳动果实和经济效益

---

① 中国中央电视台（焦点访谈）组：《我终于登上了长城——卡斯特罗专访》，《国际经济评论》1996 年第 1—2 期。

分配为主，同时辅助以资金、智力等分配方式。

在经济体制改革的目标模式上，古巴曾明确表示“古巴绝不搞市场经济”，但1995年年底，卡斯特罗访问中国、越南之后，表示要向中、越两国学习社会主义改革的经验，建立自己独创的市场社会主义。卡斯特罗说：“如果要讲市场经济，我们也许不得不讲中国人所说的社会主义市场经济。”① 卡斯特罗在古共“五大”上的中心报告中说，古巴“可以利用某种市场形式”，但“不能服从于市场的盲目规律”。在所有制问题上，古巴坚持以公有制为主，允许并鼓励非公有制经济的存在和发展；在分配制度问题上，古巴允许一部分人合理合法地富起来，调整过高的社会福利性分配，逐步减少平均分配财富的比例，但免费教育和免费医疗等基本福利体系的格局不会变，分配上的平均主义在一定范围内还存在。

老挝的经济体制改革目标是建立“国家管理下的市场经济”。老挝现阶段所有制结构是以公有制为基础，私人资本主义经济、职工和合作社社员的家庭经济、国有经济、人民合作经济、对外合作经济、股份经济、个体经济等多种经济成分并存的结构。

朝鲜认为本国已经接近社会主义完全胜利的转折性界线，因此“唯我独马”、“唯我独社”思想严重，把中国的社会主义坚持视为变修变色，是典型的顽固地坚持高度集中的计划经济体制的社会主义国家。朝鲜认为，必须在国家统一领导下有计划地管理国民经济，符合社会主义经济发展规律。随着时代的发展，加上固有的计划经济体制的弊端日渐显现，朝鲜也对经济体制进行了部分的改革，在一些领域也引进了一定规模的市场经济因素，发展了一些私营企业，加快了向中国学习的步伐。

5. 对时代认识的借鉴

正确地把握时代特征，顺应时代发展潮流，是每一个国家进行建设所必须具备的世界眼光。中国共产党正确把握了和平与发展、经济全球化、新科技革命等时代特征，对其他社会主义国家具有重要的影响。越

① 肖枫：《社会主义向何处去——冷战后世界社会主义运动大扫描》（上卷），当代世界出版社1999年版，第511页。

共自1986年年底六大宣布实行“革新开放”政策，到2001年4月九大，越南共产党非常重视时代的变化对社会主义建设提出的机遇与挑战。越共学习中国对时代的认识，认为科技突飞猛进、经济全球化发展和全球性问题日益突出，是当代国际形势的基本特征。古共反对自由主义的全球化。卡斯特罗认为，当今世界的全球化是一个“新自由主义的全球化”。“新自由主义全球化的思想、标准和原则统治着世界。”[①] 而且，“新自由主义全球化是要把所有的国家，尤其是所有我们这样的国家变成私有制。”[②] 卡斯特罗主张，发展中国家应当团结起来，结成联盟，达成协议，实行地区经济一体化，进而实现社会主义全球化。

6. 学习西方资本主义发达国家的文明成果

中国特色社会主义道路的一个特点就是顺应时代潮流，吸收人类一切文明成果，尤其是资本主义发达国家文明成果，进行社会主义建设。长期以来，在处理与资本主义关系问题上，传统社会主义往往只看到二者对立、斗争的一面，而忽视了两者共存、继承的一面。中国共产党人反复谈了向西方学习的观点，毛泽东提出“向外国学习”，邓小平提出要吸收和借鉴人类一切文明成果，其中包括吸收资本主义发达国家的先进经验，并认为之所以这样，原因在于“我们实行开放政策，吸收资本主义社会的一些有益的东西，是作为发展社会主义生产力的一个补充”。[③] 这种思想在实践上进行了尝试，取得了成功。随着改革开放的日益深入，在实践上，中国从最初的学习西方的物质文明成果，逐渐扩展到精神文明、政治文明、社会文明、生态文明。而且提出“一国两制”的理论并进行了实践，随着香港、澳门相继回归，中国大陆实行社会主义，香港、澳门实行资本主义，两者和平共处、互相补充，开创性地说明在一个统一的主权国家内两种不同性质的社会制度可以长期并存。胡锦涛指出：“‘一国两制’是中华民族对人类政治文明的独特贡

---

① ［古巴］菲德尔·卡斯特罗：《全球化与现代资本主义》，王玫等译，中国社会科学出版社2000年版，第31页。

② 同上书，第34页。

③ 《邓小平文选》第3卷，人民出版社1993年版，第181页。

献。"[①] 中国树立了在国内社会主义与资本主义和平共处的典范。这些都对其他社会主义国家具有借鉴意义。

二 中国特色社会主义道路对发展中国家具有借鉴意义

列宁说过："社会主义有榜样的力量"，"必须实际地表明，即用榜样来表明共产主义的意义"。[②] 邓小平认为中国特色社会主义道路"不但是给占世界总人口四分之三的第三世界走出了一条路，更重要的是向人类表明，社会主义是必由之路，社会主义优于资本主义"。[③] 2004 年 6 月 14 日，时任联合国秘书长的安南在接受新华社记者的提问时说："中国依靠独特模式实现发展的有益经验的确值得其他国家，特别是发展中国家借鉴。"[④] 联合国秘书长潘基文认为："中国是世界上经济发展最快的国家之一，在经济发展方面树立了良好的榜样。中国的发展经验应当得到分享，值得发展中国家借鉴。"[⑤] 厄瓜多尔基多大学政治系教授、"国际战略智库"中心主席吉多·桑布拉诺说："中国道路一直充满活力和魅力，拉美希冀与中国共享机遇和繁荣。拉美与中国在发展进程上存在诸多共性，中国有许多优秀的发展经验值得拉美借鉴。"[⑥] 俄罗斯科学院院士季塔连科认为："中国实现现代化、成功地解决深刻的国内国际矛盾的经验，不仅为发展中国家树立了鲜活的榜样、提供了切实可行的现代化模式，更为它们发展与中国的合作提供了广阔的平台。"[⑦] 塔里克教授说："中国最近几十年来发展迅速，积极参与国际事务并且发挥了显著的作用，中国的发展和成功为发展中

---

① 《十六大以来重要文献选编》（下），中央文献出版社 2008 年版，第 1087 页。

② 《列宁选集》第 43 卷，人民出版社 1995 年版，第 329 页。

③ 《邓小平文选》第 3 卷，人民出版社 1993 年版，第 225 页。

④ 安南：《中国模式值得发展中国家借鉴》（http：//news. sina. com. cn/o/2004 - 06 - 16/08352818704s. shtml）。

⑤ 《中国经验值得发展中国家借鉴》，《人民日报（海外版）》2008 年 9 月 12 日。

⑥ 《助推世界经济，践行大国责任——外国人士高度评价中国发展的正能量》，《人民日报》2013 年 3 月 5 日第 3 版。

⑦ 朱可辛：《国外学者对"中国模式"的研究》，《科学社会主义》2009 年第 4 期。

国家提供了借鉴。”① 时任贝宁总统的索格洛认为，中国的经验对他们十分有用。他说：“贝宁把中国看作长兄，重视中国发展和改革的经验。”“中国是我们的榜样，中国的经验对我们十分有用。我在学生时期就知道要向中国学习，现在还要学习。”②

具有中国特色和时代特征的中国特色社会主义道路，既是世界的，又是中国的；既是个别的，又是一般的；既是普遍的，又是特殊的；既是历史的，又是时代的。应该注意的是，世界各国都有自己的历史文化传统、实践经验，都有独立自主地实行本国的发展战略，形成自己独特的发展模式和发展道路的权利，但是必须承认在历史经历相似、所处时代相同的情况下，后发展国家的道路同样面临某种共性的问题，具有共性的历史任务，在这种情况，每一个国家在进行建设的时候必须吸收人类一切文明成果发展自己，这其中，当然也包括中国特色社会主义建设所形成的具有普遍意义的经验。③

在当今世界200个国家和地区中，发达国家有24个，发展中国家包括了亚洲、非洲、拉丁美洲及其他地区的130多个国家和地区，占世界陆地面积和总人口的70%以上。发展中国家地域辽阔，人口众多，有广大的市场和丰富的自然资源，还有许多战略要地，从经济、政治、军事等方面，都有举足轻重的战略地位。其中，中国是最大的发展中国家。

从历史的角度来看，中国与发展中国家都有相似的经历，同时面临着相同的历史任务。新中国成立以后，中国极其重视与发展中国家的关系，积极支持发展中国家的民族解放运动，力所能及地援助其经济发展、减免债务。新时期，按照通常的国际经济、政治规则，加强与发展中国家的各方面的联系，如每3年举行一届中非合作论坛，这是中国和非洲国家在南南合作范畴内的集体对话机制，着力在21世纪建立和发

① 《中国发展，世界受益——国际人士谈中国发展对世界的贡献》，《人民日报》，2013年3月16日第3版。

② 刘洪潮：《外国要人名人看中国（1989—1992）》，中共中央党校出版社1993年版，第213—214页。

③ 曹胜：《中国特色社会主义道路对发展中国家的借鉴价值》，《青岛科技大学学报》（社会科学版），2014年第3期。

展长期稳定、平等互利的新型伙伴关系，开创了中国与发展中国家合作共赢的新局面。

发展中国家与中国的经历极为相似：（1）具有共同的历史遭遇。在近代，都遭受过帝国主义、殖民主义、统治、剥削、掠夺，沦为殖民地、半殖民地和附属国，经济发展被绑在帝国主义工业化的战车上；是帝国主义强国的原材料产地、商品市场和投资场所；（2）面临共同的历史任务。经济文化落后是基本的国情，民族独立、人民解放的历史任务完成后，中国和广大发展中国家都面临着继续反对新老殖民主义、反对霸权主义、清除封建残余、发展民族经济、维护世界和平、加强团结合作的历史任务。

发展中国家的发展道路，受苏联社会主义建设成就和中国建立社会主义制度的影响。发展中国家中有少数几个走上了社会主义道路，最多的时候，曾经有 50 多个国家宣布走社会主义道路。由于历史的原因，“多数发展中国家曾多年按照苏联模式搞社会主义，结果经济社会发展缓慢，人民生活贫困”。[①] 20 世纪 80 年代，在世界改革的大背景下，也进行了部分的探索，但并不成功，1980 至 1990 年的这十年被称为发展中国家“失去的十年”。整个 20 世纪 80 年代，除东亚一些国家和地区经济保持高速增长外，发展中国家经济发展陷入困境，拉美国家年增长率仅为 1%，非洲大陆为 1.4%，和发达国家已缩小的差距又拉大了。随着苏联解体、东欧剧变，绝大多数发展中国家大都向西方学习，采取了以新自由主义为理论基础的“华盛顿共识”，其主要观点是：经济上主张“三化”，即市场化、私有化、自由化，否定政府干预和宏观调控，一切以市场这只“看不见的手”唯马首是瞻；主张私有制永恒论，把私有制视为唯一有效率的制度，全盘否定公有制，进而否定社会主义制度；坚持有利于资本家利益最大化的资本主义全球化，推崇弱肉强食的“丛林法则”。诺贝尔经济学奖获得者斯蒂格利茨曾指出了“华盛顿共识”的实质是“市场原教旨主义”。“这些政策未能带来许诺的效果，经济或是陷入停滞，或仅是少数富人才能享受增长的成果，众多国家更

---

① 高继文：《时代发展与中国特色社会主义创新》，《山东师范大学学报》（人文社会科学版），2012 年第 4 期。

加频繁地爆发经济危机。”[①]“新自由市场原教旨主义一直是为某些利益服务的政治教条，它从来没有得到经济学理论的支持。它也没有得到历史经验的支持，现在也变得清楚了。吸取这个教训或许是现在乌云密布的世界经济的一线希望。”[②] 作为新自由主义的鼻祖哈耶克曾称自己在西方知识界处于身败名裂的地位。

20 世纪 90 年代以来，采取“华盛顿共识”的国家经历了四次经济衰退：①1994 年的墨西哥危机；②1997 年的亚洲金融风暴；③2001 年的阿根廷危机；④2008 年的全球性金融危机。据拉美经委会统计，“推行‘华盛顿共识’前的 1950 至 1980 年，拉美国家平均经济增长率为 5. 3%；推行‘华盛顿共识’后的十年即 1990 至 2000 年降为 3. 2%，仅相当于过去的 60%。即使 1994 年和 1997 年两个增长最高的年份，也只有 5. 2%，还没有达到过去 30 年的平均水平，并且失业率持续攀升，贫困人口明显增加。”[③] 这些事实可以说是为“华盛顿共识”的失败提供了最明显的证明。前苏东国家的经济，也因实行以“华盛顿共识”为内核的“休克疗法”而损失惨重。据美籍波兰学者卡 - 波兹南斯基在《全球化的负面影响——东欧国家的民族资本被剥夺》一书中的计算，前苏东国家转轨以来，遭受打击最轻的匈牙利和波兰的国内生产总值损失率约为 20%，而保加利亚、罗马尼亚几乎为 40%，俄罗斯为 50%，乌克兰为 60%，其经济损失都远远超过了 20 世纪 30 年代的美国和德国。[④] 2008 年爆发国际金融和经济危机标志着“华盛顿共识”的终结。

相似的经历、共同的任务、不附加任何政治条件的援助和合作，都使很多发展中国家对中国具有天然的亲切感。中国特色社会主义建设的成功经验无疑也就会激起发展中国家情感上的共鸣，实践中的学习。莫桑比克解放阵线党总书记帕温德日高度评价中共为支持包括莫桑比克在

---

① 杨斌：《当心中了“华盛顿共识”的毒》（http：//news. xinhuanet. com/world/2012 -04/27/c_ 123048214. htm）。

② 朱安东：《认清西方新自由主义的实质》，《人民日报》2012 年 7 月 11 日第 2 版。

③ 傅利平、吴兆彤：《社会主义市场经济理论与实践》，天津大学出版社 2009 年版，第 171 页。

④ 吴树青：《“华盛顿共识”、“北京共识”引发的几点思考》，《思想理论教育导刊》2004 年第 11 期。

内的非洲各国争取民族独立和自由所做出的巨大贡献，并认为“中国的进步和发展增强了莫桑比克人民战胜困难、加快发展的信心”。[①] 与此同时，发展中国家在历史和现实中有照抄照搬苏联模式和“华盛顿共识”的教训，从而使这种借鉴更有现实意义。

中国特色社会主义道路既超越了高度集中的苏联社会主义模式，也超越美国的“华盛顿共识”。中国的成功为广大发展中国家提供了不同于苏联和西方的经验。胡锦涛在中共十七大报告中把中国在中国特色社会主义道路积累的基本经验做了系统的凝练、提升，并认为这些经验是“我们这样一个十几亿人口的发展中大国摆脱贫困、加快实现现代化、巩固和发展社会主义的宝贵经验”。[②] 中国是世界上最大的发展中国家，本身与发展中国家有许多相同的特点，其在实践中所取得的宝贵经验值得发展中国家学习、借鉴。我们认为中国特色社会主义道路对发展中国家的借鉴主要有以下三个方面。

（一）走符合本国国情的发展道路

邓小平不主张推广中国的发展模式，认为各国都有自己的模式。他指出：“世界上的问题不可能都用一个模式解决。”[③] “坦率地说，我们过去照搬苏联搞社会主义的模式，带来很多问题。我们很早就发现了，但没有解决好。我们现在要解决好这个问题，我们要建设的是具有中国自己特色的社会主义。”他十分中肯地提醒我们发展中国家领导人，说：“要紧紧抓住合乎自己的实际情况这一条。所有别人的东西都可以参考，但也只是参考。世界上的问题不可能都用一个模式解决。中国有中国自己的模式，莫桑比克也应该有莫桑比克自己的模式。”[④] 江泽民提出：各国人民最了解本国的具体情况，最有资格找到适合本国的发展道路。“各国人民根据各自国情，选择符合本国实际情况的社会制度和

① 《国际社会高度评价中国共产党90年来取得的伟大成就》（http://news.xinhuanet.com/2011-07/01/c_121611439.htm）。

② 《十七大以来重要文献选编》（上），中央文献出版社2009年版，第8页。

③ 《邓小平文选》第3卷，人民出版社1993年版，第261页。

④ 同上。

发展模式，制定行之有效的法律和政策，是合情合理的。”① 中国特色社会主义道路是基于对国情科学认识基础而确定的。社会主义初级阶段是中国最大的国情，它所呈现的经济、政治、文化、社会、生态等方面都有其独特的表征。正是基于对基本国情的正确认识，中国特色社会主义道路才能做好“五位一体”的总布局，确立富强民主文明和谐的社会主义现代化国家的总任务，才能确立基本路线、基本理论、基本纲领、基本经验、基本要求，实现中华民族伟大复兴这一“中国梦”的目标。“北京共识”的提出者、美国高盛公司高级顾问、清华大学教授乔舒亚·雷默认为：“中国把关注自身的要素作为首要的问题，首先主要的是人们想找到最适合自己国家发展的道路”，“‘华盛顿共识’缺乏对社会传统的继承的想法，没有关于其他国家该自己决定自己发展的建议，我认为正是这两点，中国才显得非常重要”。“只计算 GDP 作为标准的‘华盛顿共识’不适应中国的模式，如果一个国家要持续发展，它只能寻找适合自己的发展道路。”② 坦桑尼亚前驻华大使查尔斯·阿西利亚·桑嘎说：“中国坚持走中国特色社会主义道路，立足本国国情，不照搬、不盲从外国制度，值得其他国家学习和钦佩。”③

除了东亚等少数发展中国家立足本国国情，走出了一条较为成功的发展道路之外，部分发展中国家制定了不符合本国国情的发展道路，早期是照搬苏联模式，后期照搬“华盛顿共识”，虽然经济、社会取得了一定的成就，如较快发展了国民经济、改变了畸形的经济结构、增强了经济自主性、改善了国民生活，但是也走过了太多的弯路，面临着发展的困境，如经济上，经济文化落后、人口压力严峻、债务负担沉重、粮食短缺严重、人民生活贫困、贫富差距突出等；政治上，政局动荡不断、武装战争频仍、民族冲突频繁、信仰危机严重、民主法制不健全等，需要根据本国国情，确定符合本国实际和时代特征的发展道路。

---

① 《江泽民文选》第 1 卷，人民出版社 2006 年版，第 331 页。

② ［美］乔舒亚·雷默：《为什么要提出“北京共识”》，载俞可平、黄平、谢曙光、高健《中国模式与“北京共识”：超越“华盛顿共识”》，社会科学文献出版社 2006 年版，第 8 页。

③ 钟声：《“中国报告”何以引来非洲之思》，《人民日报》2013 年 3 月 11 日第 9 版。

（二）走独立自主的开放发展道路

中国特色社会主义道路是在独立自主基础上的开放发展道路、和平发展道路、创新发展道路、科学发展道路，呈现出鲜明的时代特征。中国特色社会主义道路的基本经验中的七个方面的基本经验，可供发展中国家借鉴。即“把坚持四项基本原则同改革开放结合起来，把尊重人民首创精神同改善党的领导结合起来，坚持社会主义基本原则同发展市场经济结合起来，把发展社会生产力同提高全民文明素质结合起来，把提高效率同促进社会公平结合起来，把坚持独立自主同参与经济全球化结合起来，把促进改革发展同保持社会稳定结合起来”。①

中国把改革作为对社会主义制度的自我完善和发展，在坚持四项基本原则的基础上进行了渐进式改革。改革不是一劳永逸的，也不是一蹴而就的，而是先从经济体制改革入手，在可控范围之内逐步地进行。随着经济体制改革的成功推进，必然要求进行上层建筑改革。我国对政治体制、科技体制、教育体制、军事体制等方面也采取了渐进式的改革。中国的渐进式改革是成功的，世界银行中国和蒙古局局长杜大伟博士（David Dollar）认为：“中国实行的改革开放称得上是全球经济中最重要的事件，不仅推动中国从一个贫穷落后的国家一跃成为世界最大、最重要的经济体之一，更重要的是，中国的改革开放为发展中国家提供了宝贵经验。”他认为最有借鉴意义的，就是中国“务实性”的改革模式。②

中国特色社会主义道路是开放发展的道路。中国积极融入经济全球化的时代潮流，在对外开放中坚持“对外开放必须将国家利益放在首位”、“决不能走西方资本主义道路”、“独立自主原则”三个原则，正确处理好与西方发达国家的关系，积极吸收人类一切文明成果，取得了巨大成就。中国走开放发展的道路，必须充分发挥人民的主体地位，加强执政党的建设。比如，中国农村联产承包责任制充分发挥了人民的主体地位。邓小平指出：“农村搞家庭联产承包，这个发明权是农民的。

---

① 《十七大以来重要文献选编》（上），中央文献出版社2009年版，第8页。

② 世界银行：《中国为发展中国家提供了宝贵经验》，《人民日报》2008年11月17日。

农村改革中的好多东西，都是基层创造出来的，我们把它拿来加工提高作为全国的指导。”① 他还认为群众推动了乡镇企业的发展，“农村改革中，我们完全没有预料到的最大的收获，就是乡镇企业发展起来了，突然冒出搞多种行业，搞商品经济，搞各种小型企业，异军突起。这不是我们中央的功绩”。② 执政党的建设至关紧要。中国共产党一直重视并以改革创新的精神加强党的建设，其中江泽民提出的“三个代表”重要思想是集大成者，是中国的指导思想，中共十八大报告中又提出要“以改革创新精神全面推进党的建设新的伟大工程，全面提高党的建设科学化水平”。③ 中共十八届三中全会又提出：“全面深化改革必须加强和改善党的领导，充分发挥党总揽全局、协调各方的领导核心作用，建立学习型、服务型、创新型的马克思主义政党，提高党的领导水平和执政能力，确保改革取得成功。”④ 发展中国家必须顺应时代潮流，实行对外开放政策，但必须坚持正确的原则，汲取人民的智慧，加强执政党建设，这样才能不被西方发达国家所绑架，才能具有永恒的生命力。

建设中国特色社会主义市场经济体制是中国经济体制的创新发展，是在吸收世界市场经济先进思想、总结传统计划经济体制的经验教训的基础上，融入经济全球化的伟大创举。中国加强社会主义市场经济与国民经济的计划性和政府的宏观调控，这对于克服市场经济中的“市场失灵”的客观不足具有有效的作用。在全球的经济交往中，“使市场在资源配置中起决定性作用和更好发挥政府作用”。⑤ 同时积极融入经济全球化的时代潮流，但又绝不依附于世界经济一体化，这些举措都对发展中国家具有重要的借鉴价值。

中国和东亚新型工业化经济体（韩国、新加坡、中国台湾、中国香港）借助劳动力优势实施“出口导向型”发展战略，不失时机地抓住了发达国家产业结构调整的机会，成功地实现了经济的高速增长。发

① 《邓小平文选》第3卷，人民出版社1993年版，第382页。

② 同上书，第238页。

③ 胡锦涛：《坚定不移沿着中国特色社会主义道路前进 为全面建成小康社会而奋斗——在中国共产党第十八次全国代表大会上的报告》，人民出版社2012年版，第49页。

④ 《十八大以来重要文献选编》（上），中央文献出版社2014年版，第544页。

⑤ 同上书，第513页。

展中国家大都走上了依附发达国家技术与市场的发展道路，从20世纪60年代开始，信息技术、数字技术和微电子技术在西方发达国家广泛运用。在技术升级和产业结构调整过程中，发达国家逐渐将部分失去比较优势的劳动密集型产业转移到发展中国家和地区。于是，发达国家向部分发展中国家和地区转移过剩资本和技术，部分发展中国家和地区向发达国家输出劳动密集型产品。大部分发展中国家，虽然其程度不同，但是都采用过“进口替代型”战略。“进口替代型”战略的基本点，是要通过国内自行生产原先依赖于进口的工业品，以实现工业化和经济增长。该战略虽曾一度带来部分发展中国家（如拉美国家）经济的起飞，但由于它本身所具有的两个缺点即不能兼顾国际和国内市场的作用和把经济社会发展等同于经济增长，不仅导致进口的减少，还将导致出口的减少，致使经济开发所需外汇短缺。大部分发展中国家出口增长率不及国民生产总值增长率，可认为是“进口替代型”政策的结果。在这方面，中国采取的统筹国内国外资源，实施“出口导向型”战略对发展中国家的发展战略有借鉴意义。此外，“把提高效率同促进社会公平结合起来”，避免两极分化，这也对发展中国家有着极为重要的意义。

（三）正确处理好改革、发展和稳定的关系

中国正确处理改革、发展和稳定的关系为发展中国家提供经验。发展中国家政治发展存在的主要问题是：政局动荡不间断、武装战争仍频繁、宗教民族冲突多、民主法制不健全，严重影响到了经济社会的发展。具体体现在以下4个方面。

1. 政局动荡不间断

冷战时期，军事政变频繁是发展中国家政局动荡的主要表现，政权频繁更迭、政府换届如同走马灯，在非洲一些国家，几十个人、几十杆枪、几十个小时占领广播电视台，宣布总统下台，解散政府，政变头目成为国家的最高领导人，真可谓是“城头变幻大王旗，你方唱罢我登场”。据统计，从1960年至1976年，在亚非拉地区约有30个国家发生了40次成功的军事政变；从1957年至1997年的40年间，由于内部冲突导致非洲国家政府“非宪”更迭共78次，88个国家元首和政府首脑被推翻。冷战后，政局动荡主要表现为民主化运动中进步与反动、革新

与保守两股政治势力复杂的政治较量所带来的政治动荡。政局的动荡使得国内建设难以保持一个稳定的建设环境，你方唱罢我登场的政权更迭难以保持执行稳定的国家建设政策。

2. 武装战争频仍

冷战时期，世界上大部分地区冲突和武装战争发生在发展中国家，南亚、东南亚、西亚、中美洲一直是世界热点地区，欧亚非三大洲的结合部——中东地区是“热点中的热点”。据统计，1980 年以前发生的 184 场局部战争中，亚洲 87 场，占总数的 47%；非洲 59 场，占总数的 32.4%；拉丁美洲 32 场，占总数的 17%。20 世纪 90 年代后，世界局部冲突和战争大多集中在中东、非洲、中亚、南亚和巴尔干地区。90 年代最具代表性的地区冲突和局部战争如海湾战争、巴以冲突、美国轰炸利比亚、索马里内战、阿富汗内战均发生在发展中国家。进入 21 世纪的局部战争也是集中在发展中国家，最典型的是 2001 年 10 月 7 日美国以反恐名义进行的阿富汗战争和 2003 年 3 月 20 日美国等少数国家绕开联合国而进行的伊拉克战争。此外，利比亚危机、叙利亚危机、朝鲜半岛局势危机等均发生在发展中国家。美国单方面主导中亚和阿富汗战略格局后，客观上与周边的中国、伊朗、印度、土耳其、巴基斯坦等国在这一地区的利益发生碰撞，对这一地区的安全机制产生威胁；美国武装推翻萨达姆政权，使中东局势发展难以确定，战争隐患更加凸显，还会导致反恐扩大化，更不利于国际社会的稳定。频繁的武装战争，使得这些国家难以拥有和平的外部环境进行国内建设，战争所造成的灾难至今仍在延续。

3. 民族宗教冲突多

冷战后，被两极格局抑制的民族、宗教问题凸显出来。一方面，多民族国家中出现了民族分离主义。这在苏联、东欧地区也较为普遍，它已造成南斯拉夫的一分为五，捷克斯洛伐克的一分为二，俄罗斯境内的车臣危机则是民族分离主义的最为突出的表现。另一方面，民族、宗教争端所造成的国际冲突日益增多。如两伊之间、伊拉克与土耳其之间的库尔德族问题，印度与斯里兰卡之间的泰米尔人问题，希腊、土耳其和塞浦路斯之间的民族问题以及中东的巴勒斯坦问题等；以色列与阿拉伯世界的冲突，卢旺达与布隆迪两国的种族仇杀，印巴分治中的印度教徒与穆斯林的冲突、两伊战争、阿以冲突、黎巴嫩问题的国际化等。民族宗教冲突多，并且两者交织在一起更难以解决，这已经严重影响到了这些发展中国家的政治稳定和经济发展，影响了国家正常关系，对国际社会的安全与稳定造成了严重的破坏。

4. 民主法制不健全

发展中国家摆脱了殖民统治，建立了政治独立的国家政权，人民获得了一定的民主权利，但是旧的统治仍然存在。一些国家不顾国情一味照搬西方民主政治模式，结果陷于混乱；资产阶级借助人民力量取得或巩固政权后给予人民的民主与人民的期望相去甚远，民主进程任重而道远。发展中国家的法制虽然取得一定的进步，但是仍然存在重大缺陷：一些国家以神治国、以宗教教义治国，有的国家家族集团实力庞大而置宪法于不顾，很多国家法律不健全，不符合民主政治发展的时代要求，导致国家秩序混乱，正常的经济建设也无法进行。

中国在社会主义建设过程中，在处理改革、发展、稳定的关系方面，取得了许多成功的经验，值得发展中国家学习。改革、发展、稳定是密切联系、互相作用的整体，其间的关系是辩证统一的。改革是发展的根本途径和强大动力，是长期稳定的基础。“坚持改革开放是决定中国命运的一招”①，“改革是中国的第二次革命”②。没有改革，就不能开辟和拓展中国特色社会主义道路，只有通过改革桎梏生产力发展的经济体制、政治体制、文化体制、社会管理体制、科技体制等体制，才能不断解放和发展生产力，促进各项事业的发展。中共十八届三中全会作出了《中共中央关于全面深化改革若干重要问题的决定》，提出：“全面深化改革的目标是完善和发展中国特色社会主义制度，推进国家治理体系和国家治理能力现代化。”③ 中国自改革开放以来，始终坚持渐进式改革方式，从易到难，取得了辉煌的成就，完成了计划经济体制到市场经济体制的转变，由封闭、半封闭到开放发展，经济体制、政治体制、文化体制等不断创新，符合中国实际，体现时代特征，利用改革的

---

① 《邓小平文选》第3卷，人民出版社1993年版，第368页。

② 同上书，第113页。

③ 《十八大以来重要文献选编》（上），中央文献出版社2014年版，第512页。

红利促进了社会发展、稳定。

中国共产党人高度重视发展问题。“发展才是硬道理”①，“要把发展作为党执政兴国的第一要务”②，提出了科学发展观，并在中共十八大上确立了指导思想地位，同时一直“坚持发展是硬道理的本质要求就是坚持科学发展”③，阐明了发展、科学发展的重要性，符合发展和科学发展的时代要求。发展不是孤立的，不能为发展而发展，它是改革的目的，是改革的“的”。中国是在经济文化落后的基本国情基础上，进行社会主义建设的，发展也必须在此基础上进行，我们说的发展是全面的发展、科学的发展，发展包括社会主义物质文明、精神文明、政治文明、社会文明、生态文明的全面协调可持续发展。发展的最终目的是促进人的全面发展，逐步实现全体人民共同富裕。发展的最高理念是胡锦涛提出的科学发展观。发展中出现的新情况、新问题、新挑战要求改革不能一劳永逸，必须以改革创新的时代精神，以科学发展观为指导，不断将发展推向深入；同时随着国际国内发展出现的新要求，决定着改革的内容是变化的，发展出现的问题有难易缓急之分，正如罗马不是一天建成的一样，发展问题也不是一天形成的，如果问题积弊太多，就有可能影响改革的步伐。发展中出现的问题有可能影响稳定，只有在改革中解决发展中的问题，才能保证可持续的稳定，所以说发展是稳定最可靠的保证。中国在发展中前进，经济社会等各方面都取得了丰硕的成果。

稳定是改革、发展的前提，也是发展的要求。邓小平指出：要达到我们的目标，需要什么条件呢？“第一条，需要政局稳定……中国发展的条件，关键是政局稳定。第二条，就是现行的政策不变。”“一个是政局稳定，一个是政策稳定，两个稳定。不变也就是稳定。”④“没有安定团结的政治局面，不可能搞建设，更不可能实行改革开放政策，这些都搞不成。”⑤“我们坚定不移的原则是要有稳定的政治局面，以保证有

① 《邓小平文选》第3卷，人民出版社1993年版，第377页。

② 《江泽民文选》第3卷，人民出版社2006年版，第515页。

③ 胡锦涛：《在庆祝中国共产党成立90周年大会上的讲话》，人民出版社2011年版，第20页。

④ 《邓小平文选》第3卷，人民出版社1993年版，第217页。

⑤ 同上书，第199页。

秩序地进行四个现代化建设。”[①] 江泽民提出：“没有稳定，改革和发展都无从进行。”[②] 胡锦涛认为：“发展是硬道理，稳定是硬任务；没有稳定，不仅什么事情都办不成，而且取得的成果也会丧失掉，一个大有前途的中国就会变成没有希望的中国。”[③] 习近平认为：“稳定是改革发展的前提”，“只有社会稳定，改革发展才能不断推进”。[④] 只有保证稳定的国内环境，才能促进改革和发展，如果国内稳定出现问题，甚至发生局部或全局动乱，可能使改革和发展的成果付诸东流。中国保持了30多年的国内稳定和国际环境稳定，虽然出现了“六四”风波这样一些不稳定现象，但很快拨正了航向，始终保持着国内的政局稳定，没有影响经济建设。虽然出现了台海危机、以美国为首的北约轰炸我驻南使馆、南海撞机事件、黄岩岛问题、钓鱼岛事件，但是我们用智慧很好地处理了这些有可能影响中国发展的稳定环境的事件，使中国在保持国内、国际稳定环境下，集中精力搞建设，一心一意谋发展，不断进行改革、发展，成绩卓著。中国在维护稳定方面取得了丰富的经验。

中国高度重视处理改革、发展、稳定之间的关系，促使三者能够互相协调和互相促进，积累了宝贵的经验。江泽民指出：“改革、发展、稳定，好比是我国现代化建设棋盘上的三个紧密关联的战略性棋子，每一着棋下好了，相互促进，就会全局皆活；如果有一着下不好，其他两着也会陷入困境，就可能全局受挫。”[⑤] 胡锦涛指出，正确认识和处理改革、发展、稳定三者关系，是必须牢牢把握并长期坚持的一个重要方针，绝不是一时的权宜之计。

中国在实践过程中，“把改革的力度、发展的速度和社会可承受的程度统一起来，把改善人民生活作为正确处理改革发展稳定关系的结合点”。[⑥] 这为发展中国家提供了经验，发展中国家只有正确认识和处理好这三者关系，保持改革、发展、稳定的互相协调和互相促进，才能够

① 《邓小平文选》第3卷，人民出版社1993年版，第208页。

② 《江泽民文选》第1卷，人民出版社2006年版，第365页。

③ 《十七大以来重要文献选编》（上），中央文献出版社2009年版，第806页。

④ 《习近平谈治国理政》，外文出版社2014年版，第68页。

⑤ 《江泽民论有中国特色社会主义（专题摘编）》，中央文献出版社2002年版，第211页。

⑥ 《习近平谈治国理政》，外文出版社2014年版，第68页。

保持国家的长治久安、社会的有序发展和人民自由而全面的发展。

三　中国特色社会主义道路对世界发展具有重要意义

列宁指出："马克思主义同'宗派主义'毫无相似之处，它绝不是离开世界文明发展大道而产生的一种故步自封、僵化不变的学说。恰恰相反，马克思的全部天才正是在于他回答了人类先进思想已经提出的种种问题。他的学说的产生正是哲学、政治经济学和社会主义极伟大的代表人物的学说的直接继续。"① 这说明马克思主义理论是一个开放的理论体系，它吸收了人类文明成果，回答了时代所提出的问题。作为科学社会主义基本原则与中国实际和时代相结合的道路，中国特色社会主义道路是离不开世界文明的发展大道，是一种开放的、引领时代的道路，是世界发展道路的直接继续，是世界文明的优秀成果，以自身的发展以及促进世界文明的发展对人类文明做出了巨大的贡献。胡锦涛在中共十七大报告中指出了中国发展的时代价值。他说："中国的发展，不仅使中国人民稳定地走上富裕安康的广阔道路，而且为世界经济发展和人类文明进步做出了重大贡献。"②

（一）中国特色社会主义道路有利于促进世界发展

中国应该能够对人类做出更大贡献，是学术界研究所得出的科学结论，这也是中国共产党人孜孜以求的崇高目标。1926 年，美国霍普金斯大学教授、行政法学家弗兰克·J. 古德诺出版了《解析中国》。他在书中最后一章"中国的未来"，认为：我们丝毫不用怀疑中国文化又将重领世界风骚的这么一天，"一个复兴后的中国将不负人们的期待，又将重新担负起它在历史上曾多次担负过的任务，向世界其他民族贡献出丰厚的文化积累，以补其他民族的不足"。③ 英国著名历史学家汤因比在《历史研究中》也认为："西方观察者不应低估这样一种可能性，

---

① 《列宁选集》第 2 卷，人民出版社 1995 年版，第 309 页。

② 《十七大以来重要文献选编》（上），中央文献出版社 2009 年版，第 7 页。

③ ［美］古德诺：《解析中国》，蔡向阳、李茂增译，国际文化出版公司 1998 年版，第 135 页。

即如果中国能够在社会和经济的战略选择方面开辟出一条新路，那么它也会证明自己有能力给全世界提供中国和世界都需要的礼物。”①

1956 年，毛泽东提出我们要建设一个伟大的社会主义国家，“将完全改变过去一百多年落后的那种情况，被人家看不起的那种情况，倒霉的情况，而且会赶上世界上最强大的资本主义国家，就是美国……这是一种责任”。“如果不是这样，那我们中华民族就对不起全世界各民族，我们对人类的贡献不大。”② 11 月，在《纪念孙中山先生》一文中指出：“也就是进入到二十一世纪的时候，中国的面目更要大变。中国将变为一个强大的社会主义工业国。中国应当这样，因为中国是一个具有九百六十万平方公里土地和六万万人口的国家，中国应当对于人类有较大的贡献。”③ 邓小平也认为，中国特色社会主义是世界历史的产物，而中国社会主义一旦产生，又将对世界历史做出巨大贡献。他说：“坚持社会主义，十亿人的中国坚持和平政策，做到这两条，我们的路就走对了，就可能对人类有比较大的贡献。”④ 到 21 世纪中叶，“能够接近世界发达国家的水平……到那时，社会主义中国的分量和作用就不同了，我们就可以对人类有较大的贡献”。⑤

中国的发展离不开世界，同时世界的发展也离不开中国。中国经济是世界经济的重要的有机组成部分，中国保持经济持续较快发展就是中国经济发展的国际贡献。同时，中国也对世界经济的发展做出了直接的贡献。改革开放 30 多年以来，国内生产总值年均增速为 9.9%，2003—2011 年，国内生产总值年均实际增长 10.7%，其中有六年实现了 10% 以上的增长速度，即使在受国际金融危机冲击最严重的 2009 年依然实现了 9.2% 的增速，虽然我国在 2012 年经济增长仅为 7.8%，但是也远高于同期世界经济的年均增速。像我国保持经济增速如此之高，时间如此之长，其他国家望尘莫及。西方媒体对此评价道：“历史上从

---

① 李红军、梅荣政：《关于研究中国特色社会主义与人类文明发展道路关系的思考》，《江汉论坛》2011 年第 12 期。

② 《毛泽东文集》第 7 卷，人民出版社 1999 年版，第 87—89 页。

③ 《建国以来重要文献选编》（第 9 册），中央文献出版社 1994 年版，第 409 页。

④ 《邓小平文选》第 3 卷，人民出版社 1993 年版，第 158 页。

⑤ 同上书，第 143 页。

来没有哪个国家像中国这样连续 30 年保持经济迅猛增长”，“它对于世界上其他国家和地区的重要性与日俱增”。①

表 5 - 1　1978—2007 年世界主要国家和地区经济增长率比较（单位:%）

国家和地区	1978 年	1979 年	1990 年	2000 年	2006 年	2007 年	1979—2007 年平均增长率
世界总计	4.4	4.2	2.9	4.1	3.9	3.8	3.0
美国	5.6	3.2	1.9	3.7	2.9	2.2	2.9
欧元区	3.1	3.9	3.6	3.9	2.7	2.6	2.2
日本	5.3	5.5	5.2	2.9	2.2	2.1	2.4
中国	11.7	7.6	3.8	8.4	11.6	11.9	9.8
中国香港	8.5	11.6	3.9	8.0	7.0	6.4	5.6
韩国	9.3	6.8	9.2	8.5	5.1	5.0	6.4
新加坡	8.5	9.4	9.2	10.1	9.4	7.7	7.1
马来西亚	6.7	9.3	9.0	8.9	5.9	5.7	6.2
印度	5.7	-5.2	5.5	4.0	9.7	9.0	5.7
俄罗斯联邦			-3.0	10.0	7.4	8.1	0.1※
巴西	3.2	6.8	-4.3	4.3	3.7	5.4	2.7

※：※为 1989—2007 年年平均增长率。资料来源：世界银行数据库。

资料来源：国家统计局：改革开放 30 年报告之十六：国际地位和国际影响发生了根本性的历史转变，http：//www. stats. gov. cn/2008 - 11 - 17。

中国社会主义建设取得巨大成就，经济总量持续增加，居世界位次稳步提升。我国国内生产总值于 2005 年超过英国和法国，居世界第四位；2008 年超过德国，居世界第三位；2010 年超过日本，居世界第二位，成为仅次于美国的世界第二大经济体；2011 年达到 47.2 万亿元，是 2002 年的 1.5 倍；2012 年突破 50 万亿大关，达到 51.93 万亿元。据统计，“我国经济总量占世界的份额由 2002 年的 4.4% 提高到 2011 年的 10% 左右。2010 年中国国内生产总值比 2001 年增长 4.6 万亿美元，

① 英国《经济学家》网站 2007 年 9 月 30 日文章“参考消息”。

占同期世界经济总值增量的14.7%。中国国内生产总值占世界经济总值的比重增加至9.3%。世界贸易组织的数据显示，2000—2009年，中国出口量和进口量年均增长速度分别为17%和15%，远远高于同期世界贸易总量3%的年均增长速度。”① 中国经济增长对世界经济的贡献不断提高，中国经济对世界经济的贡献率已从1978年的2.3%，上升到2007年的19.2%，比美国高3.5个百分点，比欧元区高6.3个百分点，比日本高11.7个百分点，超过世界上所有国家。② 2009年，中国对全球经济增长的贡献度已经达到50%。

中国特色社会主义道路是资本主义世界历史时代向社会主义世界历史时代转变的新的历史生长点。新加坡前内阁副总理吴庆瑞认为：“中国的发展不仅提高了中国人民的生活水平，而且还将为亚太地区，甚至世界其他国家带来利益。比如，中国的发展将需要更多的物资。于是，亚太国家可以增加他们对中国的接触。”“中国的发展会对亚太地区带来很好的影响。从世界其他地区来看，中国的经济发展将是对世界的一大贡献。因为，中国在其发展之时必将增加进口。”③

中国经济的高速发展，是中国对世界经济和人类和平与发展事业的巨大贡献。中国农村贫困人口（每天生活支出不足1美元）从1978年的2.5亿减少到2010年的2688万，贫困发生率从30.7%下降到2.8%。592个国家重点扶持贫困县的贫困人口从2001年的5677万人减少到2009年的2175万人，农民人均纯收入从2001年的1277元增加到2010年的3273元，年均实际递增率高于全国平均增长水平。④ 中国成为全球唯一一个提前实现了联合国千年发展目标——使贫困人口减半的国家。世界银行的分析人士认为，自1978年经济改革计划开始实施以来，约有4亿中国人脱离了绝对贫困。此外，中国的计划生育政策避免了另外4亿人步入这一行列。有名的新保守主义者、时任世界银行行

---

① 中华人民共和国国务院新闻办公室：《中国的对外贸易》，《人民日报》2011年12月8日第14版。

② 王永志：《统计局报告：中国对世界经济增长拉动居全球首位》，中国新闻网，2009年9月29日。

③ 牟卫民：《隔岸观潮——外国政要眼中的中国》，中国社会科学出版社2000年版，第209—300页。

④ 《中国2.5亿农村贫困人口成功脱贫，压力挑战仍然艰巨》，人民网，2011-09-30.

长的保罗·沃尔福威茨曾说："这是史无前例的。"[①] 世界银行行长沃尔芬森认为：如果以减贫的人口数量为标准，中国无疑是为全球减贫事业做出最大贡献的国家。英国学者也认为："由于贫困仍然是当今世界面临的一个重大问题，所以，占世界人口1/5的中国在消除贫困和促进文明方面为世界的发展做出了不可替代的贡献。这是中国改革开放对世界最直接的意义。"[②] 联合国秘书长潘基文认为："中国是实现联合国千年发展目标的'No.1'国家，特别是在减贫方面进步巨大，为全球做出了很大贡献。""我真的非常感谢中国对世界减贫事业做出的贡献。"[③] 另外，中国的对外援助事业也取得成就，对于促进世界的发展做出了不可磨灭的贡献。

（二）中国特色社会主义道路有利于促进世界和谐

2005年12月22日，中国政府首次发表了《中国的和平发展道路》白皮书，向世界宣示了中国走和平发展道路的政策，并且提出"建设一个持久和平、共同繁荣的和谐世界，是世界各国人民的共同心愿，是中国走和平发展道路的崇高目标"。[④] 这句话解释了中国和平发展与构建和谐世界的关系：和平发展道路的崇高目标是构建"和谐世界"。构建"和谐世界"理论是中国共产党人顺应时代潮流，引领时代发展的重要理论创新和伟大历史实践，充分体现了以和平与发展为时代主题是始终不渝地坚持和平发展道路的崇高目标和必然选择。把握并实践这一理论对开创中国国际关系新局面，促进世界和谐，具有重要的理论意义和现实意义。

1. "和谐世界"理论的提出

中国共产党人的"和谐世界"理论，根植于中华优秀传统文化，着眼于中国所处的发展中国家的国际地位，更是在深刻分析和平与发展的时代主题基础上提出来的，解决的是全球化时代人类社会发展面临的

---

① ［美］埃里克·安德森：《中国预言：2020年以后的中央王国》，葛雪蕾等译，新华出版社2011年版，第167页。

② 施向东、冯涛编译：《外国专家学者眼中的中国经济》，《政策》1999年第5期。

③ 潘基文：《感谢中国对世界减贫事业做出贡献》，中国新闻网，2011年10月28日。

④ 国务院新闻办：《中国的和平发展道路》，《人民日报》2005年12月23日第10版。

突出矛盾和问题。它顺应了时代潮流，具有鲜明的时代特征。

中国正在走和平发展道路，面临着社会主义建设中的新任务，实现两个一百年的奋斗目标，承担着实现中华民族伟大复兴、建设社会主义现代化国家的历史重任。建设持久和平、共同繁荣的和谐世界既是国内利用和谐、和平的国家环境进行社会主义建设的需要，同时也是为了消除国际社会尤其是西方发达国家对中国和平发展的焦虑、质疑乃至偏见的需要。中国的经济实力已上升为世界第二位，许多学者分析，按照目前的发展速度，中国的经济总量超过美国成为世界第一，已不再是遥不可及。中国的这种发展趋势引发了美国、日本等国家的焦虑，它们试图通过散布各色的“中国威胁论”来为自己扩军备战、遏制中国寻找支持。在这种情况下，中国共产党人坚持道路自信、理论自信、制度自信，在参与全球治理的过程中，变被动为主动。中国的国际角色已由旁观者、反对者转变为参与者、建设者和改造者。“和谐世界”理论的提出是中国适应国际角色转换，做负责任大国的定位的体现和产物。正是在“和谐世界”理论指导下，中国积极参与国际事务，积极推动新的经济政治秩序的建立。正如澳大利亚国立大学亚太学院副院长凯瑟琳·莫顿所说，中国“不再是国际规范的旁观者，而是重要参与者和塑造者。中国正在改变西方主导的自由主义国际规范”。①

胡锦涛提出“和谐世界”理论，正是要回答邓小平所提出的“世界和平与发展这两大问题，至今一个也没有解决”②，回应“合作共赢”的时代要求，有着很强的针对性，客观上有利于争取和调动国际上一切积极因素，为实现世界持久和平与共同繁荣而奋斗。

2004 年 10 月发表的《中俄联合声明》中最早提出“和谐的世界”这个概念。2005 年 4 月 22 日，胡锦涛亚非峰会上发表演讲说：中国将坚定不移地走和平发展的道路，呼吁亚非国家“倡导开放包容精神，尊重文明、宗教、价值观的多样性，尊重各国选择社会制度和发展模式的自主权，推动不同文明友好相处、平等对话、发展繁荣，共同构建一

---

① 姜泓冰、郝洪：《“中国梦”需要与世界互动——第五届世界中国学论坛综述》，《人民日报》2013 年 3 月 25 日第 12 版。

② 《邓小平文选》第 3 卷，人民出版社 1993 年版，第 383 页。

个和谐世界”。[①] 首次提出“和谐世界”概念，相比《中俄联合声明》，省略了一个“的”字。2005 年 7 月，胡锦涛出访俄罗斯，首次把“和谐世界”写入两国的声明中：“两国决心与其他有关国家共同不懈努力，建设发展与和谐的世界，成为安全的世界体系中重要的建设性力量。”[②] 这个声明标志着“和谐世界”这一全新理念正式运用于国与国之间关系的处理上，首次被确认为双边国家之间的共识。

2005 年 9 月 15 日，胡锦涛在联合国成立 60 周年首脑会议上发表演讲，全面阐述了“和谐世界”理论的内涵，提出“构建和谐世界”的倡议。他说：“历史昭示我们，在机遇和挑战并存的重要历史时期，只有世界所有国家紧密团结起来，共同把握机遇、应对挑战，才能为人类社会发展创造光明的未来，才能真正建设一个持久和平、共同繁荣的和谐世界。”[③] 他从四个方面系统阐述了构建和谐世界的基本主张：“第一，坚持多边主义，实现共同安全；第二，坚持互利合作，实现共同繁荣；第三，坚持包容精神，共建和谐世界；第四，坚持积极稳妥方针，推进联合国的改革。”[④] 这是中国最高领导人在世界最高论坛上阐述“和谐世界”理论，引领了世界处理国际关系的时代潮流，引起了国际社会的强烈反响和积极评价。《世界日报》突出了胡锦涛讲话中“中国的发展不会威胁任何人”的内容；《侨报》则是以“胡锦涛倡建和谐世界”作为头条新闻的标题；《星岛日报》在题为“中国发展有利世界和平”的文章中说，胡锦涛在内政方面强调和谐社会的建设，在外交上则以“和谐世界”相呼应。[⑤] 这次演讲的重要意义在于，首次赋予“和谐世界”理论的科学内涵，使其由以前的提法、概念上升为理论，具有重要的意义。

国家领导人在以后历次国际舞台的讲话中，都表达了坚定不移地走和平发展道路、建设和谐世界的思想。2005 年 10 月 15 日，在 20 国集

---

① 《十六大以来重要文献选编》（中），中央文献出版社 2006 年版，第 850—851 页。

② 中俄关于 21 世纪国际秩序的联合声明，http：//news. xinhuanet. com/world/2005 - 07/01/content_ 3164594. htm.

③ 《十六大以来重要文献选编》（中），中央文献出版社 2006 年版，第 995 页。

④ 同上书，第 997 页。

⑤ 《国外媒体高度关注胡锦涛在联合国成立 60 周年首脑会议上的讲话》，《人民日报》2005 年 9 月第 17 期。

团财长和央行行长会议开幕式上，胡锦涛再次呼吁："共同努力建设一个持久和平、共同繁荣的和谐世界。"① 2005 年，《中国的和平发展道路》白皮书指首次提出和谐世界的内涵应该是："民主的世界，和睦的世界，公正的世界，包容的世界。"②

2006 年 6 月 15 日，胡锦涛在上海合作组织元首理事会会议上首次提出"和谐地区"思想。同月 17 日，在出席"亚洲相互协作与信任措施会议"成员国领导人第二次会议上提出建设"和谐亚洲"的思想。2006 年 8 月 21 日，中央外事工作会议强调，把"建设和谐世界"作为外交工作的指导方针。温家宝于 2007 年 3 月 5 日在所做的《政府工作报告》中提出："我们提出推动建设和谐世界，符合当今世界发展潮流和各国人民的共同利益与愿望，体现了中国政府和人民致力于世界和平与进步的坚定信念。"③《政府工作报告》经过全国人民代表大会通过，和谐世界的理念也上升为国家的意志，成为中国政府的工作方针。

2007 年 10 月 15 日，胡锦涛在中共十七大报告中提出："各国人民携手努力，推动建设持久和平、共同繁荣的和谐世界。"④ 和谐世界理论首次写入了中国共产党的全国代表大会的报告中，标志着中国共产党人站在时代前列，引领时代发展的巨大理论勇气和敢于担当的政治自觉。至此，推动建设和谐世界已经成为一个科学的理论，是中国和平发展道路最高目标的科学诠释。2012 年 11 月 8 日，胡锦涛在中共十八大报告中重申了建设和谐世界是各国人民的共同愿望。"人类只有一个地球，各国共处一个世界。历史昭示我们，弱肉强食不是人类共存之道，穷兵黩武无法带来美好世界。要和平不要战争，要发展不要贫穷，要合作不要对抗，推动建设持久和平、共同繁荣的和谐世界，是各国人民共同愿望。"⑤

---

① 胡锦涛：《加强全球合作，促进共同发展》，《人民日报》2005 年 10 月第 16 期。

② 国务院新闻办：《中国的和平发展道路》，《人民日报》2005 年 12 月 23 日第 10 版。

③ 《十六大以来重要文献选编》（下），中央文献出版社 2008 年版，第 957 页。

④ 《十七大以来重要文献选编》（上），中央文献出版社 2009 年版，第 36 页。

⑤ 胡锦涛：《坚定不移沿着中国特色社会主义道路前进 为全面建成小康社会而奋斗——在中国共产党第十八次全国代表大会上的报告》，人民出版社 2012 年版，第 46—47 页。

2.“和谐世界”理论的意义

中国特色社会主义道路的对外目标是构建“和谐世界”。“和谐世界”理论的提出是中国走和平发展道路在世界范围内的延伸和升华，顺应了和平与发展的时代潮流，引领了和谐世界关系的发展。提出“和谐世界”理论，是我国建设和运筹国家软实力的重要平台，体现了中国共产党人用宽广的世界眼光观察世界，深刻认识到世界发展趋势、全球面临的主要问题，把握了人类追求“和谐”思想的精髓价值追求，汲取了中华民族优秀传统文化“和”的思想要素，是中国国内构建社会主义和谐社会在国际关系领域的反映，代表了中国全球战略的最新发展，是中国特色和平发展道路与国际关系新理论，为人类研究全球治理提供一个全新的视野，是对当代国际关系理论划时代的重大贡献，具有重要而深远的理论和现实意义。

“和谐世界”理论的提出，有利于提升我国的“软实力”。“和谐世界”理论提出之初，受到了国际社会的广泛关注，得到世界舆论的高度赞誉。约瑟夫·奈认为“建设‘和谐世界’为人类未来描绘出了一幅乐观积极的图景”，傅高义主张“美国民众亦要与中国一道，共同努力建设‘和谐世界’”。①“和谐世界”理论汲取了人类社会几千年来追求和平、和谐的思想精髓，反映了各国人民对和平、发展、平等、公正等普适价值的向往和追求，对世界各国都有强大的吸引力和感召力。“和谐世界”理论反映了中国共产党人站在时代的高度，着眼于人类社会的根本利益，把本国的和平发展同世界的发展、人类的和平紧密地联系在一起，通过世界共同努力来争取和平的国际环境发展自己，又以本国的发展成就来促进世界的和平与发展。它充分展现了中国人民热爱和平的禀赋，体现了中国政府敢于担当的勇气、做负责任大国的决心，也表达了中国政府和人民致力为人类社会做更大贡献的诚挚感情和美好愿望。通过这一理念的传播并身体力行的实践，改变了近代以来由西方发达国家在国际关系领域始终占据垄断话语权的局面，使我们站在国际道义制高点，为我国的软实力建设提供了更为广阔的平台。同时有助于使

---

① 陶季邑：《美国部分学者关于中国“和谐世界”国际战略的研究述评》，《国际论坛》2009 年第 5 期。

国际社会不戴有色眼镜，不以先入为主的观念、不以主观臆想的想象看待中国，能够客观、公正、全面地了解中国，以对人类社会负责任的态度，加强国与国之间的经济、政治、文化、社会、生态等各个方面的交流与合作，共同推进和谐世界的构建。总之，“和谐世界”理论有利于增强国家软实力，进一步树立国家良好的形象，便于中国在世界各项事业中做出自己的贡献，有利于促进世界和谐。

3. “和谐世界”实现的路径

中国要实现和平发展的道路，必须在政治、经济、文化、安全等方面采取有效措施，创造和平的国际环境，在实现和谐世界中实现和平发展。胡锦涛在中共十七大报告中指出：“政治上相互尊重、平等协商，共同推进国际关系民主化；经济上相互合作、优势互补，共同推动经济全球化朝着均衡、普惠、共赢方向发展；文化上相互借鉴、求同存异，尊重世界多样性，共同促进人类文明繁荣进步。”①

（1）构筑世界政治互信共识机制

当今世界，尽管“和平与发展”取代了“战争与革命”，成为时代的主题，世界多极化的趋势也已成为不可逆转的历史潮流。但是，经济基础决定上层建筑，经济利益的冲突必然决定了政治利益的冲突，资本的扩张必将导致政治的扩张。由于旧的国际政治经济秩序没有得到根本改变，资本主义发达国家仍在全球化的进程中占据主导地位，同时，跨国活动形式多样和跨国主体日趋多元化，超越了国家传统意义上的主权和边界，一些西方领导人、学者便以“资本无祖国”为理论依据，倡导出“国家无主权”的理念，鼓吹“人权超越主权”、“国家主权过时”、“国家主权消失”。这些论断为少数西方发达国家随便干涉别国内政提供借口，为肆意践踏别国主权提供辩护。

中国走和平发展道路，必须协同其他国家一同构筑世界政治互信共识机制，推动国际关系的民主化，使世界各个国家切实遵循在国际法面前一律平等的原则。目前，旧的国际政治秩序仍然存在，国际关系中的冷战思维依然存在，美国称霸世界、追求建立单极世界的战略目标依然坚定，彻底实现国际关系民主化还面临着很大的困难，充满

① 《十七大以来重要文献选编》（上），中央文献出版社2009年版，第36页。

着曲折和矛盾。只有首先变革现有国际政治机制中的不民主的成分，才能逐步实现国际关系民主化的目标，为中国和平发展提供良好的国际政治环境。

第一，搭建多边外交平台是构筑世界政治的互信共识机制的根本途径。冷战结束以后，以美苏对抗为核心的两极世界格局解体，多极化是时代的潮流。江泽民提出："当今世界正处在大变动的历史时期。两极格局已经终结，各种力量重新分化组合，世界正朝着多极化方向发展。"① "世界多极化的形成尽管还是一个长期的过程，但这种趋势已成为不可阻挡的历史潮流，对促进世界的和平、稳定与发展具有十分重要的意义。"② 但是，美国逆历史潮流而动，继续采取自独立以来的单边主义政策，尤其是小布什政府更是要把该政策推向全世界，虽然9·11事件对其重挫，但美国在国际政治领域内"单边主义"的思维惯性依然存在。正如普雷斯托维茨所分析的那样，"刻意奉行单边主义的美国从来没有与别国共同打过一场战争"③，非常典型地解释了美国"单边主义"的特征。小布什上台后，绕开联合国，对伊拉克这样一个主权国家以"莫须有"的名义进行战争，单方面推出反导条约，拒绝在《京都议定书》上签字，等等，这些都是美国"单边主义"的典型个案。奥巴马政府虽然有所改善，出现了"单边主义"与"多边主义"交织在一起、交错使用的情况，但是，我们看到，奥巴马政府外交中的"单边主义"依然明显。"单边主义"是国际政治关系民主化的死敌，多边合作是国际关系民主化的有效途径。在实践中，只有反对建立单极世界，反对表现形式迥异、实质内容一样的霸权主义和强权政治，才能谈得上国际关系民主。因而，要实现国际关系民主化，就需要各国共同努力，在加强联合国权威的基础上，把现有的国际组织利用好、发展好、维护好，发挥其平等对话的多边外交平台的作用。利用新兴的国际组织，如上海合作组织、"金砖国家"合作机制；利用大国峰会，如二

---

① 《江泽民文选》第1卷，人民出版社2006年版，第241页。

② 《江泽民论有中国特色社会主义（专题摘编）》，中央文献出版社2002年版，第513页。

③ ［美］克莱德·普雷斯托维茨：《流氓国家——谁在与世界作对？》，王振西译，新华出版社2004年版，第192页。

十国集团峰会、亚太会议、东盟会议、朝核六方会谈机制等，充分发挥其平等对话、协商共赢的作用，努力推动国际关系民主化。

第二，尊重国际的准则是构筑世界政治的互信共识机制的制度基础。国际准则是在国际交往中形成的，调整国与国之间关系的有拘束力的原则、规则和制度的总和。国际准则凝聚了世界公认的民主、平等和正义。切实遵循联合国宪章及其他国际关系准则，能有效地保障各国的独立与主权，促进国际关系民主化，维护世界的和平与稳定。反之，各国的独立、主权就得不到保障。国际法对于构筑互信共识的世界政治机制具有重要作用。中国走和平发展道路，在遵循国际准则的基础上，应该继续坚持和平共处五项基本原则。和平共处五项基本原则是建立国际政治新秩序的基础。中国于20世纪50年代创立的和平共处五项基本原则，已成为处理国际关系的基本准则，成为许多国家的共识。中国反复强调并躬身践行。1984年10月31日，邓小平在会见缅甸总统吴山友时，指出："处理国与国之间的关系，和平共处五项原则是最好的方式……总结国际关系的实践，最具有强大生命力的就是和平共处五项原则。"[①] 1988年12月21日，他在会见印度总理拉吉夫·甘地时，指出："关于国际政治新秩序，我认为，中印两国共同倡导的和平共处五项原则是最经得住考验的。"[②] 后来，邓小平在会见发展中国家和发达国家的客人时又反复强调了上述思想，他说："和平共处五项原则应该成为解决国际政治问题和国际经济问题的准则。""国际关系新秩序的最主要原则，应该是不干涉别国的内政，不干涉别国的社会制度"，"现在趋势需要以和平共处五项原则作为新的国际政治、经济秩序的准则。"[③]

第三，构筑可持续安全观是构筑世界政治的互信共识机制的安全保障。要实现和平发展，推动建立持久和平的发展环境，必须要有一个共同接受、长期稳定、持久安全的世界作为保障和平的发展环境。构筑可持续安全观不是中国一个国家的安全战略问题，需要世界各国确立安全战略，这是关系到人类前途和命运的国际社会共同的利益。因此需要世

① 《邓小平文选》第3卷，人民出版社1993年版，第96页。

② 同上书，第283页。

③ 同上书，第96页。

界各国增进互信，取得共识。中国提出的“互信、互利、平等、合作”的新安全观可为构筑可持续安全观提供基本框架，促进国际和平合作、共赢发展，各国争取能以较低的安全成本保障较高的安全状态，维护世界的和平、保障人类的安全。为此，我们可从以下三个方面着手：首先，要以经济、政治、社会、文化、生态等领域综合安全为主要内容，统筹兼顾，绝不能单打一，把政治、军事安全危险的单领域作为主要方面。其次，要以发展作为推动可持续安全的根本途径。发展是时代的特征，既是目的，也是手段。必须综合运用经济、文化和社会发展等手段，实现世界的持久安全；最后，要以共同安全为价值旨归。共同安全超越了单方面的安全范畴，体现了一国安全与他国安全、地区安全及全球安全之间的相互联系和相互依赖，是国际社会实现政治互信共识的必要保障。可持续安全应是以世界各国的共同安全、和平稳定为最终的目标，这也是中国和平发展的应有之义。

（2）构筑世界经济合作共赢机制

在经济全球化的进程中，世界各国经济交往空前繁荣。中国要实现和平发展，必须同世界各国一道，构筑世界经济互利共赢机制。世界经济的发展应该实现协调、可持续的发展，使各个国家普遍受益，而不是南北差距继续拉大，出现“数字鸿沟”。中国在同世界的经济交往中，面临着各种不和谐因素，需要打破人为设置的贸易壁垒，纠正欧盟对中国社会主义市场经济的市场经济属性的质疑，在国际经济机制中，利用贸易规则，进行经济交往，实现经济的良好运行。通过与国际社会精诚协作、互相包容，共同努力，才能改变旧国际经济秩序，推动建立国际经济新秩序，使世界各国都享有平等发展的机会和权利，利用和平的环境、公正的秩序来发展本国的经济，并在此基础之上，促进世界经济共同发展。

鉴于此，中国在经济方面就要应对经济全球化的时代要求，创造、利用有利的国际和平环境，以科学发展观为指导，着力调整经济结构，促进经济的发展，这是促进全球经济发展的基础。国际经济机制的发展远远领先于其他领域的机制建设，一方面是由于世界各国都将经济发展放在首位，积极通过参与世界市场，在全球竞争中取得优势；另一方面，随着经济全球化的逐渐深入，统一的世界市场和全球竞争都需要对国家的经济行为做出有效的规范，完善世界经济机制，确保世界经济在有序的轨道上运行。具体而言，应从以下三个方面着手，构筑互利共赢的世界经济机制。

第一，建立公平的国际规则是前提。建立公平的国际规则是构筑互利共赢的世界经济机制的前提。所谓规则，实际上就是对利益冲突的一种界定。在经济全球化的过程中，各个国际经济组织为经济的发展制定了一系列规则、规范、制度和秩序，这其中既有公正合理的一面，也有不适应新的形势和要求，不利于发展中国家的一面。规则的制定是以实力为基础的，发展中国家由于自身国力的限制而在规则制定上处于弱势，发达国家则因为自身的实力而取得了规则制定的话语霸权。它们既不愿意修改不公正、不合理的某些现行规则，又不断提出并制定有利于它们的新规则。因此，相关的国际组织在主持制定国际规则时，要尽可能顾及各方利益，充分考虑广大发展中国家的承受能力和经济安全，同时要排除政治因素干扰和少数大国操纵多边决策的情况。只有规则公平，世界经济的互利共赢才能得以实现。

第二，提高各国的发展能力是关键。要想构筑一个世界经济互利、共赢的机制，创造一个有利于我们和平发展的国际经济环境，就应该提高自己的发展能力和水平。世界上没有靠乞求就能得来的发展，只有本国经济发展了，做强做大了，才能够在构筑新经济体系中，有发言权。国际社会尤其是发展中国家，发展的困境是发展水平低、发展不平衡、发展速度不高、发展的可持续性不强。许多发展中国家在世界经济体系中由于历史和现实的原因，处于依附地位，在全球经济发展中有被进一步边缘化的危险。因此，构筑世界经济互利共赢机制的关键在于提高发展中国家的发展能力。

胡锦涛在联合国成立60周年首脑会议的讲话中不仅提出五项具体措施，用以支持和帮助其他发展中国家加快发展，而且全面阐述了他对解决发展中国家发展问题的看法：一是，发展中国家要立足于自身的发展，加强发展中国家之间的合作；二是，国际社会和发达国家要承担更多的责任；三是，发展中国家应更多地参与到国际规则的制定中，“使国际经济体制和规则更加公平合理，特别是要充分反映广大发展中国家的关切”。[①] 发展是时代的主题，是时代的要求，当然也是一个突出问题，没有得到根本解决。随着经济全球化的不断深入，各国发展休戚与共，利益相互交织，命运相依相随，一荣俱荣，一损俱损。中国的发展离不开世界的发展，世界的发展也依赖中国的发展。中国所谋求的和平发展不仅是一己之私，而是通过实现自己的发展促进世界普遍发展和共同繁荣，通过“中国梦”和世界梦的良性互动，共同实现“中国梦”与世界梦。包括中国在内的国际社会要支持和促进广大发展中国家加快发展，努力减少和消除贫困，在帮助其他国家发展的基础上促进本国的发展。

第三，增进国际间的协调与合作是根本途径。合作是应对人类共同挑战的有效途径，通过合作推进世界经济的互利共赢，是当今时代发展的要求，也是建设和谐世界的必要条件。胡锦涛在联合国成立60周年首脑会议上的讲话中强调：“加强国际合作，促进共同发展，实现互利共赢，是联合国的重要宗旨，也越来越成为实现各国共同发展繁荣的重要途径。”当前国际合作应朝着公平、合理、有效的方向发展。

要充分发挥联合国的协调作用。中国的和平发展需要有一个较为坚实的国际合作为基础。要实现良好的国际合作，应该建立一个平等的合作平台。联合国是国际法律和制度的平台，是维系平等的国际合作的重要载体。联合国在60多年的历史中，在维护和平，促进发展方面都发挥了非常重要的作用，目前已经有了相对完善的机制，所以，我们要加强与联合国的合作，积极参与联合国的行动，充分发挥其维系国际合作中的作用。

在经济全球化的时代背景下，世界各国联系日益密切，利益相互交织，发展密不可分。任何一个国家的发展都无法脱离世界的发展而单独进行。因此，各国应精诚携手、通力合作。通过推进区域内和全球性经济合作，在解决本国经济发展问题的同时，共同解决全球经济发展中的问题；以相互之间的开放发展取代彼此封闭发展，努力构建“开放、公平、规范”的多边机制，实现合作共进、优势互补、互利共赢，使所有国家都从中受益。习近平在二十国集团领导人峰会上更进一步提出

---

① 胡锦涛：《促进普遍发展、实现共同繁荣》，《人民日报》2005年9月15日。

“努力塑造各国发展创新、增长联动、利益融合的世界经济，坚定不移维护和发展开发型世界经济。”①

（3）构筑世界文化互动共融机制

文明具有多样性，就如同自然界物种具有多样性一样。“当今世界，有200多个国家和地区，2500多个民族，6000多种语言。”② 正是这些不同民族、不同肤色、不同历史文化背景的人们，共同创造了丰富多彩的世界，就如同有了七音八调的差异，才能演奏出美妙动听的音乐。不同文明之间的对话、交流、融合，使人类文明成为奔流不息的长河。

世界本源就是多样性，文明的普遍性和特殊性并存共同决定了文明的多样性。各种文明多元性发展历史悠久，人类社会因此而丰富多彩。基于其地理环境、文化、宗教、制度、历史演变、价值观念和思维方式的多元，每一种文明发展都有其特殊性，以独特的方式为人类社会的进步做出了各自的贡献。文明的多样性是人类文明发展的重要动力。古代，由于交通不发达，世界许多民族大多是在相对封闭的环境下独立发展各自的文明。今天，在全球化的时代背景下，任何一个国家、一个民族都不可能“老死不相往来”，每一种文明的发展都必须置于全球化的大环境，在人类文明发展的康庄大道上，在与其他文明相互交流和相互影响的基础上发展。

近代以来，西方资本主义发达国家凭借着经济、军事方面的优势对其他国家进行肆意侵略、大肆掠夺，同时坚持本民族优越论、本文明中心论，主张西方文明在世界各文明中处于主导地位。随着世界各国逐渐获得民族独立、完整的国家主权，通过各种国际组织建立新的国际秩序而作不懈的努力，世界文明关系向一个多样文明平等共存、互相学习的方向演变。但是由于许多发达国家长期坚持西方文明优越论，总是力图主导世界文明的发展，企图凭借经济、军事实力，把某种文明的模式强加于其他文明，以实现所谓的“普世文明”；不同文明背景的极端分子

---

① 《习近平谈治国理政》，外文出版社2014年版，第355页。

② 温家宝：《尊重文明的多样性——在开罗阿拉伯国家联盟总部的演讲》，《人民日报》2009年11月8日。

出于对于其他文明的无知狭隘、固执偏见产生极端主义思潮，仇视其他文明，甚至主张用暴力来抵抗或毁掉其他文明。不同文明之间既充满了对话与交流，又存在竞争乃至碰撞。

世界不同文明之间要实现和谐共处，都必须共同努力，协同发展。首先，寻求相通性和共同点。例如，世界主要宗教的主流都是温和的。伊斯兰教的基本信仰特别强调和平、顺从、容忍、博爱、行善、施舍、克制等。又如，基督教的基本教义强调平等博爱、爱仇如己、信仰从生、忍耐顺从、天国永福等。不同文明应该通过平等的对话与交流，增加相互之间的了解和认同。其次，提高理解和包容度。中国“和而不同”的理念，是人类各种文明协调发展的真谛。即使提出“文明冲突论”的亨廷顿也认为在未来的岁月里，世界上将不会出现一个单一的普世文化，而是将有许多不同的文化和文明相互并存，所有文明都必须学习共存。

中国共产党人对世界文明的多样性有清醒的认识。江泽民指出：“世界是丰富多彩的。如同宇宙间不能只有一种色彩一样，世界上也不能只有一种文明、一种社会制度、一种发展模式、一种价值观念。各个国家、各个民族都为人类文明的发展做出了贡献。应充分尊重不同民族、不同宗教、不同文明的多样性。世界发展的活力恰恰在于这种多样性的共存。应本着平等、民主的精神，推动各种文明相互交流、相互借鉴，以求共同进步。”① 胡锦涛指出：“在人类历史上，各种文明都以自己的方式为人类文明进步做出了积极贡献。存在差异，各种文明才能相互借鉴、共同提高；强求一律，只会导致人类文明失去动力、僵化衰落。各种文明有历史长短之分，无高低优劣之别。”②中共十八大报告中提出：“尊重世界文明多样性”，“要尊重世界文明多样性、发展道路多样化，尊重和维护各国人民自主选择社会制度和发展道路的权利，相互借鉴，取长补短，推动人类文明进步”。③ 习近平提出：“文明因交流而多彩，文明因互鉴而丰富。文明交流互鉴，是推动人类文明进步和世

① 《江泽民文选》第3卷，人民出版社2006年版，第110页。

② 《十六大以来重要文献选编》（中），中央文献出版社2006年版，第997页。

③ 胡锦涛：《坚定不移沿着中国特色社会主义道路前进　为全面建成小康社会而奋斗——在中国共产党第十八次全国代表大会上的报告》，人民出版社2012年版，第47页。

界和平发展的重要动力。”①

历史文化、社会制度和发展模式的差异不应成为各国交流的障碍，更不应成为相互对抗的理由。和谐世界是多样性文明和谐共存的世界，和谐意味着多样性。多样性要素、成分以及部分的协调相处、和睦共存，构成作为整体性存在着的事物的和谐。单一性无所谓和谐与不和谐。要努力使世界上所有文明、所有民族携手合作，共同推进人类和平与发展的崇高事业。因此，构筑一种适合于当今世界发展的文化机制就显得极为必要。世界文化互动共融机制的构筑过程实际上就是使世界各种文明不断交流、融合、创新的过程。

第一，民族文化保护机制是构筑世界文化互动共融机制的立足点。

世界文化的互动与共融应立足于本民族文化的保护。文化只有首先是民族的，才能够成为世界的。任何旨在推行文化同化的做法都是错误的和有害的，必将遭到世界各国人民的排斥与反对。因此，要想形成具有时代特色的世界文化，必须首先立足于保护本国的民族文化。一个民族的文化是一个民族赖以生存和发展的命脉，是一个民族的根。当前世界一体化和经济全球化的浪潮对世界各个国家和民族的文化造成了极大的冲击，如何守住民族文化之根已成为当务之急。因此，我们必须对西方文化的强势进入有清醒的准备与认识，建立一整套应对外来文化侵入的战略；通过媒体宣传，唤醒本民族人民的文化保护意识；要实现文化的产业化。

民族文化不能关起门来谈保护，而应采取开放战略，敞开胸怀、走出国门，使本民族文化走向世界。不同类型的文明总是在走向世界和相互交流、碰撞、整合创新的过程中保持自己的民族特色，显示出自己的价值和生命。只有通过开放，主动融入世界潮流，才能不断增强自身文化的底蕴。如果畏惧变革、一味排他，结果只能使本民族的文化走向凋零，这是不利于本民族文化的传承与发展的。民族文化的保护除继承其精华外，还应着眼于未来，进行发展创新。任何文化的形成都必须经历一个长期的历史积淀。历史给各个民族留下了深刻的文化底蕴，当今的时代也应为明日的历史留下文化的足迹。因此，各民族要善于总结本民族

① 《习近平谈治国理政》，外文出版社 2014 年版，第 258 页。

在当今时代所涌现出来的新的文明成果，使之熔铸于本民族的血液之中。只有不断与时俱进的文化，才是有活力的文化；只有不断开拓创新的文化，才能延续民族文化的脉搏，使本民族的文化得到更好的保护和传承。

第二，多元文化整合机制是构筑世界文化互动共融机制的着力点。

与世界格局的多极化相应，文化的多元化也是当前世界文化发展的趋势和潮流。和谐世界是一个多样文明协调发展的世界。因此，在各种文明交流、对话的基础上实现文化的整合是历史发展的必然。当然，这种整合是一种双向或多向运动，而不是“强势”文化以自己为标准来强迫“弱势”文化实现文化的一致性。文化整合的目的在于强调把各种分散的、孤立的甚至冲突的文化价值力量整合为一种凝结着人类整体利益，整体价值理想的力量，从而使人类的文化实践行为充溢着一种健康自觉的人文精神关怀。这就要求我们必须增进不同文化之间的相互了解，建立文明对话沟通机制；推进不同文化的整合，寻找世界共同的文化理念，从而使整个世界的文化都洋溢着人文主义的关怀。

中国的和平发展是世界和平与发展的有机组成部分。中国的发展既关乎中国人民的根本利益，也同世界的和平与发展密切相关。走和平发展道路，不仅符合中国发展的要求，也符合世界各国发展和人类进步的时代潮流。其核心思想是：中国既通过维护世界和平来发展自己，又通过自身的发展来促进世界和平与发展；中国的发展是和平的发展，永远不称霸是庄严的承诺，永远不搞扩张是孜孜以求的目标；统筹国内、国际两个大局，在国内追求科学发展、和谐发展的同时，推动建设持久和平、共同繁荣的和谐世界。

结　语

马克思曾指出："对人类生活形式的思索，从而对这些形式的科学分析，总是采取同实际发展相反的道路。这种思索是从事后开始的，就是说，是从发展过程的完成的结果开始的。"① 这就是说，一切历史都是当代史。中国坚定不移地走坚持和开拓中国特色社会主义的道路，实现中共十八报告中所提出的实现"社会主义现代化和中华民族伟大复兴"总任务，实现伟大的"中国梦"，在这一历史进程中，在取得了伟大的历史成就的基础上，必然会引发世界人民对道路的思索，不断展现出其世界意义和时代价值。胡锦涛在党的十八大报告中指出："只要我们胸怀理想、坚定信念，不动摇、不懈怠、不折腾，顽强奋斗、艰苦奋斗、不懈奋斗，就一定能在中国共产党成立一百年时全面建成小康社会，就一定能在新中国成立一百年时建成富强民主文明和谐的社会主义现代化国家。全党要坚定这样的道路自信、理论自信、制度自信！"② 实现三个自信，一言以蔽之，就是坚定中国特色社会主义的自信。实现中华民族伟大复兴这一"中国梦"，"它是站在海岸遥望海中已经看得见桅杆尖头了的一只航船，它是立于高山之巅远看东方已见光芒四射喷薄欲出的一轮朝日，它是躁动于母腹中的快要成熟了的一个婴儿"。③

对此，我坚信不疑！

---

① 《马克思恩格斯文集》第5卷，人民出版社2009年版，第93页。

② 胡锦涛：《坚定不移沿着中国特色社会主义道路前进　为全面建成小康社会而奋斗——在中国共产党第十八次全国代表大会上的报告》，人民出版社2012年版，第16页。

③ 《毛泽东选集》第1卷，人民出版社1991年版，第106页。

主要参考文献

一　参考著作

[1]《马克思恩格斯选集》1—4卷，人民出版社1995年版。

[2]《马克思恩格斯文集》1—5、8—10卷，人民出版社2009年版。

[3]《列宁选集》1—4卷，人民出版社1995年版。

[4]《列宁专题文集》，人民出版社2009年版。

[5]《毛泽东选集》1—4卷，人民出版社1991年版。

[6]《毛泽东文集》6—8卷，人民出版社1999年版。

[7]《邓小平文选》1、3卷，人民出版社1993年版。

[8]《邓小平文选》2卷，人民出版社1994年版。

[9]《邓小平年谱（1975—1997）》（上、下），中央文献出版社2004年版。

[10]《邓小平思想年编（1975—1997）》，中央文献出版社2011年版。

[11]《邓小平年谱（一九〇四——一九七四）》（下），中央文献出版社2009年版。

[12]《江泽民论有中国特色社会主义（专题摘编）》，中央文献出版社2002年版。

[13]《江泽民文选》1—3卷，人民出版社2006年版。

[14] 江泽民：《论社会主义市场经济》，中央文献出版社2006年版。

[15]《江泽民思想年编（一九八九——二〇〇八）》，中央文献出版社2010年版。

[16]《三中全会以来重要文献选编》(上、下), 人民出版社 1982 年版。

[17]《十二大以来重要文献选编》(上、中、下), 人民出版社 1986、1988 年版。

[18]《十三大以来重要文献选编》(上、中、下), 人民出版社 1991、1992、1993 年版。

[19]《十四大以来重要文献选编》(上、中、下), 人民出版社 1996、1997、1999 年版。

[20]《十五大以来重要文献选编》(上、中、下), 人民出版社 2000、2001、2003 年版。

[21]《十六大以来重要文献选编》(上、中、下), 中央文献出版社 2005、2006、2008 年版。

[22]《十七大以来重要文献选编》(上), 中央文献出版社 2009 年版。

[23] 胡锦涛:《坚定不移沿着中国特色社会主义道路前进 为全面建成小康社会而奋斗——在中国共产党第十八次全国代表大会上的报告》, 人民出版社 2012 年版。

[24]《习近平谈治国理政》, 外文出版社 2014 年版。

[25] 薄一波:《若干重大决策与事件的回顾》(上、下), 中共中央党校出版社 1991 年版。

[26] 胡绳:《中国共产党的七十年》, 中共党史出版社 1991 年版。

[27] 逄先知、金冲及:《毛泽东传》(上、下), 中央文献出版社 2003 年版。

[28]《中国特色社会主义理论体系形成与发展大事记》, 中央文献出版社 2011 年版。

[29] 袁秉达等:《中国特色社会主义道路探究》, 上海人民出版社 2009 年版。

[30] 郑德荣等:《中国特色社会主义道路基本问题研究》, 人民出版社 2012 年版。

[31] 辛向阳:《中国特色社会主义道路研究》, 河北人民出版社 2010 年版。

[32] 刘建武:《中国特色与中国模式》, 人民出版社 2006 年版。

[33] 石云霞:《中国特色社会主义改革开放的历史经验研究》，华中科技大学出版社 2008 年版。

[34] 顾海良:《中国特色社会主义理论体系研究》，中国人民大学出版社 2009 年版。

[35] 王伟光:《中国特色社会主义理论体系研究》，人民出版社 2012 年版。

[36] 姜淑兰:《世界视阈中的中国特色社会主义道路研究》，光明日报出版社 2011 年版。

[37] 邓永昌:《中国和平发展与西方的战略选择》，社会科学文献出版社 2008 年版。

[38] 俞可平等:《改革开放与马克思主义中国化》，重庆出版社 2009 年版。

[39] 俞可平:《全球化时代的“社会主义”》，中央编译出版社 1998 年版。

[40] 徐伟新、陈锋、何忠国:《中国和平发展道路之历史比较》，中共中央党校出版社 2007 年版。

[41] 庄福龄、张新:《马克思主义中国化研究》（第二卷），人民出版社 2009 年版。

[42] 黄宗良:《社会主义与资本主义两制关系史论》，红旗出版社 1993 年版。

[43] 黄宗良、林勋健:《经济全球化与中国特色社会主义》，北京大学出版社 2005 年版。

[44] 余金城:《社会主义的东方实践——解读马克思主义基础理论的现代形态》，上海三联书店 2005 年版。

[45] 严书翰等:《经济全球化背景下社会主义与资本主义的关系》，当代世界出版社 2001 年版。

[46] 杨宏雨:《中国特色社会主义现代化的多维审视》，学林出版社 2006 年版。

[47] 徐崇温:《中国的和平发展道路》，重庆出版社 2009 年版。

[48] 侯惠勤等:《马克思主义中国化理论创新 30 年》，中国社会科学出版社 2008 年版。

[49] 梅荣政：《中国特色社会主义基本问题研究》，武汉大学出版社 2007 年版。

[50] 顾海良、梅荣政：《马克思主义与现时代》，武汉大学出版社 2006 年版。

[51] 李淑珍：《当今时代与时代主题》，北京大学出版社 2005 年版。

[52] 叶险明：《马克思的世界历史理论与现时代》，清华大学出版社 1996 年版。

[53] 方世南：《时代与文明——和平与发展的时代主题与各国文明的多样性》，人民出版社 2006 年版。

[54] 孙新彭：《时代性质判断与社会主义实践选择》，人民出版社 2010 年版。

[55] 张爱武：《世界历史性社会主义研究》，中国社会科学出版社 2005 年版。

[56] 谢春涛：《中国特色社会主义史》（上、下），福建人民出版社 2008 年版。

[57] 徐艳玲等：《马克思主义视野中的全球化》，大连出版社 2005 年版。

[58] 尹朝晖等：《和平发展的中国与当代世界》，河南大学出版社 2009 年版。

[59] 高放等：《科学社会主义理论与实践》，中国人民大学出版社 2008 年版。

[60] 许庆朴等：《马克思恩格斯学说与中国现实》，人民出版社 2007 年版。

[61] 许庆朴、李爱华：《有中国特色社会主义理论探源》，人民出版社 2002 年版。

[62] 李爱华等：《马克思主义国际关系理论》，人民出版社 2006 年版。

[63] 高继文：《新经济政策研究》，中国人民公安大学出版社 2000 年版。

[64] 万光侠等：《思想政治教育的人学基础》，人民出版社 2006 年版。

［65］唐家柱：《现代化进程中的中国特色社会主义理论体系研究》，人民出版社2008年版。

［66］陈海燕、李伟：《全球化视域下社会主义的理论与实践》，山东大学出版社2007年版。

［67］叶启绩：《全球化背景下中国特色社会主义价值研究》，中山大学出版社2005年版。

［68］叶自成：《新中国外交思想 从毛泽东到邓小平——毛泽东、周恩来、邓小平外交思想比较研究》，北京大学出版社2001年版。

［69］孙占元：《中国共产党理论创新史》，山东人民出版社2012年版。

［70］赵小芒：《科学发展观——马克思主义发展观的创新成果》，人民出版社2007年版。

［71］康绍邦：《中国和平发展国际战略研究》，中共中央党校出版社2007年版。

［72］袁胜育：《和平发展道路》，重庆出版社2009年版。

［73］邓剑秋：《马克思主义中国化思想》，人民出版社2009年版。

［74］李景治等：《中国和平发展与构建和谐世界研究》，中国人民大学出版社2011年版。

［75］陈述：《改革开放重大事件和决策述实》，人民出版社2008年版。

［76］《中国共产党历史（1949—1978）》第2卷，中共党史出版社2011年版。

［77］郑雪飞、葛卫华等：《坚持走和平发展道路》，河南人民出版社2007年版。

［78］李慎明：《居安思危——苏共亡党二十年的思考》，社会科学文献出版社2011年版。

［79］张贵洪：《国际组织与国际关系》，浙江大学出版社2004年版。

［80］陈云卿、蒋士满：《外国学者论社会主义市场经济》，社会科学文献出版社1993年版。

［81］曹普：《时代的必然选择——邓小平对外开放理论与中国现

代化发展》，福建人民出版社 2001 年版。

[82] 侯树栋、辛国安：《马克思主义中国化的基本经验》，人民出版社 2011 年版。

[83] 康绍邦：《世界的反响：国外人士论建设有中国特色社会主义理论与实践》，学习出版社 1997 年版。

[84] 薛汉伟、王建民：《制度设计与变迁——从马克思到中国的市场取向改革》，山东大学出版社 2003 年版。

[85] 聂运麟：《变革与转型时期的社会主义研究》，社会科学出版社 2008 年版。

[86] 徐耀新、文晓明等：《大轨迹：现代科技革命与社会主义的历史命运》，河南人民出版社 1997 年版。

[87] 郑必坚：《思考的历程——关于中国和平发展道路的由来、根据、内涵和前景》，中共中央党校出版社 2006 年版。

[88] 张首映、戴莉莉：《外国人眼中的新中国》，人民出版社 2009 年版。

[89] 覃火杨：《海外人士谈中国社会主义》，北京大学出版社 1990 年版。

[90] 刘洪潮：《外国要人名人看中国》，中共中央党校出版社 1993 年版。

[91] 金羽、李惠让、温光群：《海外人士心中的邓小平》，红旗出版社 1993 年版。

[92] 俞可平：《海外学者论中国经济改革》，中央编译出版社 1997 年版。

[93] 冷溶：《邓小平理论与当代中国基本问题》，法律出版社 2000 年版。

[94] 马启民：《国外邓小平理论研究评析》，山东人民出版社 1999 年版。

[95] 牟卫民：《西楼望月——外国学者眼中的中国》，中国社会出版社 2000 年版。

[96] 牟卫民：《 隔岸观潮——外国政要眼中的中国》，中国社会出版社 2000 年版。

[97] 宿景祥、齐琳：《国外著名学者政要论中国崛起》，中共中央党校出版社 2007 年版。

[98] 袁殿池：《海外望神州：外国人眼中的中国改革开放》，人民文学出版社 2008 年版。

[99] 成龙：《海外马克思主义中国化理论研究》，广东人民出版社 2009 年版。

[100] 刘苍劲、吕志、陈松林：《中国特色社会主义理论与实践研究》，中国人民大学出版社 2011 年版。

[101] 薛汉伟：《时代发展与中国特色：当代社会主义在中国的崛起》，北京大学出版社 1996 年版。

[102] 崔桂田：《当代社会主义发展模式比较研究》，山东人民出版社 2005 年版。

[103] 金冲及：《二十世纪中国史纲》，社会科学文献出版社 2009 年版。

[104] 杨继绳：《邓小平时代：中国改革开放二十年纪实（上、下）》，中央编译出版社 1998 年版。

[105] 王东：《中华腾飞论：毛泽东、邓小平、江泽民三代领导集体的理论创新》，中国人民大学出版社 2001 年版。

[106] 罗荣渠：《现代化新论》，北京大学出版社 1997 年版。

[107] 宋士昌：《从邓小平到江泽民：建设有中国特色社会主义理论跟踪研究》，山东人民出版社 2002 年版。

[108] 沈云锁、陈先奎：《中国模式论》，人民出版社 2007 年版。

[109] 王伟光：《社会主义通史（第 8 卷）》，人民出版社 2011 年版。

[110] 叶庆丰：《中国特色社会主义史论研究 · 历史实践卷》，中共中央党校出版社 2012 年版。

[111] 严书翰：《中国特色社会主义史论研究 · 前沿问题卷》，中共中央党校出版社 2012 年版。

[112] 胡振良：《中国特色社会主义史论研究 · 科学体系卷》，中共中央党校出版社 2012 年版。

[113] 唐绍邦、宫力等：《马克思主义国际战略理论》，九州出版

社2006年版。

［114］腾藤：《邓小平理论与世纪之交的中国国际战略》，人民出版社2001年版。

［115］李志军等：《比较视阈中的中国经验》，中国社会科学出版社2009年版。

［116］［美］罗伯特·劳伦斯·库恩：《中国30年：人类社会的一次伟大变迁》，吕鹏等译，上海人民出版社2008年版。

［117］［美］罗伯特·劳伦斯·库恩：《他改变了中国：江泽民传》，谈峥等译，上海译文出版社2005年版。

［118］［美］兹比格涅夫·布热津斯基：《大失控与大混乱》，潘嘉玢、刘瑞祥译，中国社会科学出版社1994年版。

［119］［英］约翰·汤姆林森：《全球化与文化》，郭英剑译，南京大学出版社2002年版。

［120］［美］小约瑟夫·奈：《理解国际冲突：理论与历史》，张小明译，上海人民出版社2002年版。

［121］［美］保罗·肯尼迪：《大国的兴衰》，中国经济出版社1989年版。

［122］［美］塞缪尔·亨廷顿：《文明的冲突与世界秩序的重建》，周琪等译，新华出版社1998年版。

［123］［英］马丁·雅克：《当中国统治世界：中国的崛起和西方世界的衰落》，张莉、刘曲译，中信出版社2010年版。

［124］［美］吉尔伯特·罗兹曼：《中国的现代化》，江苏人民出版社2005年版。

［125］［美］斯蒂格利茨：《经济学》（第二版）（上下册），梁小民、黄险峰译，中国人民大学出版社2000年版。

［126］里斯本小组：《竞争的极限——经济全球化与人类的未来》，张世鹏译，中央编译出版社2000年版。

［127］Robert Kleinberg，China' s Opening to the Outside World：The Experiment with Foreign Capitalism，West view Press，1990.

［128］David Wen－Wei Chang，China under Deng Xiaoping：Political and Economic Reform，Macmmillan Press，1988.

二 学术论文类

［1］高继文：《中国特色社会主义道路的历史地位》，《山东师范大学学报（人文社会科学版）》2009 年第 6 期。

［2］高继文：《时代发展与中国特色社会主义创新》，《山东师范大学学报（人文社会科学版）》2012 年第 4 期。

［3］高继文：《论中国特色社会主义的开放性特征》，《当代世界与社会主义》2011 年第 4 期。

［4］高继文：《论中国特色社会主义理论体系的鲜明时代特征》，《学习论坛》2012 年第 9 期。

［5］徐崇温：《中国特色社会主义道路是人类文明史上的伟大创举》，《马克思主义研究》2012 年第 4 期。

［6］常宗耀：《关于中国特色社会主义道路的世界意义》，《理论探索》2008 年第 4 期。

［7］杨根乔：《中国特色社会主义理论体系的世界意义》，《安徽行政学院学报》2010 年第 1 期。

［8］杨雪冬：《马克思主义经典作家关于时代问题的基本思想述评》，《理论视野》2008 年第 10 期。

［9］肖贵清、刘爱武：《中国特色社会主义道路的内涵及其特征》，《中国特色社会主义研究》2008 年第 2 期。

［10］庄俊举：《近期有关“中国模式”研究观点综述》，《红旗文稿》2009 年第 2 期。

［11］陈金龙：《时代特征与马克思主义中国化》，《马克思主义研究》2008 年第 9 期。

［12］宫力：《改革开放与中国外交》，《当代中国史研究》2009 年第 5 期。

［13］聂运麟：《中国特色社会主义理论体系的历史地位》，《社会主义研究》2010 年第 2 期。

［14］秦益成：《中国特色社会主义与“中国模式”》，《政治学研究》2010 年第 3 期。

［15］杨闯：《论“和谐世界”的内涵与本质》，《社会主义研究》

2006 年第 5 期。

［16］康绍邦、秦治来：《坚持和平发展道路推动建设和谐世界》，《求是》2007 年第 3 期。

［17］钟坚：《马克思主义时代观与现时代的主要特征》，《社会主义研究》2004 年第 5 期。

［18］董艾辉：《全球化与社会主义历史命运》，《科学社会主义》2002 年第 3 期。

［19］黄卫平：《全球化与中国政治体制改革》，《马克思主义与现实》1998 年第 4 期。

［20］纪玉祥：《全球化与当代资本主义的新的变化》，《马克思主义与现实》1998 年第 4 期。

［21］程玉海、林建华：《邓小平关于时代问题的思想和意义》，《中国特色社会主义研究》2001 年第 3 期。

［22］吴晓明：《论中国的和平主义发展道路及其世界历史意义》，《中国社会科学》2009 年第 5 期。

［23］陶绍兴：《“中国模式”研究综述》，《红旗文稿》2010 年第 9 期。

［24］［德］托马斯·海贝勒：《关于中国模式若干问题的研究》，《当代世界与社会主义》2005 年第 5 期。

［25］杰柳辛：《中国的资本主义还是有中国特色的社会主义》，《国外社会科学》1994 年第 4 期。

［26］［美］阿里夫·德里克：《中国发展道路的反思：不应抛弃社会主义革命的历史遗产》，《当代世界与社会主义》2005 年第 5 期。

［27］［美］阿里夫·德里克、庄俊举：《全球化境遇下的社会主义和马克思主义若干问题研究——专访著名左翼学者阿里夫·德里克教授》，《当代世界与社会主义》2007 第 5 期。

［28］［俄］М. Л. 季塔连科：《对毛泽东、邓小平社会主义理论的比较研究》，《中共党史研究》2001 年第 6 期。

［29］［俄］М. Л. 季塔连科：《前进中的中国——纪念新中国成立 60 周年及展望 21 世纪中国发展前景》，《中国社会科学》2009 年第 5 期。

［30］［美］兹比格涅夫·布热津斯基：《中华人民共和国建国 60 年来成就举世瞩目》，新华网，2009 年 7 月 26 日。

［31］［波］亚当·沙夫：《我的中国观》，《当代世界社会主义问题》2001 年第 4 期。

［32］陈德铭：《坚定不移地走中国特色的开放式发展道路》，《求是》2008 年第 24 期。

［33］张晓敏：《改革开放以来中国和平发展道路的开创与实践》，《马克思主义研究》2009 年第 5 期。

［34］沈传亮、苑晓杰：《国外学者评析新中国六十年》，《中共党史研究》2010 年第 6 期。

［35］马启民：《国外中国特色社会主义理论研究评析》，《当代世界与社会主义》2008 年第 6 期。

［36］马启民：《国外学者对邓小平理论的研究》，《毛泽东思想研究》2006 年第 2 期。

［37］马启民：《国外学者对邓小平改革观的研究》，《理论导刊》2000 年第 7 期。

［38］秦益成：《国外学者政要论中国特色社会主义》，《国外社会科学》2010 年第 1 期。

［39］李荷英、秦益成：《国外学者论中国特色社会主义与“中国模式”述评》，《国外社科研究动态》2010 年第 1 期。

［40］韩露：《关于国外学者对中国共产党执政以来思想理论研究的述评》，《社会主义研究》2009 年第 6 期。

［41］朱可辛：《国外学者对“中国模式”的研究》，《科学社会主义》2009 年第 4 期。

［42］王丽君：《国外学者视阈下的中国特色》，《理论学刊》2009 年第 6 期。

［43］杨金海：《国外学者眼中的中国改革开放》，《上海党史与党建》2009 年第 1 期。

［44］周明海：《国外学者视野中的现实资本主义与未来社会主义》，《科学社会主义》2008 年第 6 期。

［45］周艳辉：《近期国外学者关于中国经济发展模式的研究》，

《国外理论动态》2007 年第 9 期。

［46］王伟光：《中国改革开放和中国发展道路》，《马克思主义研究》2008 年第 5 期。

［47］秦益成：《国外学者政要论中国特色社会主义》，《国外社会科学》2010 年第 1 期。

［48］楚全：《国外左翼学者谈如何正确看待“中国威胁”论》，《国外理论动态》2007 年第 1 期。

［49］潘西华：《当代国外学者关于社会建设理论研究综述》，《思想理论教育导刊》2006 年第 10 期。

［50］王佳菲：《国外学者关于苏联模式和社会主义前途的思考》，《当代世界社会主义问题》2006 年第 2 期。

［51］李成毅：《德国学者彼德斯对中国特色社会主义的几点看法》，《国外理论动态》1999 年第 11 期。

［52］李其庆：《法国学者托尼·安德烈阿尼批驳两种否定中国特色社会主义的观点》，《当代世界与社会主义》2005 年第 4 期。

［53］冯雷：《海外人士论有中国特色的社会主义》，《当代世界与社会主义》1997 年第 1 期。

［54］徐觉哉：《国外学者论中国特色社会主义》，《中国特色社会主义研究》2008 年第 2 期。

［55］周建军、何恒远：《中国转型的世界意义——从“华盛顿共识”到“北京共识”》，《世界经济政治论坛》2005 年第 1 期。

［56］俞可平：《科学发展观与生态文明》，《马克思主义与现实》2005 年第 4 期。

［57］徐崇温：《中国特色社会主义道路的世界意义》，《中国特色社会主义研究》2009 年第 4 期。

［58］贺钦：《中国特色社会主义道路对发展中国家的启示》，《马克思主义研究》2008 年第 2 期。

［59］辛向阳：《中国特色社会主义道路与世界文明发展》，《北京社会科学》2009 年第 5 期。

［60］辛向阳：《社会主义道路的中国内涵解析》，《中共中央党校学报》2010 年第 1 期。

[61] 徐艳玲、龚培河:《在全球化视阈中解读“中国特色社会主义”》,《科学社会主义》2008 年第 5 期。

[62] 赵存生:《社会主义的历史进程与中国特色社会主义道路的开辟》,《思想理论教育导刊》2008 年第 7 期。

[63] 秦刚:《中国特色社会主义道路的创新性及其国际意义》,《当代世界与社会主义》2008 年第 4 期。

[64] 常宗耀:《关于中国特色社会主义道路的世界意义》,《理论探索》2008 年第 4 期。

[65] 严书翰:《中国道路的世界影响》,《瞭望》2009 年第 36 期。

[66] 汤光鸿、有英:《中国特色社会主义道路的世界意义——兼论中国发展模式的所谓“意识形态威胁”》,《扬州大学学报(人文社会科学版)》2008 年第 1 期。

[67] 张百顺:《中国市场经济发展道路及其当代世界意义》,《前沿》2010 年第 11 期。

[68] 胡海波:《世界历史视阈下的中国特色社会主义模式的世界意义》,《理论探讨》2010 年第 3 期。

[69] 马龙闪:《中国特色社会主义是对苏联体制模式的超越》,《探索与争鸣》2009 年第 2 期。

[70] 胡伟:《“中国模式”的深层涵义与世界意义》,《红旗文稿》2009 年第 20 期。

[71] 周弘:《全球化背景下“中国道路”的世界意义》,《中国社会科学》2009 年第 5 期。

[72] 娄伟:《中国模式的分析框架与世界意义》,《学术交流》2009 年第 11 期。

[73] 庄聪生:《中国特色社会主义政治发展道路的内涵、特征和原则》,《科学社会主义》2008 年第 3 期。

[74] 周弘:《全球化条件下“中国道路”的世界意义(英文)》,*Social Sciences in China*2010 年第 2 期。

[75] 倪娜:《“世界历史”与全球化问题——当代全球社会发展的矛盾分析》,吉林大学 2004 年。

[76] 聂继永:《全球化与中国崛起》,中共中央党校 2005 年。

［77］王永贵:《经济全球化与21世纪中国特色社会主义》，中国社会科学院2002年。

［78］张传能:《新时期中国共产党全国代表大会报告研究》，中共中央党校2010年。

［79］朱宗友:《全球化背景下中国特色社会主义道路的选择》，河南大学2010年。

［80］贾轶:《马克思主义经济学历史唯物主义方法及运用研究》，河南大学2010年。

［81］李小华:《观念与国家安全:中国安全观的变化（1982—2002)》，中国社会科学院研究生院2003年。

［82］朱永彪:《中国国家安全观研究（1949—2011)》，兰州大学2012年。

［83］宋海琼:《邓小平资本主义论研究》，中国人民大学2005年。

［84］蔡娟:《邓小平社会主义与资本主义关系理论研究》，华东师范大学2003年。

［85］李峰:《中华人民共和国四部宪法比较研究》，中共中央党校2004年。

［86］刘爱武:《国外中国模式研究评析》，河北师范大学，2012.

［87］Michel Fouquin and Francoise, *The Chinese Economy Highlights and Opportunities*, London, Paris, Geneve, 1998.

［88］Richard Daniel Ewing, "Hu Jintao: The Making of a Chinese General Secretary", *The China Quarterly*, No. 173, March 2003.

［89］Bonnie S. Glaser and Evan S. Mederiros, "The Ascension and Demise of the Theory of 'Peaceful Rise'", *The China Quarterly*, No. 190, June 2007.

［90］Prasenjit Duara, "History and Globalization in China' s Long Twentieth Century", *Modern China*, vol. 34, No. 1, January 2008.

［91］Ivan Szelenyi, "A Theory of Transitiong", *Modern China* , vol. 34 No. 1 January 2008.

后　记

鲁迅先生说："感谢命运，感谢人民，感谢思想，感谢一切我要感谢的人。"

感谢命运。感谢伟大的祖国，中华民族"自强不息，厚德载物"的文化基因给了我无穷的动力；中国特色社会主义的伟大实践是我进行教学和科学研究的沃土；伟大的时代，为我辈创造了美轮美奂的巨大成就。我为能够生在伟大祖国而倍感自豪。作为一名高校思想政治理论课教师，作为马克思主义理论的职业传播者和研究者，我为生在这个伟大的时代而自豪！

感谢恩师。感谢我的导师高继文教授。恩师学问高深，平易近人，作风朴实，严谨深邃。曾几何时，我们登临千佛山山顶，俯视泉城、仰望星空、华灯初上、山风荡漾，他向我阐述对马克思主义理论的深刻理解，对中国特色社会主义的信念，对理论、制度、道路的自信、自觉、自励，涓涓溪流，润物无声；曾几何时，我们漫步在大明湖畔，游历于老济南的胡同，追寻着泉水的历史足迹，他对我感叹历史的变迁、现实的厚重、未来的希望，如春风化雨、润物无声、沁人心田；曾几何时，我们漫步在校园的林荫小道上、行走于各类学术会议，穿梭于QQ的空间，他谈他的治学心得、授业感受、做人理念，如暖暖细语、谆谆教导、春茧抽丝。认识恩师十载，聆听教诲十年，论文的选题、设计、写作、定稿无不凝聚着恩师的心血。学生愚钝，虽竭尽所能，寝食不安，但无法完全领会恩师的高屋建瓴和深入浅出，无法达到他所要求的高度，无法完全体现他的写作思想，深感愧疚。感谢我的老师吴秀霞书记。自我1992年进入山东师范大学本科学习，直至硕士学习、博士学习期间都给予了极大的关怀，小清河畔、千佛山下，吴老师手把手地教我，我的做人、治学、工作，无不深深打上了恩师的烙印，我把山师的作风带到了青岛，发芽、生根、开花、结果。

感谢我的授业恩师许庆朴、李爱华、马永庆、崔永杰、万光侠、张福记、韩玉贵、董振平等教授的教诲。许老师的见解独到、胸怀博大、运思不拘、笔耕不辍；李老师的知识渊博、治学严谨、了然于胸、深入浅出；马老师的高屋建瓴、气贯长虹、鞭策有方、教导有度；万老师的哲学深思、人学为魂、仁人乐授、敬业友善；张老师的学术厚重、创新迭出、款款风范、厚德待人；韩老师的宽广眼界、学高为范、和善宽宥、浓浓乡音；崔老师的敬业奉献、治学中西、贴近学生、视野宏大；董老师的温柔敦厚、亲切可人、造诣深厚、严谨深邃，都深深地镌刻在我的脑海中，激励着我工作向上，治学勤谨，热爱生活。

感谢山东大学周向军教授多次学术报告的启迪、时刻的鼓励、指导！周老师高深的学术造诣、激情四射的语言、昂扬奋进的精神状态使我深受鼓舞。他见面总是激励我、鞭策我、教导我，从中我学到了治学的精神、严谨的作风、乐观向上的状态。感谢清华大学肖贵清教授审阅了我的写作提纲，并提出了宝贵的指导性建议。他在百忙之中，还牵挂着我这个没有入其门的学生，时常发短信鼓励我不畏艰难、增强信心，款款数语，启迪长远，温文尔雅，深入浅出，在肖老师的学术报告和学术论文中我得到了有益的启迪。华中师范大学聂运麟教授对我的多次教育、指导，并把他的著作邮寄给我，使我深受教育。中央编译局季正聚教授作为我的答辩主席，主持了我的博士答辩，对我的论文进行了点评，肯定了成绩，指出了不足，分析了今后的努力方向。北京大学仝华教授多次耳提面命，手把手地教我如何治学。在此，表示由衷的感谢！

感谢母校的领导和老师为我提供了一个优越而又宽松的学习、生活和写作环境。感谢商志晓书记、初乐娟书记的培养、教诲！感谢学院资料室的任吉刚、魏爱华两位老师在查找资料方面给我提供了诸多方便；刘芳、史家亮、王盛辉等博士既是老师又是师姐、师兄，学业上提携、生活上关怀、工作上鼓励，在他们的帮助下，我增加了巨大的信心。王盛辉博士在答辩的各个环节都给予了无私的帮助。感谢省委党校副校长孙占元教授，他是我本科时期的授课老师，时常的教育、多次的鼓励，使我深受鼓舞。感谢历史与社会发展学院安作璋、刘柞昌等老师的教育，感谢我的硕士导师王林老师把我领进研究中国近现代史的学术殿堂。感谢我的博士同学冯芸、蒋文莉、高凤敏、丁兆梅、刘鹏，我们共同探讨，激扬文字，互通有无，互联互通，沐浴着友情的阳光雨露，呼吸着积淀有丰厚文化底蕴的山东师大的空气。同学的友谊、同窗的进步，每每都会促我奋进、前行。

感谢青岛市宣传部理论处王春元处长、孙静科长对本书的关心。感谢青岛科技大学党委书记高青教授、校长马连湘教授、副书记王瑞芳教授、副校长王文哲教授、副书记韩兆会教授、副校长李庆领教授、副校长刘光烨教授、副校长张淑华教授、副校长韦殿华教授的鼓励！感谢宫玉军、李勇、陈克正、张景瑞、吕万翔、宗成中、聂法良、吴俊飞、郑德前、郭仲聚、李明、辛振祥、陈夫山、刘喜梅、汪传生、隋树林、李立、武玉民、王志宪、张鸣、任元军、李响、李再峰、王金堂、郭庆杰、郑世清、郭建章、楚晓东等领导专家的帮助。感谢马克思主义学院院长兼书记杜裕禄教授多年的鞭策，感谢牟宗荣、魏红卫、曲建英、庞桂美、张运君、孙德菁、高凡夫、刘庆、王建美、赵德芹、陈梅、赵艳丽、赵联、赵东玉、刘宝福、陈乐、赵青霞、聂爱华、李霞、周若炜、潘妍妍、李晓晨、车舒雨等同仁的支持！

在博士论文的写作、修改成书的过程中，我参阅和吸收了国内外理论界近年来的研究成果，有些在注释和参考文献中已经注明，在此一并表示衷心的感谢！如有遗漏之处还请见谅。

感谢中国社会科学出版社马克思主义理论出版中心副主任田文、大众分社副总编武云，她们以职业出版人繁荣学术、严谨深邃、理论扎实、追求卓越的职业精神，以“守土有责、守土负责、守土尽责”的使命感，辛勤劳动、扎实工作，没有她们的付出，就不会有本书的出版。

最后，要感谢我的亲人，给了我生命，养育我成人，引领我前进。想起为中国解放事业作出过贡献、参加过济南战役、淮海战役的祖父那殷殷的希冀，怎奈书稿未付梓就驾鹤西去，撒手人寰，留下我无尽的思念；念及一生为我魂牵梦绕的父母双亲，在鲁西北平原的大地上辛勤劳作，默默奉献，仍时刻挂念着在青另辟天地的我，终生为我自豪。想起日夜劳作，奉献终身的年迈的岳父、岳母，养育了我的爱妻，本应颐养天年，但仍昼夜劳作，为我这个小家庭做着无私的奉献，为我的学业、工作、生活，为我的健康、成长而忧心忡忡。岳父、岳母是淮海战役中

“推小车”支援前线的一员，他们经历了中国的革命、建设和改革的各个历史阶段，在茶余饭后与他们的讨论中，我在感悟和思考。只可惜，在读博的第一年，岳父因病魔缠身，离我而去。我的外婆对我疼爱有加，老人一生勤俭、洁净、胸怀博大，在独处的小屋内向亲人传递着她浓厚的亲情和爱心，本来约好以我的毕业向她88岁的生日献礼，怎奈病魔不肯放过善良的老人，也不再给我同她一起庆贺生日的机会，我唯有加倍地工作、学习、生活，才能告慰老人家的亡灵。

与爱妻李昉博士自相识、相知、相爱已经有18个年头。俗话说，人生得一知己足矣，她不仅是我的妻子，也是我的诤友。我们相濡以沫，我们并肩生活，我们共患难、同甘苦，她于2008年中国科学院海洋所博士毕业，并在教学科研上取得了不俗的成绩，给了我极大的鼓励。在读博期间，她以其孱弱的身躯独自承担了全部的家务，照顾年迈的岳父母，孝敬公婆如亲生父母，养育聪颖的小儿，默默无闻地支撑这个家，付出了艰辛的劳动，对我和家庭付出了全部的爱。我的小儿世峥，聪明伶俐，积极向上，识大体，明大礼。深知其父母之不易，在家庭能够做父母的小帮手，在学校能够做帮人律己的小标兵，独处时能够做主宰自己的小主人。在知识的海洋中徜徉，不断学习科学文化知识，中西文化均有汲取，也取得了许多好的成绩。我也在与他的互动中成长。我为他取得的每一个成绩而感动，稚嫩的双肩担负起学习生活的重任，他在茁壮成长中积淀着知识。

攻读博士期间，我在爱妻专为我打造的寂静的书吧里，感受着窗内的温馨和窗外时日数易。当近千个苦苦思索、魂牵梦绕的日子在键盘和着小儿世峥悠扬的古筝声中轻轻地划了过去，当全文最后一个标点重重地敲下时，眼角止不住流下了一行清泪。我只感觉到我的手一直在颤抖。当我站在窗前，目光穿越城市的高楼大厦，倾听大海的呼唤时，心中反复吟诵着诗人艾青在《我爱这土地》中的诗句：“为什么我的眼里常含泪水？因为我对这土地爱得深沉。”

曹胜

2014年6月22日于青岛